大国 治理现代化

高宏存　刘小康　主编

红旗出版社

图书在版编目（CIP）数据

大国治理现代化 / 高宏存，刘小康主编 . —北京：红旗出版社，
2019.11

　　ISBN　978-7-5051-4994-6

　　Ⅰ . ①大… 　Ⅱ . ①高… 　②刘… 　Ⅲ . ①国家—行政管理—现代化
管理—研究—中国 　Ⅳ . ① D630.1

　　中国版本图书馆 CIP 数据核字 (2019) 第 237955 号

书　　　名　大国治理现代化
主　　　编　高宏存　刘小康

出 品 人　唐中祥　　　　　　　　　　　　　责任编辑　庞　茹
总 监 制　褚定华　徐　澜　　　　　　　　　责任校对　曾晓蓉
封面设计　水玉银文化　　　　　　　　　　　责任印务　金　硕
出版发行　红旗出版社
地　　址　（北方中心）北京市沙滩北街 2 号　　邮政编码　100727
　　　　　（南方中心）杭州市体育场路 178 号　邮政编码　310039
编 辑 部　0571-85311182
E - m a i l　674079684@qq.com　　　　　　发行部　（北京）010-57270296
图文排版　阳光盛嘉　　　　　　　　　　　　　　　　（杭州）0571-85311330
印　　刷　环球东方（北京）印务有限公司
开　　本　710 毫米 ×1000 毫米　　　1/16
字　　数　240 千字　　　　　　　　　　　　印　张　20
版　　次　2019 年 11 月北京第 1 版　　　　　印　次　2019 年 11 月北京第 1 次印刷
书　　号　ISBN 978-7-5051-4994-6　　　　　定　价　68.00 元

欢迎品牌畅销图书项目合作　联系电话:（北京）010-57274627 　（杭州）0571-85310181
凡购本书，如有缺页、倒页、脱页，本社发行部负责调换

序

制度文明是人类社会发展的文化依托和创造载体。具有五千多年文明历史的中华民族，曾经以辉煌的文明成就和社会发展水平领先世界千年；改革开放 40 余年来重铸辉煌，发展成就举世瞩目，比以往任何时候都更接近实现中华民族伟大复兴的目标。

党的十九届四中全会通过的《中共中央关于坚持和完善中国特色社会主义制度、推进国家治理体系和治理能力现代化若干重大问题的决定》，成为指导国家长期发展的制度建设纲领，必将产生深远影响。改革开放以来，中华民族依靠勤劳和创造，立足于中国大地的文明历史积淀，吸收先进外来经验，逐步丰富并完善了中国特色社会主义制度，形成了自己的制度体系和治理模式，成为新时代中国发展并持续走向繁荣的制度支撑和保障。

文化是制度的先导。文化是制度之母，制度是文化的客体化，文化和制度的发展与变迁是互为影响的。中国特色社会主义制度和国家治理体系植根于五千多年文明史的中华沃土。深厚的中华传统文明积淀，为中国特色社会主义制度的形成、完善、塑型提供了营养，社会主义先进文化重要源头之一就来自中华优秀传统文化包容深厚的价值体系。今天，中华优秀传统文化以一种民族文化复兴的自信，融通中外古今，正在创造性转化、创新性发展，不断为创造伟大事业释放出源源不断的动力。在中国共产党的领导下，由根本制度、基本制度、重要制度等组成的制度体系逐步建立，政治、经济、社会、文化、生态文明、军事、外事等各领域制度更加完备，引领着新时代制度建设实践不断走向完善与定型。

作为一种新的全球治理框架，治理理论有一个从提出到不断丰富充实的过程。在中国特色社会主义制度完善中，国家治理的组成、内容、机制、方式等不断获得丰富，形成了党的治理、政府治理、社会治理有机结合，地方治理、城市治理、区域治理与全球治理多层联合，相互支撑、相互补充、彼此互动的治理体系，共同推动社会发展和全球新秩序的重塑。

正是在这样的背景下，为了更好地理解党的十九届四中全会精神，全面总结中国特色社会主义制度建设的成就和深入探索国家治理体系现代化，我们把国内学者就这些问题所做的最新学术研究成果，汇编为《大国治理现代化》，以全面深入把握国家制度完善和国家治理现代化的根本要义与深远价值。全书选择了国内各领域近40位代表性知名学者的最新论述，集中围绕11个方面的内容展开，即迈向"中国之治"新境界——全面推进国家治理现代化；坚持党的全面领导，提高党的执政能力和领导水平；发展社会主义民主政治和政治治理；全面依法治国和国家治理；提高行政效能和政府治理；建设现代化经济体系与经济治理；推动社会主义文化繁荣兴盛与文化治理；满足人民日益增长的美好生活需要和民生治理；建设现代化社会治理体系与社会治理；建设美丽中国与生态治理；推动构建人类命运共同体与全球治理，全面反映国内学者关于中国特色社会主义制度建设和国家治理体系与治理能力现代化的深入思考。

　　新时代需要继续深化理念变革，倡导以社会主义先进文化和社会主义核心价值观为引领，不断探索中国特色社会主义制度的完善，构建一个政府、社会多方合作的新治理机制，在保障社会发展活力前提下实现有序有效治理。相信读者一定能够从这些论述中提高对国家制度探索和国家治理实践的认识，能够为推动中华民族伟大复兴的中国梦更加自觉地奉献一份力量。

　　是为序。

目　录

▲

第一编

迈向"中国之治"新境界——全面
推进国家治理现代化

▼

► 中国特色社会主义制度和国家治理体系是以马克思主义为指导、植根中国大地、具有深厚中华文化根基、深得人民拥护的制度和治理体系，是具有强大生命力和巨大优越性的制度和治理体系，是能够持续推动拥有近十四亿人口大国进步和发展、确保拥有五千多年文明史的中华民族实现"两个一百年"奋斗目标进而实现伟大复兴的制度和治理体系。当今世界正经历百年未有之大变局，我国正处于实现中华民族伟大复兴关键时期，必须坚持和完善中国特色社会主义制度、推进国家治理体系和治理能力现代化，把制度优势更好转化为国家治理效能，为实现"两个一百年"奋斗目标、实现中华民族伟大复兴的中国梦提供有力保证。

辛鸣:"中国之治"的制度"密码"

中国道路成功的背后是中国特色社会主义制度的成功。中国特色社会主义制度之所以能成功，是因为它是属于中国自己的好制度，是具有显著优势的好制度，是推进治理现代化的好制度。

一、中国特色社会主义制度是属于中国自己的好制度

党的十九届四中全会明确宣示，"中国特色社会主义制度和国家治理体系是以马克思主义为指导、植根中国大地、具有深厚中华文化根基、深得人民拥护的制度和治理体系"。

中国在鸦片战争以来做过诸多的尝试，像君主立宪制、议会制、多党制、总统制，也包括复辟帝制，各种办法都试过了，结果，我们向西方学习，可老师总是欺负学生，不仅不管用还受欺侮。就算别人不欺负，也会水土不服，正所谓"橘生淮南则为橘，生于淮北则为枳，叶徒相似，其实味不同"。怎么办？只能选择和培育适合自己的制度，这就是马克思主义指导下的社会主义制度。

20世纪的世界是社会主义运动历史大潮风起云涌、从一国走向多国的时代，社会主义制度以其巨大的优越性让众多的民族国家实现了民族解放、登上了世界舞台。中国这个占世界1/4人口的东方大国

之所以能实现最深刻最伟大的社会变革，近代以来中华民族最伟大的梦想之所以能迎来曙光，就在于顺应了历史发展潮流，创造性地从新民主主义革命迈向社会主义革命，确立了社会主义基本制度。中国选择社会主义制度，实现了向人民民主制度的伟大跨越，为当代中国一切发展进步奠定了根本政治前提和制度基础。

在社会主义初级阶段，要让既有的生产关系更好地适应现实社会生产力，以进一步解放生产力，发展生产力，一定要有与之相适应的制度安排。中国进行改革开放，实行社会主义市场经济体制，发挥市场在资源配置中的决定性作用，坚持和完善公有制为主体、多种所有制经济共同发展的基本经济制度，坚持和完善按劳分配为主体、多种分配方式并存的分配制度，鼓励一部分地区和一部分人先富起来，逐步消灭贫穷，达到共同富裕，正是通过改革生产关系和上层建筑中不适应生产力发展的方面和环节来促进生产力的发展。当然，中国是在中国共产党领导和社会主义制度的大前提下发展市场经济的，牢记"社会主义"这个定语，坚持社会主义制度优越性，有效防范资本主义市场经济的弊端，才有社会主义市场经济的风生水起、硕果累累。

当然，没有中华文化沃土的滋养，就不可能有中国特色社会主义制度的勃勃生机。制度绝不只是一系列外在的强制性行为规范，还是内在的文化思维价值认同；这种文化不可能是外来的强加移植，必须是数千年润物细无声的内在演化与积淀。中华优秀传统文化已经成为中华民族的基因，植根在中国人内心，潜移默化影响着中国人的思想方式和行为方式，为中国特色社会主义制度培育了文化根基，更确立了对我们制度自信的深层依据。

通过创造性转化、创新性发展实现中华文化"现在进行时"，把中华民族最基本的文化基因与现代社会发展相协调实现制度创新；通过把人类文明的一切成果，包括现代西方的文明成果坦坦荡荡、大大方方地"拿来"，在广泛的文化交流中，不断学习他人的好东西，把他人的好东西变成我们的养料，把他人的好东西化成自己的东西，丰富补充我们的制度，让中国特色社会主义制度更加成熟、更加定型。所以，中国特色社会主义制度的"特色"是自然演化出来的，而不是空想出来的；是内部生长发育出来的，而不是外来移植和嫁接的。中国特色社会主义制度虽然名为"特色"，但体现的是一般性的规律，解决的是在既定的生产力框架下如何让制度更加适应生产力的发展并推动生产力向更高水平发展的问题。

二、中国特色社会主义制度是具有显著优势的好制度

党的十九届四中全会对中国特色社会主义制度优势从本质属性到价值理念、从制度立场到制度目标、从制度绩效到制度运行、从宏观到微观进行了全方位立体描述。

中国特色社会主义制度始终站在最广大人民群众的立场上。制度哲学研究表明，制度是非中性的，不同的制度有其不同的优势群体，不同的制度对社会群体利益的关注是很不相同的。对于中国这样一个有着近 14 亿人口的大国，制度的安排必须让最大多数的人能掌握这一制度、使用这一制度，运用这一制度来保障自己的权利、行使自己的权利。排斥最广大群众的、少数精英群体自娱自乐的制度安排在中国不具有政治合法性，也注定得不到最大多数群众的支持。中国特色社会主义制度坚持社会主义性质，坚持以人民为中心，坚持发展为了人民、发展依靠人民的原则，其制度逻辑在本质上有利于保证和实现

最广大人民群众的根本利益。

中国特色社会主义制度始终指向公平正义与共同富裕。习近平总书记指出，"中国执政者的首要使命就是集中力量提高人民生活水平，逐步实现共同富裕"[①]"共同富裕是中国特色社会主义的根本原则""公平正义是中国特色社会主义的内在要求"。[②]从"全面小康一个都不能少"的精准脱贫，到"把不断做大的'蛋糕'分好，让社会主义制度的优越性得到更充分体现"的共享发展，再到"让人民群众有更多获得感"的全面深化改革，制度安排都体现着鲜明的价值导向。中国特色社会主义制度以共同富裕、让人民群众共享改革发展成果为价值指向，把实现社会公平正义放到更加突出的位置，综合运用多种手段，妥善协调社会各方面的利益关系，既允许一些地区、一些人先富起来，更着眼于消除两极分化最终达到共同富裕，充分彰显了社会主义的本质与属性，让人民群众对中国特色社会主义更有信心，更加期待。

中国特色社会主义制度的内在机理与运行模式决定了它可以形成强大的统一意志和组织力量，让全国成为一盘棋，把一切经济政治社会资源都组织调动起来，同心同德、同舟共济、上下贯通、统一行动，重点攻关解决难题，快速高效应对各种突发事件，完成各种任务。集中力量办大事要有核心，这个核心就是中国共产党；中国"众星捧月"，这个"月"就是中国共产党。中国特色社会主义制度的最大优势是中国共产党领导。有了中国共产党这个总揽全局、协调各

[①]《习近平谈治国理政》第二卷，外文出版社 2017 年版，第 30 页。

[②]《紧紧围绕坚持和发展中国特色社会主义　深入学习宣传贯彻党的十八大精神》，《人民日报》2012 年 11 月 19 日。

方的领导核心，中国集中力量办大事就有了"主心骨"、方向感、向心力；在国家治理体系的大棋局中，有了党中央这个坐镇中军帐的"帅"，就能做到车马炮各展其长、"军民团结如一人"。

中国特色社会主义制度可以调动一切积极因素。全社会全民族的积极性创造性，对中国特色社会主义事业的发展始终是最具有决定性的因素。随着中国社会阶层结构的分化，社会利益关系越来越错综复杂。如何在保证最广大人民根本利益的同时，促进现阶段群众的共同利益，容许不同群体的特殊利益；如何在坚持按劳分配为主体的同时，放手让一切劳动、知识、技术、管理和资本的活力竞相迸发，让一切创造社会财富的源泉充分涌流等等，并不是容易解决的棘手问题。

中国特色社会主义制度统筹兼顾、求同存异，在消除不利于人民群众发挥积极性的不利因素，克服阻碍社会群体创新奋进的不良现象，营造各尽其能的氛围和环境，把各个社会阶层和社会群体的积极性和创造性充分调动起来等方面，创造了广阔的制度空间，提供了有效的制度保障。当党和国家的路线方针政策这个"平行四边形"、当中国梦这个最大同心圆是来自众人"合力"，当每一个人的意愿都体现在"合力"中的时候，共识自然在其中，力量自然充分地集中。

三、中国特色社会主义制度是推进治理现代化的好制度

党的十九届四中全会提出的坚持和完善中国特色社会主义制度、推进国家治理体系和治理能力现代化的总体目标呼应了当代中国发展的战略目标，其"三步走"的时间表与党的十九大提出的战略步骤高度吻合。

到 2020 年全面建成小康社会，第一个百年奋斗目标实现。就社会发展程度来讲，意味着中国现代化建设有了一个良好基础，站在了一个新的起点。这在制度形态上体现为"更加成熟、更加定型"取得明显成效。因为经过 70 多年的发展，中国特色社会主义制度已经具备更加成熟、更加定型的条件。不仅根本制度、基本制度、重要制度成熟定型，一系列具体的制度体制也在成熟定型方面取得明显成效，中国特色社会主义制度更加科学、更加完备、更加有优势。

到 2035 年我国社会基本实现社会主义现代化，自然要有与其相适应的制度形态，这就是基本实现国家治理体系和治理能力现代化，"各方面制度更加完善"，即在成熟、定型的基础上，适应中国现代化建设不断深化提高的需要，中国特色社会主义制度更进一步系统化、科学化、完备化。

到本世纪中叶新中国成立 100 年的时候，我国已经建成富强民主文明和谐美丽的社会主义现代化强国，物质文明、政治文明、精神文明、社会文明、生态文明全面提升，在制度形态上当然是全面实现国家治理体系和治理能力现代化，中国特色社会主义制度"更加巩固，优越性充分展现"。

仅仅有制度体系的完善是不够的。"徒法不足以自行。"任何制度要起作用、发挥功能，都离不开作为制度主体的人的参与配合。这就要在培育制度意识、确立制度权威、提高制度执行能力上下功夫。

一要培育制度意识。没有相应的制度意识及社会氛围，没有人的接受、认同、遵循，制度就是一纸空文。制度哲学有一个概念叫"制度空转"：看起来制度在努力地做功，但对现实社会产生不了影响，因为没有人在意它，没有人维护它，更没有人遵守它。有了对制度的认同，就会"从心所欲而不逾矩"；有了对制度价值的共识，面对制度的自由裁量空间就不会"过"，也不会"不及"，甚至当碰到制度不完善和有缺憾时还会按照制度的价值导向自觉救场补台。

二要确立制度权威。实现治理能力现代化，一定要认识到制度存在及其功能是不以人的意志为转移的，制度与人、社会之间有着内在的、不可分割的关系。不能把制度作为一种工具来对待，更不能作为一种为我所用、为我所定、为我所取、为我所弃的外在性工具。在政治实践中不能超越制度为自己谋求制度之外的"超额"利益，不能合乎自己利益的制度就遵守，不合乎自己利益的制度就不遵守。尤其对于当代中国，国家治理一切工作和活动都要依照中国特色社会主义制度展开，决不能离开中国特色社会主义制度另搞一套。

三要提高制度执行力。制度执行力是国家治理"最后一公里"，必须适应国家现代化总进程，提高党科学执政、民主执政、依法执政水平，提高国家机构履职能力，提高人民群众依法管理国家事务、经济社会文化事务、自身事务的能力，以切实提升系统治理、依法治理、综合治理、源头治理的本领，把制度优势更好地转化为国家治理效能，确保持续推动拥有近 14 亿人口大国进步和发展，确保拥有5000 多年文明史的中华民族实现"两个一百年"奋斗目标进而实现伟大复兴。

（摘编自《中国纪检监察报》）

作者：辛鸣［中共中央党校（国家行政学院）教授、博士生导师］

杨雪冬：让我们的制度在全球竞争中展现优势

一、新中国成立以来，一直在探索国家制度建设，调整国家治理的重心，释放社会的活力，充分发挥制度的效力

对于建立什么样的国家制度，我们党早在新民主主义革命时期就进行了探索。毛泽东提出了国体与政体概念，科学地区分了国家的阶级属性与组织形式的关系，为后来确立人民代表大会制度为中华人民共和国的根本政治制度作出了探索。新中国成立后，在中国共产党的领导下，人民代表大会制度解决了孙中山提出的如何实现"人民有权，政府有能"的现代民主之问，避免了陷入西方议会"喧嚣吵闹"的误区，奠定了国家治理的制度优势。

到1954年，全国县级以上地方各级人民代表大会全部建立。在此基础上，第一届全国人民代表大会第一次会议在北京召开，会议通过了《中华人民共和国宪法》以及其他组织国家政权的基本法律，选举产生了国家主要机构的领导人员，正式开启了当代中国国家制度和法律制度构建进程。此外，中国共产党领导的多党合作和政治协商制度、民族区域自治制度等基本政治制度等在新中国成立后不久确立，由此初步构建起具有现代意义的国家治理体系，调动了全国人民的热情和积极性，为社会主义各项建设事业的开展提供了有力的制度

保障。

改革开放后，经济建设成为党和国家的中心任务，国家治理体系和治理能力建设进入了新阶段。面对开放的世界和不断发展的市场经济，要实现社会主义现代化的目标，就必须改革和完善现有的制度机制，调整国家治理的重心，释放社会的活力，更充分发挥制度的效力。

制度化和法制化成为改革开放新时期国家治理体系和治理能力建设的核心内容。随着改革在农村、城市、国有企业、对外经济等领域的展开，制度化、法制化建设也相应跟进，在各领域逐步构建起较为完整的制度机制的同时，也确立了我国的基本经济制度，为改革者提供了有效激励，为改革行为提供了规范依据，为改革成果的巩固提供了制度支撑。这充分证明了邓小平关于制度建设的重要判断：制度建设带有根本性、全局性、稳定性和长期性。

二、党的十八大以来国家治理体系和治理能力现代化的鲜明特点

党的十八大以来，"两个一百年"奋斗目标进一步明确化，实现中华民族伟大复兴的中国梦成了我们这一代人不可推卸的责任。在以习近平同志为核心的党中央坚强领导下，我们全面推动各个领域改革的顶层设计，形成了"五位一体"总体布局，确立了"四个全面"战略布局。2018 年 3 月党的十九届三中全会通过的《中共中央关于深化党和国家机构改革的决定》，明确了国家治理的基本框架、组织体系和方式、运行机制等，以制度规定的方式解决了长期争议不决的党和国家机构的关系问题。党内相关法规的陆续出台，为党全面领导各个领域的工作提供了基本遵循，并成为中国特色社会主义法治体系的

重要组成部分。

党的十九届四中全会指出，我们建立的社会主义制度和国家治理体系，是能够持续推动拥有近十四亿人口大国进步和发展、确保拥有五千多年文明史的中华民族实现"两个一百年"奋斗目标进而实现伟大复兴的制度和治理体系。这是一套在党的领导下建立起来的，由根本制度、基本制度、重要制度等组成的系统完备、科学规范、运行有效的体系。党的治理、政府治理、社会治理有机结合在一起，各有分工，各司其职；经济、社会、文化、生态文明、国防、外交等各领域的制度不断完善，各有侧重，相互支持；地方治理、城市治理、区域治理与全球治理等不同层级的治理体系不断发展，互相补充，相互交融；治理的体制、机制、技术等要件不断创新完善，良性互动，形成合力。在国家治理体系构建的过程中，各主体也在不断适应新环境的要求，提高治理能力。

党的十八大以来，我国国家治理发展有四个鲜明特点：一是整体设计。除了全局性的顶层设计方案外，各个领域都有自己的改革方案。任何改革都要方案先行，依法依规进行，即使改革试点也是如此。二是有明确的时间表。"两个一百年"、2035 年成为制度化进程中的重要时间节点，各项改革都要以此进行规划推进。党的十九届四中全会明确指出，到 2035 年各方面制度更加完善，基本实现国家治理体系和治理能力现代化。三是重视执行。习近平总书记指出，"制度执行力、治理能力已经成为影响我国社会主义制度优势充分发挥、党和国家事业顺利发展的重要因素"①。要增强责任担当意识，加强督

---

① 《习近平关于全面深化改革论述摘编》，中央文献出版社 2014 年版，第 29 页。

查督办，发挥社会监督、社会参与的作用，推动各项政策措施的落实落细。四是重视利用技术创新，提升治理效能和精细化水平。信息技术已经成为政府治理、社会治理的有力支撑，大大提高了公共服务质量和社会管理水平。

三、加快推进国家治理体系和治理能力现代化，以国家治理效能来体现制度优势

当今世界正处于百年未有之大变局，中华民族正走在实现伟大复兴的后半程。国家治理现代化实现的时间表是围绕中华民族伟大复兴的坐标确定的。"行百里者半九十。"在接下来关键的征程中，要警惕"黑天鹅""灰犀牛"式风险出现，避免它们干扰、羁绊、阻碍我们冲刺的步伐，必须加快推进国家治理体系和治理能力现代化，实现国家治理效能，形成人人行动、人人担当、人人尽力、人人负责的奋斗局面，激发全国各族人民共同努力的磅礴伟力。

党的十九届四中全会具体描述了我国国家制度和治理体系具有的13 个方面的显著优势。习近平总书记在 2019 年 9 月 24 日举行的第十七次中央政治局集体学习时列举了我国的四个体制优势：坚持党的领导、保证人民当家作主、坚持全面依法治国和实行民主集中制。国家治理体系和能力现代化的过程也是充分激发这些体制优势的过程。充分发挥这些体制优势，必须做到以下四点。

第一，必须始终坚持党的集中统一领导。党的领导是中国独有的制度优势。共产党在中国的制度建设中，一直扮演着设计者、推动者和维护者的角色。一方面，党没有自己的特殊利益，在多元的利益格局中通过不断的自我革命，摆脱既有思想和利益的藩篱；另一方面，

党对一切工作的统一领导，克服了部门和地区的利益阻碍，提高了国家治理的整体性。离开党的领导，中国的一切现代化目标都不可能实现。党带头维护制度权威，做制度执行的表率，从而带动全社会自觉尊崇制度、严格执行制度、坚决维护制度。只有坚持党的自我革命，才能带动社会革命，使国家制度与社会生活充满活力。

第二，必须坚定以人民为中心的发展理念。人民是现代化的归宿，现代化的根本是人的现代化。人民的获得感、幸福感、安全感是衡量国家治理现代化的根本标准，民心是国家长治久安的基础。要以人民为中心，国家工作人员必须始终全心全意为人民服务，始终为人民利益和幸福而努力工作。要以人民为中心，必须尊重人民群众的主体地位，激发他们的积极性、创造性和责任感。

第三，必须坚持改革创新，不断完善社会主义制度。改革是当代中国的底色。改革只有进行时，没有完成时。只有始终践行改革精神，才能破除不断产生的利益和思想藩篱，保持制度的活力，使其适应不断发展变化的国情，为中国的发展提供持续动力。

第四，必须保持开放的心胸。开放是现代化的精神气质。坚持全面对外开放是国家的战略，维护人类和平发展事业是中国共产党的使命。我们通过对外开放，吸收国外有益经验，利用国际资源，大大加快了国家现代化的步伐。现在，我们要继续坚持扩大开放，聚天下英才而用之，让我们的制度在全球竞争中展现优势，为世界贡献更多的思路、智慧和方案，为人类现代化事业作出更大的贡献。

（摘编自《北京日报》）

作者：杨雪冬［中共中央党史和文献研究院研究员］

唐爱军：推进国家治理现代化的几个着力点

党的十九届四中全会实际上明确了大国治理的"四梁八柱"，比如，提出了"科学制度体系""十三方面显著优势""总体目标""十三个坚持和完善""重大战略任务"等，为坚持和完善"中国之治"提供了基本遵循。全会还强调，加强制度理论研究和宣传教育，引导全党全社会充分认识中国特色社会主义制度的本质特征和优越性，坚定制度自信。在国家治理大逻辑确定之后，如何从中观甚至微观角度研究探讨并在实践层面上加以推进国家治理现代化，成为当前一个较为迫切的问题。我认为，国家治理现代化有以下几个特点，或者说，可以从以下几个治理方式入手，不断推进国家治理现代化。

民主治理。民主治理是现代国家治理的主要方式。马克思设想的"自由人联合体"，实质上就是一种民主治理模式，让国家回归社会、实现民众的自我管理。人民当家作主是社会主义国家治理的核心理念，中国治理方式的民主化，通过各种制度化安排，让民众参与国家和社会事务的管理，切实保障人民当家作主地位。中国共产党强调，民主治理要在民主决策、民主管理、民主监督等各个环节都有规范的制度设计。在当代中国，民主决策具有重要的意义，是推进国家治理民主化的第一步。所谓民主决策或决策民主化，是指将民主理念，特别是民主机制引入决策的全过程，在经过广泛的意见吸纳，充分的协商、论证甚至博弈的基础上，决策主体审议作出决定的一种制度安排。决策民主化包括"目标"和"过程"两个方面：前者要求终端的决定是广泛反映民意的，整合不同群体的利益诉求的，体现了公共利益的最大化；后者指决策程序是公开透明的，决策过程是充分的民主讨论、协商的过程。决策民主化是民主治理的重要环节，也是它的重要实现形式。在利益多元化的现代社会，决策民主化构成了一种新的利益调节机制，决策目标民主化体现为利益表达、利益整合机制，决策过程的民主化体现为利益协商、利益表决机制。这样的一种利益调节机制，提高了政府管理多元化社会的权威性。

法治。法治是现代国家治国理政最重要的方式之一。国家治理法治化是指国家治理体系中的一切主体，无论是政府权力主体，还是相关的权利主体，都应当在法律、规则、程序等条件下实施各自的职能活动或社会行为，各主体的行为都受到法律和规则的约束。党的十九届四中全会强调的"十三个坚持和完善"，一个重要方面就是坚持和完善中国特色社会主义法治体系，提高党依法治国、依法执政能力。我们可以从以下几个方面来促进国家治理的法治化。其一，树立和维护宪法和法律的权威。其二，依法行政，建立法治政府。其三，推进司法体制改革。其四，提高领导干部运用法治思维和法治方式的能力。

德治。与法治不同，德治所依靠的道德规范、价值伦理是非强制性的，它们不强制性地命令人们做什么和不做什么，只告诉人们什么是善和什么是恶，并告知人们应当做什么、不应当做什么。在实现国家治理现代化的进程中，我们既运用法治方式，也运用德治方式，实现依法治国和以德治国相统一。法治本质上是一种对社会的"控制性治理",而德治主要表现为一种对社会的"引导性治理"。引导性治理首先表现为倡导、构建社会主义核心价值观这一社会主导价值体系,它是对整个社会及其社会成员行为的规范引导。这一社会主导价值体系在两个领域中加以具体化。一是"政治领域"。以德治国在政治领域表现为"善政",即以社会主义核心价值观及其具体化的政治伦理规范,引导权力制度安排、执政党和政府行为等。二是"社会领域"。以德治国在社会领域表现为"善治",即以社会主义核心价值观及其具体化的社会伦理规范,引导社会和公民的行为,强调公民道德、私人道德、国家认同等。

自治。与传统国家管理方式不同,国家治理现代化的显著特征就是自治。自治主要指非国家主体(社会、社会组织、公民)的自我管理、自我治理。正如党的十九届四中全会指出的,必须加强和创新社会治理,完善党委领导、政府负责、民主协商、社会协同、公众参与、法治保障、科技支撑的社会治理体系,建设人人有责、人人尽责、人人享有的社会治理共同体。此外,坚持自治理念、自治方式,还需要不断激发社会组织活力,充分发挥它们在推进国家治理现代化进程中的作用。

文明化治理。善治理论强调,治理不是政府权力自上而下的管制过程,而是国家与社会,以及其他主体上下互动的治理过程,它主要通过合作、协商的方式,实现对公共事务的管理。治理手段"文明化"是指在国家治理中重视并积极运用文化手段。国家治理手段是多方面的,既有经济、政治、法律等手段,也有文化和思想教育等手段。文化和价值观具有塑造人、引导人、规范人的功能。在推进国家治理体系和治理能力现代化进程中，我们要善于建构国家治理的价值体系；善于通过社会主义核心价值观的宣传教育去凝聚人心、化解矛盾，以达成集有效性与合法性于一体的"善治"。

科学化治理。治理方式的科学化是指在科学规则的治理体系下，治理主体采用科学的方式方法以及现代科学技术手段，进行有效治理，并对治理效果进行有效评估和反馈。我们至少可以从四个方面不断推进国家治理方式的科学化。一是科学化的治理体系。《中共中央关于坚持和完善中国特色社会主义制度、推进国家治理体系和治理能力现代化若干重大问题的决定》实际上已经围绕国家治理体系和治理能力构建了完备的"科学制度体系"。二是治理主体行为的理性化。"坚持和完善党的领导制度体系，提高党科学执政、民主执政、依法执政水平""坚持和完善中国特色社会主义行政体制，构建职责明确、依法行政的政府治理体系"，都是在不断推动治理主体行为的科学化、理性化。三是治理手段的现代化。党和政府不断将先进的信息技术手段、信息网络平台以及其他工具、手段引入国家治理，提升治理的科学化水平。四是建立治理效果的评估和反馈机制。"成本－收益"是行为理性化的重要方面。提高治理的科学化水平，就需要构建合理有效的评估和反馈机制，它可以帮助治理主体客观地把握治理过程中的相关信息，改进薄弱环节、降低治理成本。评估和反馈机制还是一种互动、沟通机制，能够减少党和政府与社会民众之间的不信任感，降低沟通成本。

（摘编自《新华日报》）

作者：唐爱军［中共中央党校（国学行政学院）马克思主义学院副教授］

▲

第二编

坚持党的全面领导，提高党的执政能力和领导水平

▼

▶ 中国共产党领导是中国特色社会主义最本质的特征，是中国特色社会主义制度的最大优势，党是最高政治领导力量。坚持党的集中统一领导，坚持党的科学理论，保持政治稳定，确保国家始终沿着社会主义方向前进，是我国国家制度和国家治理体系的第一个显著优势。必须坚持党政军民学、东西南北中，党是领导一切的，坚决维护党中央权威，健全总揽全局、协调各方的党的领导制度体系，把党的领导落实到国家治理各领域各方面各环节。

甄占民：深刻认识党的领导制度在我国国家制度中的统领地位

　　中国特色社会主义最本质的特征是中国共产党领导，中国特色社会主义制度的最大优势是中国共产党领导，党是最高政治领导力量，这是习近平新时代中国特色社会主义思想中具有标志性意义的重要理论创新成果，已成为指导党和国家事业发展的基本遵循。同这一基本遵循相贯通，党的十九届四中全会把彰显党的领导制度的统领地位作为一个重要方面，作出更为系统、更为深入的阐述。党的十九届四中全会在回顾总结我国建立和完善社会主义制度、加强和完善国家治理的历史性成就时，反映的是党团结带领人民进行不懈探索的历史过程和实践成果；在系统阐释我国国家制度和国家治理体系13个方面的显著优势时，第一位的就是关于坚持党的集中统一领导、确保国家始终沿着社会主义方向前进的显著优势；在部署坚持和完善中国特色社会主义制度、推进国家治理体系和治理能力现代化重大任务时，首先强调的也是坚持和完善党的领导制度体系，提高党科学执政、民主执政、依法执政水平。可以说，坚持和加强党的全面领导、坚持和完善党的领导制度体系，是贯穿党的十九届四中全会精神的核心要义。

　　从最基本的方面来说，共产党的领导同社会主义事业同生共进，共产党的领导和社会主义发展是一对"孪生兄弟",共产党的领导制度的推进同社会主义制度的完善是相辅相成的。新中国成立 70 多年来,从完成社会主义革命、确立社会主义基本制度,到进行改革开放新的伟大革命、开辟中国特色社会主义道路,再到进行具有许多新的历史特点的伟大斗争、中国特色社会主义步入新时代,中国人民完成了从站起来、富起来到强起来的"三级跳",都是在不断坚持和完善党的领导制度体系、提高党治国理政水平中实现的。正如习近平总书记所指出的:"中国最大的国情就是中国共产党的领导。什么是中国特色?这就是中国特色。"[1] "坚持和完善党的领导,是党和国家的根本所在、命脉所在,是全国各族人民的利益所在、幸福所在。"[2]

坚持党的领导制度的统领地位,更在于这一根本领导制度的优势,日益成为中国特色社会主义制度优越性的根本保证和根本标识。党的十九届四中全会明确指出,我国国家制度和治理体系具有"坚持党的集中统一领导,坚持党的科学理论,保持政治稳定,确保国家始终沿着社会主义方向前进的显著优势"。这是作为 13 个方面显著优势的第一条来阐述的,实际上也是贯穿各方面显著优势的基本支撑。对于党的领导制度的显著优势,可以从多个层面理解,但最关键的是,作为一个有着崇高使命追求的政党,作为国家的最高政治领导力量,中国共产党无论是处于顺境,还是处于逆境,都始终坚守马克思主义的政治信仰,坚守为人民谋幸福、为民族谋复兴的初心使命,并在与

---

[1] 《作风建设要经常抓深入抓持久抓　不断巩固扩大教育实践活动成果》,《人民日报》2014 年 5 月 10 日。

[2] 习近平:《在庆祝中国共产党成立 95 周年大会上的讲话》,《人民日报》2016 年 7 月 2 日。

时俱进中不断推进自身的理论、实践、制度和文化等方面创新，从而成为坚持社会主义方向的政治主心骨和政治领航者。这反映在党带领人民建设新中国的整个历史进程中，也反映在面对重大关头的"历史大考"之上，体现在应对时代之变的"变"与"不变"的"历史抉择"之上。比如，面对十年"文化大革命"造成的百业待兴、思想混乱以及何去何从的局面，中国共产党一方面以自我革命的精神进行拨乱反正，彻底纠正"文化大革命"的错误、结束"左"的思想束缚，毅然作出把工作重心转移到经济建设上、实行改革开放的伟大决策；另一方面又坚决反对怀疑马克思列宁主义、否定毛泽东同志和毛泽东思想的历史地位、否定四项基本原则的政治思潮，从而开启了在改革开放中建设中国特色社会主义的历史新时期。又如，面对20世纪80年代末90年代初国内国际发生严重政治风波、国际共产主义运动处于低潮和"历史终结论"甚嚣尘上的局面，中国共产党坚持不信邪、不怕压，高高举起马克思主义旗帜，坚决同一切破坏社会主义制度的现象和行为做斗争；坚持党的十一届三中全会以来的基本路线不动摇，坚持以经济建设为中心，积极推进建立社会主义市场经济体制等各方面的重大改革，成功把中国特色社会主义推向21世纪。再如，面对世界百年未有之大变局和西方大国对社会主义中国政治误导、战略遏制、价值观围堵的加剧，中国共产党领导人民正本清源、开拓创新、攻坚克难，坚定道路自信、理论自信、制度自信、文化自信，勇于进行具有许多新的历史特点的伟大斗争，推动党和国家事业取得历史性成就和历史性变化，使科学社会主义在21世纪的中国焕发出强大生机活力。

历史和现实也反复表明，中国能够创造经济快速发展的奇迹和社会长期稳定的奇迹，关键是党的领导制度的巩固和发展。这与一些国外政党上台前为了选票对民众"承诺满满"、在位时则为党派和集团利益另搞一套形成鲜明对比，也与一些国家实行多党制带来的不同党派相互倾轧和为反对而反对的"否决政体"形成了鲜明对比。讲"中国之治"，从一定意义上讲，就是中国共产党领导制度的优势之治。当然，任何一种政治制度都有一个动态发展的过程，都难以达到尽善尽美的程度，党的领导制度也有一个与时俱进、不断完善的问题。正因如此，党的十九届四中全会结合新的实践要求就坚持和完善党的领导制度体系作了进一步部署。可以预见，随着党的领导制度体系不断发展，中国国家制度和治理体系的优越性将得到更好的体现。

（摘编自《学习时报》）
作者：甄占民［中共中央党校（国家行政学院）副校（院）长，中共中央党校（国家行政学院）习近平新时代中国特色社会主义思想研究中心副主任］

杨德山、张冬冬：改革开放以来党建工作总体布局演变及经验认识

党的建设工作是党的全部工作的重要组成部分，因其内部各组成部分具有历史性、系统性，中国共产党常将它形容为"伟大工程"。在党的建设的不同历史阶段，中国共产党总是依循历史经验和基本规律，针对现实存在的突出问题，谋篇布局，提出解决之道，将党的建设工作不断推向前进，使"伟大工程"始终充满活力和生机。从90多年的发展历程看，改革开放和社会主义现代化建设这40多年，党的建设工作与党的其他工作一样，发展速度之快，变革程度之深，都是前所未有的。

一、从"三位一体"到"四位一体"

中国共产党90多年的历史尽管筚路蓝缕，但赓续不断，其中最重要的原因就是在党的建设方面始终保持与时俱进的精神风貌，在不断解决问题、克服困难的过程中创新理论、体制和方法。在新民主主义革命时期，党的建设首先遇到的是组织问题，如党员队伍的扩大、组织体系的健全，其中思想建设是基础，组织建设是凭借，作风建设是重点。这"三位一体"构架的具体内容和工作重点，尽管在新中国

成立后不断变化，但一直延续至改革开放之前。

　　1978 年底召开的党的十一届三中全会开启了改革开放和社会主义现代化建设的新时期，这次全会提出了"使民主制度化、法律化"的重大命题，在总结新中国成立以来党的领导和党的建设历史教训基础上，中国共产党愈益认识到党的制度建设的重要性。1980 年 2 月，党的十一届五中全会通过了《关于党内政治生活的若干准则》，以党内法规的形式确立了党内民主和政治生活的制度。1980 年 8 月，针对党和国家领导的种种弊端，邓小平明确提出，工作中的错误和不良现象"固然与某些领导人的思想、作风有关，但是组织制度、工作制度方面的问题更重要"，而且"制度问题不解决，思想作风问题也解决不了""领导制度、组织制度问题更带有根本性、全局性、稳定性和长期性""必须引起全党的高度重视"。这实际上提出用制度改革的办法解决党内思想、组织、作风的问题。在此基础上，1982 年 9 月，党的十二大进一步提出健全民主集中制，改革领导体制、领导机构和干部制度的要求。1983 年 10 月，党的十二届二中全会部署全党工作时要求"各级党组织要从思想教育、制度建设、组织建设方面努力巩固和发展整党的成果"，并且提出整党后对党员的思想教育要"经常化、制度化"，这表明改革开放初期中国共产党运用制度解决党建问题的思维日益成熟。1987 年 10 月召开的党的十三大，一方面阐明了党的制度建设的现实意义，认为党已经"走出一条不搞政治运动，而靠改革和制度建设的新路子"，切实加强制度建设，有益于"党的正确路线的巩固和发展"，以及"党的决策的民主化和科学化"和"充分发挥各级党组织和党员的积极性、创造性"；另一方面提出要以坚持和健全民主集中制、发扬党内民主为导向，从中央到地方建立完善报告工作制度、会议议事规则，以及表决制度、党内选举制度、生活会制度等。20世纪90年代后，中国共产党党内制度建设速度加快。以坚持和完善民主集中制为基础，在党员领导干部的选拔任用、考核、离退休，党员的发展和评议，基层党组织选举，党内监督和纪律处分，集体领导和个人分工负责、会议议事和决策等若干方面，中共中央制定了一系列党内法规。不但如此，党的十五大还提出"严格按党章办事，按党的制度和规定办事"的要求。

进入21世纪，党的十六大在提出要改善党的领导体制和工作制度时，强调"一定要把党的思想建设、组织建设、作风建设有机地结合起来，把制度建设贯穿其中，既立足于经常性工作，又抓紧解决存在的突出问题"。所谓"制度建设贯穿其中"，具体来说就是：思想建设实现常态化、制度化；组织建设以健全民主集中制为核心，完善党内各项民主选举、决策、监督制度；作风建设在依靠教育的同时，也要依靠制度，着力解决党内存在的思想、学习、工作、生活作风各方面突出问题。至此，制度建设正式与思想、组织、作风建设并列，党建"四位一体"布局正式形成。

二、从"四位一体"到"五位一体"

尽管中国共产党在全国执政始于1949年，但警惕和反对公权私用、贪污腐败现象始自大革命高潮阶段。1926年8月召开的中共中央扩大会议发布了《坚决清洗贪污腐化分子》的通告，提醒全党"接近政权"和"政治、军事工作较发展"的地方容易混入投机腐败分子，并且从保持革命道德出发反对贪污行为。土地革命和抗日战争时期，在根据地建设过程中，中国共产党曾严厉打击各种贪污腐败和铺张浪费现象。新中国成立前夕，中国共产党吸取古代农民革命的教训，要求全党在革命胜利后警惕骄傲情绪和"糖衣炮弹"的侵蚀。新中国成立后，中国共产党先后领导开展"三反""五反"、整风、"四清""一打三反"等群众运动，虽然有些运动受"左"的错误思想指导，但贪污腐败始终是中国共产党的打击对象。

改革开放之前，中国共产党长期认为贪污腐化是作风问题，是非无产阶级思想作风在工作和生活上的反映，而这又源自资产阶级思想意识的侵蚀，因此，反腐败斗争就是阶级斗争在党内的反映，需要通过政治运动来解决。十一届三中全会后，中国共产党不再将贪腐行为意识形态化，而是视为"新的不正之风"，主张通过作风整顿和法制手段来解决。

1979 年 1 月成立的中共中央纪律检查委员会成为专职"维护党规党纪，整顿党风"的机构。

1982 年 4 月，邓小平从党和国家会不会"改变面貌"的高度专门强调要刹住经济犯罪这股风，并且指出打击经济犯罪是长期性、经常性工作。党的十二大决定开展并于 1983 年正式开始的整党教育活动也将各种形式的以权谋私和经济犯罪称为"不正之风和腐朽现象"，要求坚决扫除。改革开放之初，中国共产党将腐败现象基本定位于党性不纯和作风不良层面，认为涉事人员是由于思想上受到了侵蚀，"堕落到贪污腐化"，因此主要依靠党性教育和查办案件来纠正。从党的十三大开始，中国共产党正式提出"坚持反腐败斗争"，强调"端正党风和加强廉政建设"，而且强调"廉政建设要靠教育，更要靠法制"，包括建立监督制度和约束机制。十三大以后的历次党的全国代表大会都对反腐败斗争作出部署；从 1993 年开始，历届中共中央总书记每年都在中纪委全会上就此问题发表讲话。这说明，中国共产党对反腐败斗争的认识更加深入：把反腐败斗争提升到关系党和国家生死存亡的高度，深刻分析腐败的社会历史原因，认清反腐败斗争的紧迫性和长期性，坚持标本兼治，综合运用教育法制监督手段，协调党委纪委等各部门工作，把反腐败和纯洁组织相结合等。21世纪以来，中国共产党反腐败工作进入体系化阶段，开始注重建立健全教育、制度、监督并重的预防和惩治腐败体系。

在近30年反腐败斗争的理论和实践探索基础上，党的十七大正式提出，"以完善惩治和预防腐败体系为重点加强反腐倡廉建设""坚持标本兼治、综合治理，惩防并举、注重预防的方针"，更加注重治本、预防、制度建设，从源头上防止腐败。

这样，中国共产党把反腐倡廉建设从作风建设中单列出来，摆在更加突出的位置，与思想、组织、作风、制度建设并列，合为"五位一体"党建布局。

提出和单列反腐倡廉建设，实际上把反腐败斗争和党风廉政建设有机结合，作为党的建设中的一项经常性工作，反映的是中国共产党对反腐败斗争长期性、艰巨性、复杂性的认识，从而使理论探索与实际工作相一致。更为重要的是，反腐倡廉建设还体现了中国共产党对保持执政地位和解决历史性课题认识的深度。

需要强调的是，20世纪90年代以后，中国共产党一方面积极深化建立和完善社会主义市场经济体制的改革，不断扩大对外开放的广度；另一方面，积极应对世界政治经济格局的深刻变化，并从当时世界上一些老党、大党丧失执政地位的变故中吸取教训。党的十四大明确提出要"努力提高党的执政水平和领导水平"这一时代命题；党的十四届四中全会提出新时期党的建设总目标，突出"思想上政治上组织上完全巩固"和"能够经受住各种风险"的要求，把党的建设提升到"新的伟大的工程"的高度。党的十五大则进一步提出"不断提高领导水平和执政水平，不断增强拒腐防变的能力"两大历史性课题。党的十六大和十六届四中全会又从不同的角度提出了党的执政能力建设的目标要求。2005年1月，中国共产党提出执政党建设的根本任务是先进性建设，并在全党范围内开展了保持党员先进性的教育活动。党的十七大正式把党的执政能力建设和先进性建设确定为党建的主线，"一条主线、五大建设"的党建布局，相互联系，浑然一体。党的十八大针对党面临的"四大考验""四种危险"，在党建主线中加入"纯洁性"建设要求。这样，以"一条主线"为主轴的"五位一体"党建工作布局正式形成。

三、从"五位一体"到"五加二"全新布局

从党的十一届三中全会到十八大的34年间，从严治党一直是中国共产党党建工作的基调，并取得了很大的成就。但是，相当长一段时期以来，治党宽、松、软现象也一直存在，党建工作中思想、组织、作风、反腐倡廉和制度五个方面均存在问题。具体而言，在一些党员、干部包括高级干部中，理想信念不坚定、对党不忠诚、纪律松弛、脱离群众、独断专行、弄虚作假、慵懒无为，个人主义、分散主义、自由主义、好人主义、宗派主义、山头主义、拜金主义不同程度存在，形式主义、官僚主义、享乐主义和奢靡之风问题突出，任人唯亲、跑官要官、买官卖官、拉票贿选现象屡禁不止，滥用权力、贪污受贿、腐化堕落、违法乱纪等现象滋生蔓延。特别是高级干部中极少

数人政治野心膨胀、权欲熏心，搞阳奉阴违、结党营私、团团伙伙、拉帮结派、谋取权位等政治阴谋活动。这些现象之所以会滋生，且长期得不到有力的纠正，与长期以来党内忽视了政治建设和纪律建设的优良传统有关。

旗帜鲜明讲政治也是中国共产党的优良传统。新民主主义革命时期，毛泽东反复告诫全党要牢记"总路线和总政策"，否则就会"迷失方向"，"左右摇摆"，贻误工作。社会主义革命和建设时期，他强调所有单位"政治是主要的，是第一位的，一定要反对不问政治的倾向""没有正确的政治观点，就等于没有灵魂"。改革开放以后，邓小平反复要求"研究政治的大局"，认为讲政治是党的优势所在，"改革，现代化科学技术，加上我们讲政治，威力就大多了"，而且"到什么时候都得讲政治"。但是，在现实生活中，一些地方、一些领域、一些人，或者是政绩观有偏差而表现出重经济轻政治、重业务轻党建的倾向，或者是将"讲政治"与极"左"时期的"政治挂帅"画等号，都导致一个时期以来党内政治生活缺乏应有的政治性、严肃性、庄重性，随意化甚至娱乐化滋生，一些党员干部包括高级干部在政治、思想、组织、纪律、作风上发生滑坡，造成政治生态恶化、政治文化庸俗化的严重后果。

高度重视党的纪律建设是中国共产党的优良传统。新民主主义革命时期，中国共产党从斗争实践中得出结论，"加强纪律性，革命无不胜"。社会主义革命和建设时期，为遏止党内存在的种种与党性要求相悖的行为，中共中央颁布"党政干部三大纪律、八项注意"。改革开放初期，邓小平特别强调坚持党的纪律，认为党成功的秘诀就在于"一靠理想，二靠纪律"，唯其如此，国家才能团结起来。但是，在党的十八大之前相当一段时间里，在部分党员、干部那里，党内纪律、规矩废弛，"搞任人唯亲、排斥异己的有之，搞团团伙伙、拉帮结派的有之，搞匿名诬告、制造谣言的有之，搞收买人心、拉动选票的有之，搞封官许愿、弹冠相庆的有之，搞自行其是、阳奉阴违的有之，搞尾大不掉、妄议中央的也有之"[①]。甚至少数高级干部凌驾于组织之上，建"独立王国"，搞小山头，为个人政治野心营造声势，抵制和妄议党中央大政方针，恶毒造谣攻击中央领导，打击意见不合同志等。

党的十八大以来，以习近平同志为核心的党中央，一方面，强调旗帜鲜明讲政治，推动全党尊崇党章，增强政治意识、大局意识、核心意识、看齐意识，坚决维护党中央权威和集中统一领导，严明党的政治纪律和政治规矩，层层落实管党治党政治责任，尤其是制定了《关于新形势下党内政治生活的若干准则》，规范政治生活、净化政治生态、纯洁政治文化、防范政治风险；另一方面，把纪律挺在前面，着力解决人民群众反映最强烈、对党的执政基础威胁最大的突出问题，尤其是两次修订《中国共产党纪律处分条例》，严肃了党的纪律和规矩。正是由于坚持了政治建设这一"统领"，抓住了纪律建设这一"底线"，在思想建设方面，通过开展党的群众路线教育实践活动和"三严三实"专题教育，推进"两学一做"学习教育常态化制度化，深入开展"不忘初心、牢记使命"主题教育，全党理想信念更加坚定、党性更加坚强；在组织建设方面，贯彻新时期好干部标准，选人用人状况和风气明显好转；在制度建设方面，党的制度建设改革深

---

① 《习近平关于严明党的纪律和规矩论述摘编》，中央文献出版社、中国方正出版社 2016 年版，第 22 页。

入推进，党内法规制度体系不断完善；在党的作风建设方面，出台中央八项规定，严厉整治形式主义、官僚主义、享乐主义和奢靡之风，坚决反对特权；在反腐败方面，巡视利剑作用彰显，实现中央和省级党委巡视全覆盖，坚持反腐败无禁区、全覆盖、零容忍，坚定不移"打虎""拍蝇""猎狐"，不敢腐的目标初步实现，不能腐的笼子越扎越牢，不想腐的堤坝正在构筑，反腐败斗争压倒性胜利已经取得并巩固发展。党在革命性锻造中更加坚强，焕发出新的强大生机活力，为党和国家事业发展提供了坚强政治保证。党的十九大在总结十八大以来全面从严治党经验的基础上，对党的建设工作作出了新的部署：一是继续坚持围绕党建主线布局党建工作的原则，丰富主线内涵，"以加强党的长期执政能力建设、先进性和纯洁性建设为主线"，突出党的执政地位的长期性和执政能力建设长期性的特点；二是强调新时代党建工作的着重点，"以党的政治建设为统领，以坚定理想信念宗旨为根基，以调动全党积极性、主动性、创造性为着力点"；三是在此前提下布局未来党建工作，"全面推进党的政治建设、思想建设、组织建设、作风建设、纪律建设，把制度建设贯穿其中，深入推进反腐败斗争"，此即"五加二"全新布局。尤其重要的是，党的十九大还提出了更为完整的党建工作的目标，"不断提高党的建设质量，把党建设成为始终走在时代前列、人民衷心拥护、勇于自我革命、经得起各种风浪考验、朝气蓬勃的马克思主义执政党"，这为"五加二"全新布局明确了方向。

四、启示

第一，必须在坚持党的思想路线基础上认识党建工作全新布局。

实事求是是中国共产党的思想路线，也是中国共产党确定特定历史阶段党的建设整体布局的思考根据。只有坚持实事求是的思想路线，充分认识世情、国情、党情，并把握其发展趋势，中国共产党才能确定特定时代的党建工作布局。同时，也只有坚持这一路线，我们才能充分理解和把握党建工作"五加二"全新布局的现实价值和发展趋势。

第二，必须在坚持党的基本路线的基础上认识党建工作全新布局。党的建设始终围绕党的基本路线而展开，为党完成特定历史阶段的中心任务而服务，"党和人民事业发展到哪个阶段，党的建设就要推进到什么阶段。这是加强党的建设必须把握的基本规律"①。离开了对这一规律的自觉把握，对党建工作"五加二"全新布局的认识就会犯偏向性错误。因此，我们既不能用"五加二"全新布局的标准来机械地、不加分析地评判此前党建工作布局的合理性，更不能用此前的布局模式裁量全新布局的实践意义。

第三，必须在坚持党建工作主线的基础上认识党建工作全新布局。如前所述，"主线"即"主轴"，党建工作的方方面面围绕它而展开，离开了它，党建工作的各个方面将零散破碎或混乱如麻。因此，我们在认识和把握党建全新布局及其各个方面的工作要求时，必须时刻不忘"主线"的存在，否则，就会犯盲人摸象的错误。

（摘编自《当代世界与社会主义》）

作者：杨德山［中国人民大学中共党史系教授］

张冬冬［中国人民大学中共党史系］

---

① 习近平：《在庆祝中国共产党成立 95 周年大会上的讲话》，《人民日报》2016 年 7 月 2 日。

▲

第三编

发展社会主义民主政治和政治治理

▼

▶ 我国是工人阶级领导的、以工农联盟为基础的人民民主专政的社会主义国家，国家的一切权力属于人民。必须坚持人民主体地位，坚定不移走中国特色社会主义政治发展道路，健全民主制度，丰富民主形式，拓宽民主渠道，依法实行民主选举、民主协商、民主决策、民主管理、民主监督，使各方面制度和国家治理更好体现人民意志、保障人民权益、激发人民创造，确保人民依法通过各种途径和形式管理国家事务，管理经济文化事业，管理社会事务。

李君如：在深化政治体制改革中构建社会主义协商民主体系

2014 年 12 月 29 日召开的中共中央政治局会议审议通过的《关于加强社会主义协商民主建设的意见》(以下简称《意见》)，并于 2015 年 1 月 5 日正式印发。值得注意的是，这个文件除了重申党的十八届三中全会强调的"协商民主是我国社会主义民主政治的特有形式和独特优势，是党的群众路线在政治领域的重要体现"外，还写入了习近平总书记提出的推进协商民主广泛多层制度化发展是"政治体制改革的重要内容"这一重要思想。通观全文，《意见》是指导社会主义协商民主建设的纲领性文件，对新形势下开展政党协商、人大协商、政府协商、政协协商、人民团体协商、基层协商以及社会组织协商等作出了全面部署，构建了一个社会主义协商民主的科学体系。因此，《意见》的印发是以习近平同志为核心的党中央深化政治体制改革、发展社会主义民主政治的重大战略举措。

一、对民主的反思体现在对中国民主制度的认识上

中国有民主吗？对于这个问题的反思和回答，在世界各国和中国人民中间有着两种截然相反的回答。就是在中国人中，也会有许多不

同的看法。

在美国或欧洲，在许多人的心目中，中国没有民主。他们的意识形态认为，民主制度就是多党制或两党制，就是两院制。自 1949 年中国共产党领导人民建立新中国以来，没有经历过政党轮换，长期以来只有中国共产党执政，也没有上院和下院，只有一个人民代表大会，这样的国家就不是民主制国家。

但是，也有人为此感到困惑。你说中国没有民主，但中国的经济特别是市场经济不仅发展快，而且很活跃，甚至连西方许多国家都赶不上。我们都知道，市场经济的发展，一要让公民享受自由的权利，包括自由选择职业、自由创业、自由迁徙、自由发展的权利。二要让公民享受平等的权利，包括平等享有宪法所规定的权利、平等交换商品的机制、平等交流信息的环境等，而具有这样的自由和平等恰恰是民主的实现。

原美国杜克大学中国研究中心主任、政治系已故副教授史天健，为了了解中国的民主到底是一个什么状况，从 20 世纪 90 年代前期开始做了不少实证研究。其中规模最大的一次是 2002 年。他发现中国人对本国民主供给的评价，高于多数亚洲国家和地区人民的评价。这牵涉中国老百姓对民主的定义是什么。他设置了一个开放的问题：大家都讲民主，对你来说，民主到底指的是什么？结果发现只有不到 12% 的人认为民主是指选举，6.3% 的人认为民主是制衡集权者，22.9% 的人认为民主指的就是自由，而将近 55% 的人则认为，民主是政府在作决策的时候，时刻想着人民的利益，征求和听取人民的意见，政府应该为人民服务。这和西方对民主的理解很不一样。我们都知道，民主分为程序民主和实质民主，程序民主关心的是选举，实质民主关心的是政府在作决定时是否想着人民的利益，是否听取人民的意见，而中国老百姓更关心后者即实质民主。基层群众既要求建立和完善民主制度，更期盼自己能够享有民主权利、干部要有民主作风。也就是说，民主的本质是有层次性的，并不单纯是国家形态，维护占主导地位的社会集团内部的平等关系是其更为深刻的本质。民主制度、民主权利、民主作风三者的统一是社会主义民主本质的反映。

改革开放以来，中国人对民主的认识越来越深刻。一是对民主的终极目的有了自己的认识。我曾经在北京大学的一次演讲中说过："我们不管实行哪一种民主制度或民主形式，都必须有利于人民权益的实现和富裕幸福，有利于社会充满生机活力和安定有序，有利于民族团结和睦和国家统一昌盛。凡是不利于这一民主政治终极目的的政治行为或民主形式，不管它有多么动听的名称，进行多么富有诱惑力的宣传，都不能轻信和照搬。"二是对民主的程序也有了比以往更深刻的认识。民主必须制度化、法治化，建设社会主义法治国家，这已经成为中国绝大多数人的共识。三是对民主的实现形式有了更深刻的认识。我们注意到，民主不仅有选举（票决）这样的形式，还有协商民主这样的形式。中国在自己的民主实践中建立的人民代表大会制度和政治协商制度，就其民主形式而言，就是由"选举（票决）+协商"构成的。四是中国不是有些人所讲的是一个没有民主的专制主义的国家；中国人对民主的理解和需求确实和西方有很大的不同；中国人正在创造同自己国家的基本国情和人民的需求相适应的民主形式；中国的民主还不完善，还在成长中。这四点结论，应该讲比较全面地反映了中国民主的真实状况。

二、选举民主和协商民主相结合是中国特色民主的"特色"之所在

中国的民主政治是由四大制度板块组成的：

一是实行民主集中制原则的国家机构——人民代表大会制度。中国的国家机构，由国家权力机关（人民代表大会）、国家主席、行政机关（国务院和各级地方政府）、司法机关（人民法院和人民检察院）、全国武装力量最高军事统帅机关（中央军事委员会）这五大国家机关，按照民主集中制的原则组成。我们把民主集中制作为国家结构的组织原则，是强调各个国家机关之间既相互分工，又相互制约和配合。中国根据自己的国情实行一院制，而不是西方国家实行的两院制。为了使人民代表具有更大的广泛性，2013 年，我们又按照人人平等、地区平等、民族平等的原则，修订了选举法。现在，人民代表大会制度已经成为我国民主政治制度中一项根本政治制度，正在不断深化的改革中完善和发展。

二是中国共产党领导的多党合作和政治协商的政党制度。中国的政党制度既不同于西方国家的两党或多党竞争制，也有别于一些国家实行的一党制，而是中国共产党领导的多党合作和政治协商制度。目前，中国共有 9 个政党。除中国共产党外，还有 8 个民主党派。各民主党派是与中国共产党团结合作的亲密友党和参政党，而不是反对党或在野党。中国政党制度的特征是：中国共产党领导、多党派合作，中国共产党执政、多党派参政。人民政协围绕团结和民主两大主题开展工作，履行政治协商、民主监督、参政议政职能，是中国人民爱国统一战线的组织、中国共产党领导的多党合作和政治协商的重要机构、中国政治生活中发扬民主的重要形式，体现了中国特色社会主义

制度的鲜明特点。

三是单一制下的民族区域自治制度。在新中国成立前夕，我们决定不实行苏联和美国那样的联邦制，而是实行单一制下的民族区域自治制度。在国家统一领导下，各少数民族聚居的地方设立自治机关，行使自治权，实行区域自治。还通过宪法和民族区域自治法，对民族区域自治及其实施作出了明确规定。其一，自主管理本民族、本地区的内部事务。其二，享有制定自治条例和单行条例的权力。其三，使用和发展本民族语言文字。其四，尊重和保护少数民族宗教信仰自由。此外，民族自治地方还有权保持或者改革本民族风俗习惯，自主安排、管理和发展本地方经济建设事业，自主管理地方财政，自主发展教育、科技、文化、卫生、体育等社会事业。今天，民族区域自治制度已经成为中国的一项基本政治制度。

四是基层民主自治制度。中国建立了以农村村民委员会、城市居民委员会和企业职工代表大会为主要内容的基层民主自治体系。广大人民在城乡基层群众性自治组织中，依法直接行使民主选举、民主决策、民主管理和民主监督的权利，对所在基层组织的公共事务和公益事业实行民主自治。这一基层民主自治制度，已经成为当代中国最直接、最广泛的民主实践，是完善发展中国特色社会主义民主政治的重要基础。

这四大民主制度，在操作过程中实行的是选举（票决）民主和协商民主两种民主形式。2006年颁发的《中共中央关于加强人民政协工作的意见》正式提出了中国有选举和选举之前的协商两种民主形式。这一文件给人民政协工作和协商民主的完善注入了新的活力。从这一文件的颁发，到2012年党的十八大明确提出"社会主义协商民主是我国人民民主的重要形式"，中国特色社会主义民主理论在民主实践的推动下迈出了值得大书特书的一大步。这表明，选举民主和协商民主相结合，正是中国特色社会主义民主的"特色"之所在。2012年11月召开的党的十八届三中全会，在制定2013年到2020年中国全面深化改革的纲领中，不仅确定了重点推进经济体制改革的总体方案，而且第一次以全会决定的形式明确了政治体制改革的内容和目标，以及文化体制、社会体制、生态文明体制等各个方面体制改革的任务。在政治体制问题上，明确提出"推进协商民主广泛多层制度化发展"是政治体制改革的重要内容。引人注目的是，习近平总书记在对这次全会通过的《中共中央关于全面深化改革若干重大问题的决定》作说明时，在民主政治问题上重点讲了协商民主建设问题。我们今天学习和研讨的《意见》，就是落实党的十八届三中全会关于"推进协商民主广泛多层制度化发展"举措的重要文件。

三、充分认识加强社会主义协商民主建设的重要意义

加强社会主义协商民主建设，首先要充分认识推进这项工作的重要意义。《意见》共分九部分，其中第一部分讲的就是加强协商民主的重要意义，第二部分讲的加强协商民主建设的指导思想、基本原则和渠道程序，也有助于我们认识加强协商民主的意义。

（一）加强协商民主是为了进一步发挥中国社会主义民主政治的制度特点和优势

对中国来讲，在长期的革命、建设和改革实践中，在民主问题上已经积累了丰富的经验，形成了许多成熟的制度和做法。正如习近平总书记所说的："协商民主是中国社会主义民主政治中独特的、独有

的、独到的民主形式，它源自中华民族长期形成的天下为公、兼容并蓄、求同存异等优秀政治文化，源自近代以后中国政治发展的现实进程，源自中国共产党领导人民进行革命、建设、改革的长期实践，源自新中国成立后各党派、各团体、各民族、各阶层、各界人士在政治制度上共同实现的伟大创造，源自改革开放以来中国在政治体制上的不断创新，具有深厚的文化基础、理论基础、实践基础、制度基础。"[1] 这表明，中国的协商民主，可以追溯到中国特有的中国人民政治协商会议这一组织，再往前可以追溯到中国的统一战线。可以说，今天中国政治的全部特点，都是由中国基本国情造就的、统一战线特点带来的。

习近平总书记在阐明实行人民民主，保证人民当家作主，要求我们在治国理政时、在人民内部各方面进行广泛商量时，引用过毛泽东的两句话，来说明协商民主是我们党的传统和优势。一句话是"国家各方面的关系都要协商"，另一句话是"我们政府的性格，你们也都摸熟了，是跟人民商量办事的"，"可以叫它是个商量政府"。[2] 事实上，我们党一直高度重视协商。毛泽东在延安时期就告诫全党："我们不是一个自以为是的小宗派，我们一定要学会打开大门和党外人士实行民主合作的方法，我们一定要学会善于同别人商量问题。"《意见》指出，协商民主就是在中国共产党领导下，人民内部各方面围绕改革发展稳定重大问题和涉及群众切身利益的实际问题，在决策之前和决策实施之中开展广泛协商，努力形成共识的重要民主实现形式。对于协商民主科学内涵的这一概括，比党的十八届三中全会又进了一步，不仅把

----

① 《习近平谈治国理政》第二卷，外文出版社 2017 年版，第 293—294 页。

② 同上书，第 292 页。

改革、发展和稳定中的重大问题一起纳入协商的内容，而且指出协商民主具有"努力形成共识"的特点。这是我们的制度优势。

（二）加强协商民主是为了在制度上更加适应改革开放以来中国社会和政治发展的新要求

《意见》在论述加强社会主义协商民主建设意义的时候，立足我国正处在全面建成小康社会的决定性阶段，提出了"四个面对"，这就是：我们今天推进政治体制改革和民主政治建设，一必须面对改革开放进程中利益格局深刻调整的新形势，二必须面对社会新旧矛盾相互交织的新变化，三必须面对市场经济条件下思想观念多元多样的新情况，四必须面对世界范围内不同政治发展道路竞争博弈的新挑战。强调这"四个面对"，就是强调政治体制改革和民主政治建设，要适应改革开放以来中国社会及其国际环境发生的深刻变化和最新走势。

习近平总书记深刻指出，人民是否享有民主权利，要看人民是否在选举时有投票的权利，也要看人民在日常政治生活中是否有持续参与的权利；要看人民有没有进行民主选举的权利，也要看人民有没有进行民主决策、民主管理、民主监督的权利。社会主义民主不仅需要完整的制度程序，而且需要完整的参与实践。人民当家作主必须具体地、现实地体现到中国共产党执政和国家治理上来，具体地、现实地体现到中国共产党和国家机关各个方面、各个层级的工作上来，具体地、现实地体现到人民对自身利益的实现和发展上来。他说："古今中外的实践都表明，保证和支持人民当家作主，通过依法选举、让人民的代表来参与国家生活和社会生活的管理是十分重要的，通过选举以外的制度和方式让人民参与国家生活和社会生活的管理也是十分重要的。人民只有投票的权利而没有广泛参与的权利，人民只有在投票时被唤醒、投票后就进入休眠期，这样的民主是形式主义的。"[1] 因此，我们实行的民主有两种重要形式：一是人民通过选举、投票行使权利；二是人民内部各方面在重大决策之前进行充分协商，尽可能地就共同性问题取得一致意见。这两种社会主义民主的重要形式，我们一般称为选举民主和协商民主。这两种民主形式不是相互替代、相互否定的，而是相互补充、相得益彰的，共同构成了中国社会主义民主政治的制度特点和优势。

因此，我们加强协商民主的一个重要意义，就是为在完善和发展中国特色社会主义制度的过程中，使我们的制度能够更加适应改革开放以来中国社会发展变化提出的新要求。

（三）加强协商民主是为了更好促进中国社会的和谐发展

当前，我国已进入全面建成小康社会决胜阶段。《意见》明确指出，在今天的历史条件下加强协商民主建设，有"五个有利于"。这就是我们在政治体制改革和民主政治建设中推进协商民主广泛多层制度化发展：一有利于扩大公民有序政治参与、更好实现人民当家作主的权利；二有利于促进科学民主决策、推进国家治理体系和治理能力现代化；三有利于化解矛盾冲突、促进社会和谐稳定；四有利于保持党同人民群众的血肉联系、巩固和扩大党的执政基础；五有利于发挥我国政治制度优越性，增强中国特色社会主义道路自信、理论自信、制度自信和文化自信。这"五个有利于"，连同上述"四个面对"，深刻地阐述了今天加强协商民主的重要意义。

习近平总书记深刻指出："在中国社会主义制度下，有事好商量，

---

[1]《习近平谈治国理政》第二卷，外文出版社 2017 年版，第 293 页。

众人的事情由众人商量，找到全社会意愿和要求的最大公约数，是人民民主的真谛。"[①] 在人民内部各方面广泛商量的过程，就是发扬民主、集思广益的过程，就是统一思想、凝聚共识的过程，就是科学决策、民主决策的过程，就是实现人民当家作主的过程。只有这样，国家治理和社会治理才能具有深厚基础，也才能凝聚起强大力量。实践告诉我们，中国的社会主义协商民主，既坚持了中国共产党的领导，又发挥了各方面的积极作用；既坚持了人民主体地位，又贯彻了民主集中制的领导制度和组织原则；既坚持了人民民主的原则，又贯彻了团结和谐的要求。因此，这种民主，丰富了民主的形式，拓展了民主的渠道，加深了民主的内涵，有利于把政治民主和社会和谐有机地统一起来。我们一定要从这个高度去认识协商民主、把握协商民主、发展协商民主。

四、我们的任务是构建社会主义协商民主体系

政治体制改革怎么改？是国内外许多人关心的重大问题。党的十八届三中、四中全会已经描绘了中国政治体制改革的蓝图，勾勒出了中国政治体制的轮廓。简而言之，就是将民主和法治作为两个轮子，推进国家治理体系和治理能力现代化，完善和发展中国特色社会主义政治制度。在法治问题上，党的十八届四中全会描绘了中国将通过完善和发展五大体系，即完备的法律规范体系、高效的法治实施体系、严密的法治监督体系、有力的法治保障体系，并形成完善的党内法规体系，构成中国特色社会主义法治体系；在民主问题上，党的

---

① 《习近平谈治国理政》第二卷，外文出版社 2017 年版，第 292 页。

十八届三中全会也已经提出要在完善和发展人民代表大会制度的同时形成完备的社会主义协商民主体系。《意见》一个最大的进展和成果，就是把社会主义协商民主体系清楚地勾勒出来了。

《意见》的主体是第三部分到第八部分，这六个部分清晰、明了地勾勒了中国特色社会主义协商民主是一个"6+1"的体系。

所谓"6"，就是：一要加强政党协商，二要积极开展人大协商，三要扎实推进政府协商，四要进一步完善政协协商，五要认真做好人民团体协商，六要稳步推进基层协商；所谓"1"，就是在上述已有基础的六大协商制度外，还要探索开展社会组织协商。这七大协商制度，在《意见》中被称为七大协商渠道。

所谓"协商渠道"，就是人民群众通过多种多样的民主通道，享有知情权、参与权、表达权、监督权，参与民主协商。由于这七大协商渠道发育程度不一样，《意见》提出在工作部署上要分三种情况加以推进。这就是：一要继续重点加强政党协商、政府协商、政协协商，二要积极开展人大协商、人民团体协商、基层协商，三要逐步探索社会组织协商。加强社会主义协商民主，归根结底，就是要按照党的十八届三中全会提出的规划，形成一整套规范化、程序化的协商民主制度，构建程序合理、环节完整的协商民主体系。令人高兴的是，《意见》把党的十八届三中全会提出的构想变成了一个经过努力可以实现的工程实施图。

值得注意的是，《意见》对于这七大协商渠道的协商内容、方式和要求等都作了具体规定。例如，考虑到涉及人民群众利益的大量决策和工作主要发生在基层，《意见》提出，要按照协商于民、协商为民的要求，建立健全基层协商民主建设协调联动机制，稳步开展基层协商。目的是两条：（1）更好解决人民群众的实际困难和问题；（2）及时化解矛盾纠纷，促进社会和谐稳定。为此，《意见》对如何推进乡镇、街道的协商，如何推进行政村、社区的协商，如何推进企事业单位的协商，对协商的内容、方式等提出了明确要求。对于乡镇、街道的协商，主要有三项：一是围绕目前经常发生的城乡规划、工程项目、征地拆迁以及群众反映强烈的民生问题，组织有关方面开展协商；二是加强对行政村、社区协商活动的指导；三是对跨行政村或跨社区的重要决策事项根据需要组织开展协商。对于行政村、社区的协商，除了强调要坚持村（居）民会议、村（居）民代表会议制度，规范议事规程外，《意见》根据各地创造的经验，提出要积极探索村（居）民议事会、村（居）民理事会、恳谈会等协商形式，并强调协商时要吸纳利益相关方、社会组织、外来务工人员、驻村（社区）单位参加协商。对于企事业单位的协商，主要强调了多年来坚持的职工代表大会制度和这几年正在探索的企业内劳动关系集体协商制度、政府工会企业三方协商机制。俗话说："基础不牢，地动山摇。"推进基层协商民主的健康发展，一定能够畅通人民群众民主渠道，巩固党的执政基础。

只要我们在深化政治体制改革的进程中，积极建构这样一个纵向衔接、横向联动的社会主义协商民主体系，并把它同逐步完善、不断发展的选举民主制度相配套、相促进，更好地把党的领导、人民当家作主、依法治国有机地统一起来，就一定能够建设一个给人民群众带来真正实惠而不是带来社会动荡的社会主义民主，为人类政治文明作出新贡献。

五、加强和完善党对协商民主的领导

党的领导是中国特色社会主义最本质的特征，也是加强协商民主建设的关键。《意见》的第九部分，集中讲了加强协商民主建设必须加强和完善党的领导。

（一）党委要自觉担负起领导责任，首先要认识领导的内涵

什么是党对协商民主建设的领导？其内涵，一是在广泛多层推进协商民主时各方都必须坚持党的领导；二是在协商民主中党委要充分发挥总揽全局、协调各方的领导核心作用，把握正确方向，形成强大合力，确保协商民主有序高效开展。这两个方面缺一不可，但重点是党委要自觉担负起领导责任，确保协商民主有序高效开展，学会用这种民主方式治国理政。

（二）党委要自觉担负起领导责任，最重要的是在思想上工作上高度重视协商民主建设，掌握协商民主的基本点

在思想上，要充分认识加强协商民主建设的重大意义。在工作上，要把协商民主建设纳入总体工作部署和重要议事日程，对职责范围内各类协商民主活动进行统一领导、统一规划、统一部署。

为此，党委必须掌握协商民主的指导思想、基本原则和协商程序。在指导思想方面，《意见》明确指出，加强协商民主建设，必须坚持和完善我国根本政治制度和基本政治制度，以保证人民当家作主为根本，构建程序合理、环节完整的协商民主体系，推进协商民主广泛多层制度化发展。在基本原则方面，《意见》明确提出了"六个坚持"：一是必须坚持党的领导、人民当家作主、依法治国有机统一，贯彻民主集中制，坚定不移走中国特色社会主义政治发展道路；二是

坚持围绕中心、服务大局，促进经济持续健康发展，维护社会和谐稳定；三是坚持依法有序、积极稳妥，确保协商民主有制可依、有规可守、有章可循、有序可遵；四是坚持协商于决策之前和决策实施之中，增强决策的科学性和实效性；五是坚持广泛参与、多元多层，更好保障人民群众的知情权、参与权、表达权、监督权；六是坚持求同存异、理性包容，切实提高协商质量和效率。这是保证协商民主建设健康开展的"定海神针"，管总、管全局、管方向，必须旗帜鲜明地坚持这些原则。同时，《意见》还对协商渠道和程序作出了明确的规定。各级党委要自觉坚持协商民主建设的这些基本点，确保协商民主沿着正确轨道推进。

（三）党委要自觉担负起领导责任，必须学习协商民主

我们应该认识到，以其昏昏，使人昭昭，是不可能在深化政治体制改革中领导好协商民主的。许多人从课本中学到的民主知识主要是西方政治学讲得比较多的选举民主，即使近年来学者介绍的西方协商民主理论也不能和我们的协商民主实践同日而语。与此同时，我们党在协商民主实践中尽管积累了丰富经验，但我们对协商民主的研究和宣传只是最近十多年的事情，从总体上说，协商民主对于广大干部来讲还是一个新事物。因此，《意见》明确指出，党委领导同志要以身作则，带头学习掌握协商民主理论，熟悉协商民主工作方法，把握协商民主工作规律，努力成为加强协商民主建设的积极组织者、有力促进者、自觉实践者，通过推进协商民主改善党的领导、加强党的领导、巩固党的执政地位。

我们要通过党委中心组、党校（行政学院）和其他干部学院、社

会主义学院等多种渠道，系统学习中国协商民主形成和发展的历史，学习社会主义协商民主的基本知识和基本原则，学习协商民主的协商渠道和协商程序，学习各地创造的协商民主新鲜经验。在实践中学习，在学习中实践，在实践与学习的互动中推进协商民主的发展。

（四）党委要自觉担负起领导责任，必须建立健全协商民主的领导体制和工作制度

这一体制，由党委、各渠道组织方、公众三个要素构成，是"党委统一领导、各方分工负责、公众积极参与"的领导体制和工作机制。

从党委来说，要按照民主集中制原则，坚持民主基础上的集中和集中指导下的民主相统一，确保协商依法开展、有序进行，防止议而不决、决而不行；要加强统筹协调，认真研究制定协商计划，解决协商民主建设中的重大问题；要支持人大、政府、政协、党派团体、基层组织和社会组织依照法律法规和各自章程开展协商，有计划、有步骤地推进协商活动；要加强对协商民主建设落实情况的监督检查。

人大、政府、政协、党派团体、基层组织和社会组织要自觉接受和服从党委领导，根据自身特点和实际需要，合理确定协商内容和方式；要自觉把协商民主建设贯穿各领域，有事多协商，遇事多协商，做事多协商。

公众要认识到这是行使当家作主权利的实现形式，要在协商民主中充分运用和维护自己的知情权、参与权、表达权、监督权，同时要识大体、顾大局，正确处理个人利益、集体利益和国家利益的关系。只要形成这样的协商民主体制机制，就能推进党和政府决策的科学化、民主化、法律化。

与此同时，我们必须强调指出，在制度设计上，要认真落实习近平总书记关于"协商就要真协商"的要求，即"真协商就要协商于决策之前和决策之中，根据各方面的意见和建议来决定和调整我们的决策和工作，从制度上保障协商成果落地，使我们的决策和工作更好顺乎民意、合乎实际"[1]。

（五）党委要自觉担负起领导责任，必须营造协商民主建设的良好氛围，大力支持和鼓励探索创新

近年来，各地在协商民主建设中，尤其在基层社会治理中探索用协商民主化解矛盾，积累了许多新鲜经验。因此，在加强协商民主建设过程中，我们一要鼓励实践探索，二要尊重群众首创精神，注重实践经验提炼和理论总结，适时把成功的经验上升为制度规范。同时，我们还要按照中央的部署，做好两件事，一是加强中国特色新型智库建设，二是研究制定协商民主建设党内法规，以党内民主带动和促进协商民主发展。而要这样做，需要良好的氛围。《意见》明确指出，党委宣传部门和主要新闻媒体，要加强正确舆论引导，普及协商民主知识，宣传协商民主理论和实践，树立协商民主建设先进典型，发挥好示范引领作用。

综上所述，只要我们在深化政治体制改革过程中，加强和完善党对协商民主的领导，创造性地构建社会主义协商民主体系，并把协商民主与选举民主更好地结合起来，把民主与法治更好地结合起来，中国特色社会主义民主政治一定能够提升到新的高度，创造出新的辉煌。

（摘编自《四川省社会主义学院学报》）

作者：李君如［中共中央党校（国家行政学院）原副校长］

---

[1]《习近平谈治国理政》第二卷，外文出版社 2017 年版，第 297 页。

宋世明：深化党和国家机构改革　推进国家治理体系和治理能力现代化

2018 年深化党和国家机构改革，是推进国家治理体系和治理能力现代化的一场深刻变革，"是一场系统性、整体性、重构性的变革，力度规模之大、涉及范围之广、触及利益之深前所未有"。本文结合"一个决定两个方案"（指党的十九届三中全会通过的《中共中央关于深化党和国家机构改革的决定》《深化党和国家机构改革方案》和十三届全国人大一次会议通过的《国务院机构改革方案》）具体分析本次改革是如何推进国家治理体系与治理能力现代化的。

一、如何理解中国特色现代化国家治理体系与治理能力

治理体系是基础，治理能力是体现。"体系建设"自然成为深化党和国家机构改革最关键的主题词。

（一）如何理解国家治理体系、治理能力的中国特色

一是国家治理体系的灵魂有中国特色。中国共产党是国家治理体系的核心与舵手，国家治理能力首先体现为中国共产党的领导力。"在国家治理体系的大棋局中，党中央是坐镇中军帐的'帅'，车马炮

各展其长，一盘棋大局分明"①。中国共产党的领导是国家富强、民族振兴、人民幸福的最大压舱石，是我们战胜一切艰难险阻最可靠的法宝，是团结一切积极因素协同共治的最强大驱动力。

二是国家治理体系的基本单元有中国特色。体系即系统。系统论创始人贝塔朗菲认为，系统是相互联系相互作用的诸元素的综合体。党政军群机构是中国特色现代化国家治理体系的基本单元。具体来说，中国共产党、民主党派、国家机构、人民政协、武装力量、群团组织、社会组织、党政军群所属的事业单位等，属于国家治理体系基本的单元。只有尽快把国家治理体系基本单元的工作能力都提高，国家治理体系才能形成总体效应，取得总体效果。

三是国家制度有中国特色。"国家治理体系和治理能力是一个国家制度和制度执行能力的集中体现。国家治理体系是在党领导下管理国家的制度体系……国家治理能力则是运用国家制度管理社会各方面事务的能力。"②正是国家制度把国家体系基本单元有机集合成一个协同高效的总体。我国是工人阶级领导的、以工农联盟为基础的人民民主专政国家；社会主义制度是中国的根本制度，中国特色社会主义制度最大优势是中国共产党领导，党是最高政治领导力量；国家的一切权力属于人民；人民代表大会制度是坚持党的领导、人民当家作主、依法治国有机统一的根本政治制度安排。中共中央政治局及其常委会是最高政治领导中枢和决策机构，中共中央总书记是当代中国的核心决策者；党掌握最高决策权、领导权。"中国共产党组织与以国务院

① 《习近平关于全面建成小康社会论述摘编》，中央文献出版社 2016 年版，第96 页。

② 同上书，第 78 页。

为首的人民政府都具有政策执行的功能",由此"形成党政双轨行政结构——结构功能系统"。"在党和国家各项制度中,党内监督是第一位的,党内监督失灵,其他一切监督必然失效。"与此相适应,2018年深化党和国家机构改革方案分别作出了有的放矢的制度安排。在决策层面,优化中央决策议事协调机构及其决策辅助功能,健全党中央决策中枢对重大工作的领导体制机制。在执行层面,通过统筹党政机构设置,理顺党政职责关系,解决在政务管理职能领域的叠床架屋问题。在监督层面,推进党的纪律检查体制和国家监察体制改革,组建国家监察委员会,同中共中央纪律检查委员会合署办公,履行纪检、监察两项职能,实行一套工作机构、两个机关名称。

(二)如何理解中国国家治理体系和治理能力的现代化

国家治理体系是管理国家主体与国家制度体系的综合。中国国家治理体系就是在党的领导下管理国家的机构职能体系和制度体系。国家治理现代化的首要任务是构建系统完备、科学规范、运行高效的机构和职能体系。系统完备就是机构健全、职能配套、机制完善;科学规范就是设置合理、程序严密、于法周严;运行高效就是运转协调、执行顺畅、监督有力。为此,必须推进党和国家机构职能优化协同高效。优化就是科学合理、权责一致;协同就是有统有分、有主有次;高效就是履职到位,流程通畅。与此同时,构建公平正义、系统完备、易行高效的国家制度体系。制度是国家的良心,规则是群体的智慧,国家制度自然需要体现公平正义的善治良法;系统完备是指制度健全、紧密相连、彼此协调;易行高效是指制度体现利益相关者的最大公约数,天生具有高执行力的基因,容易落地生根,开花结果。

国家治理能力是运用国家制度、特定治理方式管理、治理各方面事务的能力，包括改革发展稳定、内政外交国防、治党治国治军各方面。国家治理能力现代化主要体现为国家治理科学化、民主化、法治化、绩效化。科学化即遵循治国规律，实现"治大国若烹小鲜"；民主化即国家一切权力来源于人民，实现人民当家作主；法治化即落实依法治国这一党领导人民治理国家的基本方略，将国家权力运行纳入法治化轨道，而不是将法治化纳入国家权力运行轨道；绩效化即以人民为中心，国家的一切活动都取得有利于人民的结果，不断提高国家治理效能，提升公共价值。

（三）如何理解中国国家治理体系和国家治理能力的结构

国家治理体系在纵向上分为三个层面。各级各类机构形成的机构体系是国家治理体系的第一个层面。机构是职能的载体，党和国家机构职能体系构成国家治理体系的第二个层面。各类机构在履行职能过程中相互作用形成的权力体系，构成国家治理体系的第三个层面。

第一个层面，统筹党政军群机构改革，形成组织结构科学、总体功能优化的党政军群事业单位机构新格局。各级各类党政机构是一个有机整体，关键在于完善党政机构布局，深化人大、政协和司法机构改革，深化群团组织改革，推进社会组织改革，加快推进事业单位改革，深化跨军地改革，构建中国特色现代化治理体系的组织架构。

第二个层面，统筹党政军群机构改革，形成系统完备、科学规范、运行高效的党和国家机构职能体系。关键在于统筹配置相近职能，理顺和优化党的部门、国家机关、群团组织、事业单位之间职责关系，协调并发挥各类机构职能作用。

第三个层面，统筹党政军群机构改革，核心在于将党在国家治理体系中的全面领导权制度化。加强党对各领域各方面工作的领导，确保党的领导全覆盖，确保党的领导更加坚强有力，使党政军民学在党的集中统一领导下协调行动。

中国国家治理体系在横断面上至少包含四个子体系，即领导体系、政府治理体系、武装力量体系、群团工作体系，这些子体系本身就是相对独立的，而各相对独立的组成部分彼此协调协同才能最大限度发挥总体系的合力。统筹党政军群机构改革，不仅要彰显各子系统的力量，而且各子系统要彼此相得益彰、协同增效。只有提高政府执行力，激发群团组织和社会组织活力，增强人民军队战斗力，做到共鸣共振，才能全面提高国家治理能力与治理水平。

二、形成总揽全局、协调各方的领导体系，增强党的领导力

中国共产党领导是中国特色社会主义最本质的特征。坚持党的全面领导是深化党和国家机构改革必须遵循的首要原则，也是深化党和国家机构改革的首要任务。领导体系是指为确保党的全面领导而作出的关于党的组织机构设置、职能配置、领导方式等系列制度安排。增强党的领导力，是指完善党的全面领导制度安排，改进党的领导方式和执政方式，坚持党的全面领导，提高党把方向、谋大局、定政策、促改革的能力和定力，增强党的政治领导力、思想引领力、群众组织力、社会号召力。

为形成总揽全局、协调各方的领导体系，增强党的领导力，《深化党和国家机构改革方案》分别在决策、执行、监督三个层面作出了重大制度安排。

（一）决策层面：建立健全党中央决策议事协调机构，加强党对重大工作的集中统一领导

中枢决策核心化与中枢决策辅助机构体系化，已经成为世界各国国家治理现代化的发展大势。党中央决策议事协调机构在中央政治局及其常委会领导下开展工作，负责重大工作的顶层设计、总体布局、统筹协调、整体推进。

加强党的全面领导，首先加强党对涉及党和国家事业全局的重大工作的集中统一领导。所谓"重大工作"，《中共中央关于深化党和国家机构改革的决定》列举了 16 个方面，分别是：深化改革、依法治国、经济、农业农村、纪检监察、组织、宣传思想文化、国家安全、政法、统战、民族宗教、教育、科技、网信、外交、审计。其中，设立和优化党中央决策议事协调机构是党加强对重大工作领导与统筹协调的重要举措。新组建中央全面依法治国委员会，办公室设在司法部，加强党中央对法治中国建设的领导。新组建中央审计委员会，办公室设在审计署，加强党中央对审计工作的领导。新组建中央教育工作领导小组，秘书组设在教育部，加强党中央对教育工作的集中统一领导。将中央全面深化改革领导小组、中央网络安全和信息化领导小组、中央财经领导小组、中央外事工作领导小组改为委员会。至此，中央决策议事协调机构共有 10 个，如下图所示。

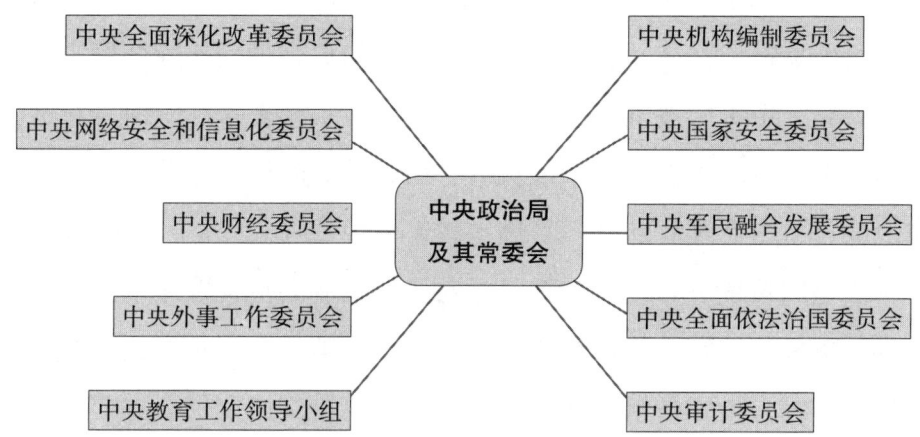

（二）执行层面：统筹设置党政机构，更好地发挥党中央职能部门的统一归口协调管理职能

坚持一类事项原则上由一个部门统筹、一件事情原则上由一个部门负责。为统筹本领域本系统工作，《深化党和国家机构改革方案》采取三种方式。

一是合并设立。为加强中央和国家机关党的建设，组建中央和国家机关工作委员会（作为党中央的派出机构）。为全面加强党对干部培训工作的集中统一领导，将中央党校和国家行政学院的职责整合，组建新的中央党校（国家行政学院）。组建中央党史和文献研究院（作为中央直属事业单位）。为加强党对公务员队伍的集中统一领导，更好统筹干部、机构编制资源，将国家公务员局并入中央组织部，由中央组织部统一管理公务员工作。为加强党对新闻舆论工作的集中统一领导，牢牢掌握意识形态领导权，将原国家新闻出版广电总局的新闻出版管理职责划入中央宣传部，由中央宣传部统一管理新闻出版工作，将原国家新闻出版广电总局的电影管理职责划入中央宣传部，由中央宣传部统一管理电影工作，并归口管理新组建的国家广播电视总局、中央广播电视总台。为加强党对宗教工作、对海外统战工作的集中统一领导，将国家宗教事务局、国务院侨务办公室并入中央统战部，由中央统战部统一管理宗教工作、侨务工作。

二是归口统一管理。为加强党对机构编制和机构改革的集中统一领导，更好地统筹干部、机构编制资源，调整优化中央机构编制委员会领导体制，由中央组织部归口管理中央机构编制委员会办公室。

三是归口统一领导。为加强党对民族工作的集中统一领导，将民族工作放在统战工作大局下统一部署，中央统战部归口统一领导国务院组成部门——国家民族事务委员会。

（三）监督层面：推进党的纪律检查体制和国家监察体制改革，健全党和国家监督体系

深化党的纪律检查体制改革，推进纪检工作双重领导具体化、程序化、制度化，强化上级纪委对下级纪委的领导。深化国家监察体制改革，组建国家、省、市、县监察委员会，同党的纪律检查委员会合署办公。

党中央机构改革的首项任务是组建国家监察委员会。为加强党对反腐败工作的集中统一领导，实行党内监督和国家机关监督、党的纪律检查与国家监察的有机统一，实现对行使公权力的公职人员的全覆盖，将监察部、国家预防腐败局的职责、最高人民检察院查处贪污贿赂罪、失职渎职以及预防职务犯罪等反腐败相关职责整合，组建国家监察委员会，同中共中央纪委合署办公，履行纪检监察两项职责，实行一套工作机构，两个机关名称。"这是事关全局的重大政治体制改

革，具有的鲜明的中国特色。"党内监督就是在中国各种监督制度中发挥决定作用的监督形式，国家监察委员会就是中国特色的国家反腐败机构，是通过自我净化、自我革命加强党的长期执政能力的有效途径。

值得高度关注的是，上述决策、执行、监督三大层面的制度安排，不是"归口领导"政府各部门，而是通过党对重大工作的领导实现党的全面领导；不是"包揽全局、代替各方"，而是完善总揽全局、协调各方的科学领导与决策体制；不是以党的组织机构职能覆盖国家机构的职能，而是理顺党政职责关系。

首先，不是"归口领导"，而是全面领导。"归口领导"属于"探照灯式"线性领导。全面领导属于"阳光普照式"全覆盖领导。2018年建立与完善的中央决策议事协调机构属于中央中枢决策辅助机构以及决策实施推进机构，其与1958年中央设立五个小组分管归口管理政府部门有根本的区别。针对当时国家经济建设中的分散主义，1958年6月10日，中共中央发出《关于成立财经、政法、外事、科学、文教小组的通知》，指出："大政方针在政治局，具体部署在书记处，只有一个政治设计院，没有两个政治设计院，大政方针和具体部署，都是一元化，党政不分。具体执行和细节决策属政府机构及其党组。"党中央设立五个小组分口领导中央人民政府工作，省市地方党委内部分别设立政法书记、工业书记、农业书记等专职书记，分管与之对应的政府中的各口。1958年9月19日，中共中央又作出《关于成立中央基本建设委员会、计划委员会、经济委员会的决定》。

其次，不是"包揽全局、代替各方"，而是"总揽全局、协调各方"。从1958年6月至1967年成立革命委员会，"行政权实际掌握

在各级党委手中，政府部门不过是党委的办事机构"。1967 年 3 月
10 日至 1979 年 7 月 1 日，革命委员会实际上代替了国家政权机构，
党委、人大、政府、政协、司法和群团的所有职能统统系于革命委
员会一身，政府又成了革命委员会的办事机构。1980 年 8 月 18 日，
邓小平在《党和国家领导制度的改革》中针对这种党政职能不分的状
况提出，"领导制度、组织制度问题更带有根本性、全局性、稳定性
和长期性"，提出"真正建立从国务院到地方各级政府从上到下的强
有力的工作系统"。1982 年宪法关于国家机构设置和职责权限的规定
体现了《党和国家领导制度的改革》的核心思想。习近平总书记在
《关于深化党和国家机构改革决定稿和方案稿的说明》中进一步指出：
"在我国政治生活中，党是居于领导地位的，加强党的集中统一领导，
支持人大、政府、政协和监察机关、审判机关、检察机关、人民团体、
企事业单位、社会组织履行职能、开展工作、发挥作用，这两个方面
是统一的。"①既着力从制度安排上发挥党的领导这个最大的体制优势，
又统筹设置党和国家各类机构，协调好并发挥各类机构的作用。

　　最后，不是以党的组织机构职能覆盖国家机构的职能，而是理顺
党政职责关系。党政关系是中国最基本的政治关系。2018 年深化党
和国家机构改革丝毫没有回避党政关系这一重大议题，通过统筹党政
机构设置，理顺党政职责关系。以解决党政机构职责交叉、叠床架屋
突出问题为导向，以推进党和国家机构职能优化协同高效为着力点，
在政务管理职能领域党的有关机构同职能相近、联系紧密的其他部门
统筹设置，实行合并设立或合署办公。在政府的经济调节、市场监

---

① 《〈中共中央关于深化党和国家机构改革的决定〉〈深化党和国家机构改革方案〉
辅导读本》，人民出版社 2018 年版，第 84 页。

管、社会管理、公共服务、生态环境保护职能领域，很少采取统筹机构设置的做法。由此，既解决了在政务管理职能领域机构重叠、职能重复、工作重合的问题，又避免了以党的组织机构职能覆盖国家机构的职能。可以说，党的领导全覆盖，党的职能部门并没有对政府职能部门全覆盖；归口管理，只是特定口径而不是全口径的归口管理，从而使党和国家机构职能更加优化、权责更加协同、运行更加高效。

三、形成职责明确、依法行政的政府治理体系，提高政府执行力

使市场在资源配置中起决定性作用优先于更好地发挥政府作用，这是新时代中国行政体制改革的价值定位。加快建设人民满意的服务型政府，为"五位一体"总体布局提供体制保障，这是新时代中国行政体制改革的目的定位。到 2020 年建立起比较完善的中国特色社会主义行政管理体制，推进政府治理体系和治理能力现代化，是新时代中国行政体制改革的目标定位。

新时代中国行政体制改革的基本路径为：以支撑保障"五位一体"总体布局为落脚点，结合新时代条件和实践要求，着力推进重点领域、关键环节的机构职能优化和调整，构建职责明确、依法行政的政府治理体系，增强政府公信力与执行力。

2018 年国务院机构改革，以转变政府职能为主线，边"破"边"立"。

（一）2018 年国务院机构改革中的"破"

经过 1982—2017 年的七轮行政体制改革，实现了从计划经济条件下的政府职能向社会主义市场经济条件下的政府职能的重大转变。

但依然存在政府职能转变不彻底的问题。

针对政府职能转变不彻底的问题，继续推进"放管服"改革。首先，深入推进简政放权，减少微观管理事务和具体审批事项，最大限度减少政府对市场资源的直接配置，最大限度减少政府对市场活动的直接干预，加快要素价格市场化改革，放宽服务业准入限制。其次，完善市场监管和执法体制，强化事中事后监管。最后，不仅要优化政务服务，而且要健全公共服务体系，推进基本公共服务均等化、普惠化、便捷化，推进城乡区域基本公共服务制度统一。

针对政府职责配置问题，有的放矢推进重点领域和关键环节的机构职能优化和调整。职责配置问题按从重到轻可以分为五个层次，一是职责空白，即职责缺位。二是职责乏力，即职责不到位。三是职责分散（甚至碎片化），即同一性质职责配置给过多部门。四是职责交叉，不同部门职责出现交集。五是职责重叠，即两个以上部门职责几乎完全重复。2018 年深化国务院机构改革 24 项措施分别对应的职责配置问题见表 1 和表 2。

表 1　深化国务院机构改革 24 项措施分别针对的职责配置问题

问题 举措	职责 空白	职责 乏力	职责分散 （甚至碎片化）	职责 交叉	职责 重叠
1. 组建自然资源部	√		√		
2. 组建生态环境部		√	√		
3. 组建农业农村部		√			
4. 组建文化和旅游部			√		
5. 组建国家卫生健康委员会		√	√		

（续表）

问题／举措	职责空白	职责乏力	职责分散（甚至碎片化）	职责交叉	职责重叠
6. 组建退役军人事务部		√	√		
7. 组建应急管理部			√		
8. 重新组建科学技术部		√	√		
9. 重新组建司法部		√			
10. 优化审计署职责	√		√	√	√
11. 组建国家市场监督管理总局	√		√	√	
12. 组建广播电视总局		√			
13. 组建中央广播电视总台		√	√		
14. 组建中国银行保险监督管理委员会	√	√	√	√	
15. 组建国家国际发展合作署		√			
16. 组建国家医疗保障局			√		
17. 组建国家粮食和物资储备局		√	√		
18. 组建国家移民管理局		√	√		
19. 组建国家林业和草原局		√	√		
20. 重新组建国家知识产权局		√	√		
21. 国务院三峡工程建设委员会及其办公室、国务院南水北调过程建设委员会及其办公室并入水利部			√		
22. 调整全国社会保障基金理事会隶属关系（由国务院管理调整为财政部管理）		√			
23. 改革国税地税征管体制					√
24. 推进综合执法			√	√	

注：《深化党和国家机构改革方案》作出表 1 改革措施排序；表 2 中的改革措施后标注的序号与表 1 保持一致。

表 2　以支撑保障"五位一体"为轴线布局政府治理体系

"五位一体"	2018 年国务院机构职能调整	改革措施体现的现代政府治理方式
经济建设	组建农业农村部（3） 重新组建科学技术部（8） 组建国家市场监督管理总局（11） 组建中国银行保险监督管理委员会（14） 重新组建国家知识产权局（20） 国务院三峡工程建设委员会及其办公室、国务院南水北调过程建设委员会及其办公室并入水利部（21） 改革国税地税征管体制（23）	统筹涉农项目资源的综合治理（3） 统筹全链条公共创新资源的系统治理、源头治理（8） 统筹市场监管与执法的综合治理、系统治理（11） 统筹金融监管资源的综合治理、监管规则制定（中国人民银行）与监管执行（中国银行保险监督管理委员会）既相互分开又相互协调的源头治理（14） 统筹知识产权创造、保护、运用的综合治理（20） 从根本上降低征纳成本、改善纳税服务的源头治理（23）
政治建设	重新组建司法部（9） 优化审计署职责（10） 组建国家广播电视总局★（12） 组建中央广播电视总台★（13） 组建国家国际发展合作署（15）	统筹行政立法、行政执法、法律事务管理综合治理，从根子上遏制部门立法利益化倾向的源头治理（9） 统筹所有审计监督权、增强监督效能的绩效治理（10） 尊重文化的双重属性（意识形态属性与商品属性），遵循"管住喉舌""放开食量"文化发展规律的绩效治理（12、13） 充分发挥对外援助在大国外交中"四两拨千斤"作用的绩效治理（15）
文化建设	组建文化和旅游部、组建文化市场综合执法队伍（4） 组建国家广播电视总局★（12） 组建中央广播电视总台★（13）	尊重文化的双重属性（意识形态属性与商品属性），遵循"管住喉舌""放开食量"文化发展规律的绩效治理（4、12、13）

（续表）

"五位一体"	2018 年国务院机构职能调整	改革措施体现的现代政府治理方式
社会建设	组建国家卫生健康委员会（5） 组建退役军人事务部（6） 组建应急管理部（7） 组建国家医疗保障局（16） 组建国家粮食和物资储备局（17） 组建国家移民管理局（18） 调整全国社会保障基金理事会隶属关系（22）	将以治病为中心的末端管理转向以人民健康为中心的源头治理（5） 整合民政部、人力资源和社会保障部以及中央军委政治工作部、后勤保障部有关职责的综合治理（6） 整合 11 个部门应急管理职责、防灾减灾救灾能力一体化建设的系统治理
生态文明建设	组建自然资源部、整合组建生态环境保护综合执法队伍（1） 组建生态环境部（2）	统筹山水林田湖的系统治理 统筹稀缺生态环境保护公共资源的综合治理

注：兼有政治建设与文化建设的双重意味；整合组建市场监管、生态环境保护、文化市场、交通运输、农业五支综合执法队伍，实施综合治理。

（二）2018 年国务院机构改革的"立"

既要"立"支撑"五位一体"建设的政府治理体系，又要"立"现代政府治理方式。纵观 2018 年 24 项国务院机构职能调整，基本确立了综合治理、系统治理、源头治理、绩效治理四种现代政府治理方式。由此形成一个各部门职责明确、彼此协调的整体政府。以一个整体政府而不是碎片化政府的身份，可以更好地与社会协同治理。

四、形成中国特色、世界一流的武装力量体系，增强人民军队战斗力

加强武装力量体系，增强人民军队战斗力，是推进国家治理体系和治理能力现代化的战略任务。增强人民军队战斗力，要全面落实"中国共产党对人民军队和其他武装力量的绝对领导"，深化跨军地改革，推动军民融合深度发展，更好地把国防和军队建设融入经济社会发展体系，构建军地一体化的国家战略体系，始终聚焦主责主业，全面提高能打仗、打胜仗能力。

党的十八大以来的国防和军队改革已经实现历史性突破。通过实施领导指挥体制改革、军队规模结构和力量编成改革，形成军委管总、战区主战、军种主建的新格局，实现了组织架构和力量体系的整体性、革命性重塑。依据 2018 年《中共中央关于深化党和国家机构改革的决定》《深化党和国家机构改革方案》，深化跨军地改革。全面落实党对人民解放军和其他武装力量的绝对领导，按照军是军、警是警、民是民的原则，将武装部队序列、国务院部门领导管理的现役力量全部退出武警，彻底理顺武警部队领导管理和指挥使用关系。

一是公安边防部队改制。公安边防部队全部退出现役，全部转为人民警察编制，成建制划归公安机关。

二是公安消防部队改制。公安消防部队全部退出现役，全部转为行政编制，成建制划归应急管理部。

三是公安警卫部队改制。公安警卫部队全部退出现役，全部转为人民警察编制，转到地方后依然由同级公安机关管理。

四是海警队伍转隶武警部队。国家海洋局领导管理的海警队伍及其全部职能转隶武警部队。

五是武警部队不再领导管理武警黄金、森林、水电部队。武警黄金部队退出现役，转为财政补助事业编制，并入自然资源部管理。原有部分企业职能划归中国黄金总公司。武警森林部队退出现役，转为行政编制，并入应急管理部管理。武警水电部队退出现役，转为国有企业，由国务院国资委管理。

六是武警部队不再承担海关执勤任务。一次性整体撤收武警部队海关执勤兵力，归建武警部队。

五、形成联系广泛、服务群众的群团工作体系，激发群团组织和社会组织活力

《中共中央关于深化党和国家机构改革的决定》中关于深化群团组织改革的框架性表述，清晰地表述了群团工作体系在推进国家治理体系中的地位、群团组织和社会组织在推进国家治理体系和治理能力现代化中所扮演的角色以及如何激发群团组织和社会组织活力。

（一）群团工作体系在推进国家治理体系中的地位

党的群团工作是党治国理政的重要法宝，群团工作体系是国家治理体系中不可或缺的有机组成部分。群团组织是党和政府联系人民群众的桥梁与纽带；社会组织是推进国家治理体系和治理能力现代化的重要参与者、实践者，是国家与社会协同共治的战略伙伴。

值得注意的是，群团组织和社会组织虽是群团工作体系的基本单元，但存在重大区别。群团组织是指在全国政协拥有议政席位的8个人民团体以及15个群众团体。而社会组织包括社会团体、基金会与民办非企业单位（社会服务机构）三种组织形式。

（二）深化群团组织改革，激发群团组织活力

"机关化、行政化、贵族化、娱乐化"倾向，是群团组织面临的主要问题。激发群团组织活力，首先是去"四化"，增强群团组织的政治性、先进性、群众性，把群团组织建设得更加坚强有力。改革机关设置，优化管理模式、创新运行机制，坚持眼睛向下、面向基层，将力量配备、服务资源向基层倾斜，更好地适应基层和群众需要。支持群团组织承担相应的公共职能，增强群团组织团结教育、维护权益、服务群众功能。

（三）深化社会组织改革，激发社会组织活力

社会组织行政化倾向，是社会组织面临的主要问题。社会组织的行政化日趋发展的结果，势必导致政府与社会的协同共治演变为"混同乱治"。激发社会组织活力，首先要克服社会组织行政化倾向，"政退（政府行政权力退出社会组织）党进（党组织设置进入社会组织）"，努力走出一条中国特色社会组织发展之路。既要做到适合由社会组织提供的公共服务和解决的事项由社会组织提供和管理，增强社会组织的社会治理能力，又要依法加强对各类社会组织的监管，使社会组织在有序发展中充满活力，力避政府与社会组织对立冲突、力量抵消、两败俱伤，推进政府与社会组织良性互动、协同增效、相得益彰。

（摘编自《行政管理改革》）

作者：宋世明［中共中央党校（国家行政学院）
公共管理教研部教授、博士生导师］

▲

第四编

全面依法治国和国家治理

▼

▶ 建设中国特色社会主义法治体系、建设社会主义法治国家是坚持和发展中国特色社会主义的内在要求。必须坚定不移走中国特色社会主义法治道路，全面推进依法治国，坚持依法治国、依法执政、依法行政共同推进，坚持法治国家、法治政府、法治社会一体建设，加快形成完备的法律规范体系、高效的法治实施体系、严密的法治监督体系、有力的法治保障体系，加快形成完善的党内法规体系，全面推进科学立法、严格执法、公正司法、全民守法，推进法治中国建设。

蔡宝刚：擘画全面依法治国的制度前景

  党的十九届四中全会的主题是坚持和完善中国特色社会主义制度、推进国家治理体系和治理能力现代化。法治是党的十九届四中全会公报中出现的一个高频词汇，法治现代化是国家治理现代化的内在要求、重要标志和基本保障，法律制度现代化是法治现代化的基础，加强法律制度建设是我国坚持和完善国家制度和国家治理体系的题中应有之义和重要内容。

  全面依法治国是我国国家制度和国家治理体系的显著优势。党的十九届四中全会提出，我国国家制度和国家治理体系具有多方面的显著优势，其中包括"坚持全面依法治国，建设社会主义法治国家，切实保障社会公平正义和人民权利的显著优势"。国家治理体系是在党领导下治理国家的系统制度体系，包括经济、政治、文化、社会、生态文明和党的建设等方面的一整套国家制度。法律制度是国家制度中的重要组成部分，加强法律制度建设对于建设社会主义法治国家、保障社会公平正义和人民的各项权利都具有十分重要的意义。实现国家治理现代化是一个极为宏大的社会工程，必须把国家治理现代化构筑在坚实的制度基础之上，特别是加强法律制度自身的建设，党的十九届四中全会提出的诸多领域的宏观制度建设要求，最终都要落实到具体的法律制度之中。

坚持和完善中国特色社会主义法治体系是总抓手。党的十八届四中全会第一次明确提出"中国特色社会主义法治体系"的概念,从而将建设单一静态的法律体系提升到建设全面动态的法治体系。习近平总书记指出,在全面推进依法治国实际工作中,建设中国特色社会主义法治体系是总揽全局、牵引各方的总抓手。坚持和完善中国特色社会主义法治体系,就是要"形成完备的法律规范体系、高效的法治实施体系、严密的法治监督体系、有力的法治保障体系,形成完善的党内法规体系"。在中国特色社会主义法治体系中,制度体系包含法律规范体系和党内法规体系,彰显了鲜明的中国特色。两大体系的相辅相成、相互促进和保障对于全面依法治国向纵深推进以及实现国家治理现代化至关重要。

坚持把全面推进依法治国作为系统工程整体谋划。党的十九届四中全会提出,"必须坚定不移走中国特色社会主义法治道路,全面推进依法治国,坚持依法治国、依法执政、依法行政共同推进,坚持法治国家、法治政府、法治社会一体建设"。依法治国必须与坚持党的领导、人民当家作主有机统一,坚持党领导立法、保证执法、支持司法、带头守法。全面依法治国中"全面"的重要标志还体现在共同推进和一体建设,在治国、执政、行政等多个领域,在国家、政府和社会等多个维度上共同推进和一体建设。这就需要有多维的法律制度予以推进和建设,发挥全面推进和一体建设的整体功效,形成支撑中国特色社会主义法治道路的全面制度保障体系。党的十九届四中全会还提出,要健全保证宪法全面实施的体制机制,完善立法体制机制,健全社会公平正义法治保障制度,加强对法律实施的监督。这就要求我们从保障宪法实施、完善科学立法、保障社会公平正义和监督法律实施等重点制度领域不断完善全面依法治国的制度体系。

坚持和完善党和国家的权力制约和监督制度体系。党的十九届四中全会提出，"坚持和完善党和国家监督体系，强化对权力运行的制约和监督"。党的十八大以来，我们之所以能够取得反腐败斗争的压倒性胜利，最重要的措施和经验就在于建立健全了多项规章制度，为党和国家机关及其工作人员提供了细密和严厉的行为标准和规范要求，反腐败的制度笼子越扎越密、越扎越紧。习近平总书记提出了一体推进不敢腐、不能腐、不想腐的重要思想，我国未来的反腐败需要着力构建一体推进不敢腐、不能腐、不想腐的体制机制和制度保障体系。

绘制全面依法治国的制度和治理体系建设路线图。党的十九届四中全会对我国未来的制度建设的时间表和路线图进行了更为精确的绘制。党的十九届四中全会提出，"到我们党成立一百年时，在各方面制度更加成熟更加定型上取得明显成效；到二〇三五年，各方面制度更加完善，基本实现国家治理体系和治理能力现代化；到新中国成立一百年时，全面实现国家治理体系和治理能力现代化，使中国特色社会主义制度更加巩固、优越性充分展现"。因此，要依照党的十九届四中全会的总体要求和安排进行科学立法，不断完善我国的法律制度体系，为我国制度建设和治理体系现代化战略安排的早日实现贡献法治的智慧和力量。

（摘编自《新华日报》）

作者：蔡宝刚［中国法治现代化研究院特邀研究员，扬州大学法学院院长］

姜明安：法治中国建设的历史性跨越

党的十一届三中全会开启了我国改革开放的伟大征程，也开启了建设中国特色社会主义法治体系、建设社会主义法治国家的伟大征程。改革开放既产生了对社会主义法治的迫切需求，也形成了推进社会主义法治建设的强大动力。依法治国为改革开放的不断深化提供了制度规范和法治保障，促进改革开放沿着正确方向不断前进。改革开放以来，依法治国不断深化、法治中国不断走向成熟。

一、加强社会主义法制成为党的一项方针

新中国一成立，我们党就高度重视国家的法制工作。在百废待兴、国家建设任务繁重的情况下，不仅制定了"五四宪法"，颁布了婚姻法，还出台了许多国家机关的组织法和各种行政管理法规。但后来由于受错误思想影响，我国法制建设走了一段弯路。"文化大革命"之后，邓小平认真总结我们党在治国理政上的经验教训，指出"现在的问题是法律很不完备，很多法律还没有制定出来"[1]。他已经深刻意识到国家治理必须具有稳定性和连续性，并明确提出"为了保障人民

---

[1]《邓小平文选》第二卷，人民出版社 1994 年版，第 146 页。

民主，必须加强法制。必须使民主制度化、法律化，使这种制度和法律不因领导人的改变而改变，不因领导人的看法和注意力的改变而改变"。

党的十一届三中全会作出"全党把工作着重点转移到社会主义现代化建设上来"的重大决策，并提出"必须加强社会主义法制""做到有法可依，有法必依，执法必严，违法必究"。这标志着加强社会主义法制已经成为我们党的一项方针。我们党遵循社会主义法制原则，不断完善民主法制，以政策和法制手段协同推进国家治理。党的十一届三中全会后仅仅半年，第五届全国人民代表大会第二次会议就通过了地方各级人民代表大会和地方各级人民政府组织法、全国人民代表大会和地方各级人民代表大会选举法、人民法院组织法、人民检察院组织法、刑法、刑事诉讼法和中外合资经营企业法等多部法律。1982 年通过的宪法正式写入社会主义法制的基本原则，规定国家维护社会主义法制的统一和尊严；一切国家机关和武装力量、各政党和各社会团体、各企业事业组织都必须遵守宪法和法律。可以看出，我们党已经认识到法制在治国理政中的重要地位，并在各项工作中更加强调运用法制手段。

当时，虽然加强社会主义法制已成为党的一项方针，但由于社会主义法制建设还处于初期阶段，我们党对法制与改革开放、与社会主义现代化建设关系的理论认识也刚刚起步，许多问题的处理还必须同时依靠法制之外的其他方法，加强社会主义法制不可能一步到位。既靠政策，又靠法制，向法制"逐步过渡"，这是由当时整个国家的政治、经济、社会条件决定的。比如，当时的立法数量还不能充分满足依法办事的需要，人民群众的法制意识和法律素质还不适应全面实行法制的要求。社会主义法制必然要经历一个逐步建立健全的历史过程，不可能一蹴而就。

二、依法治国成为党领导人民治理国家的基本方略

进入20世纪90年代，随着社会主义市场经济体制的逐步确立，面对深化改革、扩大开放的客观需要，社会主义法制建设按下快进键、进入快车道。公司法、担保法、国家赔偿法、行政处罚法等一大批适应改革开放要求的法律法规相继出台。扎根改革开放和社会主义现代化建设的伟大实践，紧紧围绕党和国家工作大局和奋斗目标，社会主义法制建设深入推进。在这一时期，我们党对法制运行规律的把握不断深化，认识到依法治国对推动经济持续健康发展和社会全面进步、保障国家长治久安都具有十分重要的意义，将实行和坚持依法治国、建设社会主义法治国家确立为我国整个社会主义现代化建设事业的一个重要部分。

这一时期，我们党对依法治国理论和实践的认识达到一个新高度，这集中反映在1997年党的十五大报告中。虽然在此之前，已经有多个党和政府的重要文件提出了依法治国的概念，但党的十五大报告以更权威的形式系统全面地阐述了我们党的依法治国理论。它指出：依法治国，就是广大人民群众在党的领导下，依照宪法和法律规定，通过各种途径和形式管理国家事务，管理经济文化事业，管理社会事务，保证国家各项工作都依法进行，逐步实现社会主义民主的制度化、法律化。党的十五大报告将依法治国提到非常重要的地位，强调依法治国是党领导人民治理国家的基本方略，是发展社会主义市场经济的客观需要，是社会文明进步的重要标志，是国家长治久安的重

要保障。随着"依法治国，建设社会主义法治国家"于 1999 年载入宪法、2002 年写入党章，依法治国作为我们党领导人民治理国家基本方略的地位从根本上得到确认，建设社会主义法治国家的奋斗目标日益明确。

从提出加强社会主义法制到实行依法治国、建设社会主义法治国家，在党的领导下，法治中国建设进入蓬勃发展的新阶段。实行依法治国、建设社会主义法治国家是一项复杂的系统工程，在立法、执法、司法和普法教育等方面都有大量工作要做。我们党团结带领人民，从理论和实践结合上进行了不懈探索。全国人大相继制定行政许可法、行政强制法等体现依法治国要求、规范国家治理行为的一大批法律，着力完善中国特色社会主义法律体系。2004 年，国务院颁布《全面推进依法行政实施纲要》，确立了建设法治政府的目标和要求。最高人民法院推出四个五年改革纲要，最高人民检察院落实检察改革三年实施意见，持续推动司法体制改革，努力建设公正高效权威的社会主义司法制度。一系列全面落实依法治国基本方略、扎实推进社会主义法治国家建设的改革举措纷纷出台，我们党对如何依法治国、建设社会主义法治国家的理论认识更加科学、更加全面，在立法、执法、司法、普法等法治实践领域积累了宝贵经验，中国特色社会主义法治道路越走越宽广。

三、全面依法治国成为中国特色社会主义的本质要求和重要保障

党的十八大以来，法治中国建设取得历史性成就。党的十八大作出了全面推进依法治国的战略部署，首次提出法治是治国理政的基本

方式。从方针到方略、方式，从加强法制到依法治国再到全面依法治国，我们党对全面依法治国与改革开放伟大实践、与社会主义现代化建设、与中国特色社会主义伟大事业之间密切关系的认识不断深化，对社会主义法治建设规律的把握日益深入。

以习近平同志为核心的党中央，围绕全面建成小康社会的战略目标，确立全面深化改革、全面依法治国、全面从严治党三大战略举措，形成"四个全面"战略布局，全面依法治国在中国特色社会主义整体发展战略中处于四梁八柱的基础性地位。无论是在改革开放 40 年的历程中，还是在中国现代化的百年征途上，抑或在世界社会主义 500 年演进中，提出全面依法治国的战略举措都具有非凡的意义，是法治中国建设新的里程碑。党的十八届三中、四中全会分别对推进法治中国建设、全面推进依法治国作出部署，全面依法治国领域重点难点改革稳步推进，解决了许多长期想解决而没有解决的难题，办成了许多过去想办而没有办成的大事。

实践发展永无止境，理论创新永无止境。党的十八大以来，我们党形成了关于全面推进依法治国的规律性认识，提出全面推进依法治国要在中国共产党领导下，坚持中国特色社会主义制度，贯彻中国特色社会主义法治理论，形成完备的法律规范体系、高效的法治实施体系、严密的法治监督体系、有力的法治保障体系，形成完善的党内法规体系，坚持依法治国、依法执政、依法行政共同推进，坚持法治国家、法治政府、法治社会一体建设，实现科学立法、严格执法、公正司法、全民守法，促进国家治理体系和治理能力现代化。

党的十九大报告提出中国特色社会主义进入新时代，这不仅明确了我国发展新的历史方位，也明确了全面推进依法治国、建设社会主义法治国家新的历史方位。报告提出全面依法治国是中国特色社会主义的本质要求和重要保障的重大论断。将全面依法治国与中国特色社会主义的本质联系起来，意味着坚持中国特色社会主义就必须坚持全面依法治国。要实现经济发展、政治清明、文化昌盛、社会公正、生态良好，必须更好发挥法治的引领和规范作用。报告将坚持全面依法治国确立为新时代坚持和发展中国特色社会主义的 14 条基本方略之一，反映了新时代坚持和发展中国特色社会主义、全面深化改革开放的内在逻辑要求。习近平新时代中国特色社会主义思想所包含的习近平总书记关于全面依法治国新理念新思想新战略，不仅是改革开放以来中国特色社会主义法治理论集大成的最新成果，也是我们在推进社会主义现代化建设、实现中华民族伟大复兴中国梦的历史征途上坚定不移厉行法治、建设社会主义法治国家的思想之基和动力之源。

　　回顾历史，改革开放以来党和国家事业取得的历史性成就和进步，离不开依法治国的全面有效实施。中国共产党领导中国人民接力推进法治中国建设的过程如此艰辛，也如此壮阔。从新的历史起点再出发，把改革开放继续推向前进，续写新的辉煌，实现中华民族伟大复兴的中国梦，需要我们按照党的十九大绘就的全面依法治国新蓝图，继续深化依法治国实践，推进法治中国建设。

（摘编自《人民日报》）

作者：姜明安［北京大学宪法与行政法研究中心主任、
中国法学会行政法学研究会副会长］

江必新：筑牢夯实中国特色社会主义法治道路

道路问题是个根本性问题，全面推进依法治国，必须坚定不移走中国特色社会主义法治道路。中国特色社会主义法治道路是中国特色社会主义道路在法治领域的具体体现，是建设社会主义法治国家的唯一正确道路。其中，坚持党的全面领导，坚持中国特色社会主义制度，贯彻中国特色社会主义法治理论，"这三个方面实质上是中国特色社会主义法治道路的核心要义，规定和确保了中国特色社会主义法治体系的制度属性和前进方向"[①]。坚定不移走中国特色社会主义法治道路是一项宏大的系统性工程，必须着力实现方方面面关系的有机统一，不断筑牢夯实工作基础。本文重点探讨以下 15 个方面的关系。

一、法治的普遍性要求和中国特色社会主义的特殊性要求的有机统一

不同历史阶段，不同国家和地区对法治的理解并不相同，有时甚至差异较大。对法治的理解在一定程度上折射出一个时代的社会生产力水平与生产关系状态。法治有其必须遵循的普遍性要求，如果抛开

---

① 《习近平关于全面依法治国论述摘编》，中央文献出版社 2015 年版，第 23 页。

这些普遍性要求便谈不上真正意义上的法治。党的十九大报告是新时代法治中国建设的总纲领，其明确指出人民对民主、公平、正义、安全、环境等方面的要求日益增长，这实际上也体现了法治的普遍性要求。总的来说，法治是一种良好的社会状态和社会秩序，形成和维系这种状态的基础是全社会或共同体成员的积极参与、认同信守，共同体成员遵循大家认可的社会规则、规范和行为准则，最终在此基础上形成优良的社会状态。

我们所奉行的中国特色社会主义法治道路，是在对既往各种法治形态的扬弃的基础上逐步探索形成的，法治中国建设属于世界法治发展大潮的重要组成部分。因此，中国特色社会主义法治符合法治的普遍性要求，是一种正义之治、规则之治。与此同时，法治是中国特色社会主义法治的落脚点和归宿，"中国特色"和"社会主义"则构成限定法治特点的定语。其一，习近平总书记指出，"中华文明源远流长，蕴育了中华民族的宝贵精神品格"[1]。中国特色社会主义法治正是植根于中国文化和社会的土壤之中，符合中国实际，具备中国特色，由此区别于其他国家的法治形态。其二，中国特色社会主义法治是社会主义性质的法治，由此区别于资本主义国家的法治。强调中国特色和社会主义的特殊性，并不是忽视甚至否定人类法治的历史实践已经明证的共性要求，而是阐发这些共性要求如何在中国实际中表现出来。全面推进依法治国，必须在满足法治普遍性要求的基础上，紧密结合中国实际，始终坚持社会主义方向，着力实现普遍性和特殊性的有机统一。

---

[1] 《习近平谈治国理政》（第一卷），外文出版社 2018 年版，第 158 页。

二、良法和善治的有机统一

亚里士多德说："我们应该将依法统治的两层含义区别开来：一层含义是指，要恪守这些业已颁布的法律，另一层含义是指，要大家遵从的法律，必须是制定得良好的法律。"党的十八届四中全会明确提出："法律是治国之重器，良法是善治之前提。建设中国特色社会主义法治体系，必须坚持立法先行，发挥立法的引领和推动作用，抓住提高立法质量这个关键。"提高立法质量的主要途径在于加强科学立法、民主立法。科学立法要求所立之法必须具备科学性，主要表现在以下方面：必须承认法律面前人人平等，必须保护公民基本权利，必须有效限定和约束公共权力，必须符合人民共同意志，必须反映并遵循国家与社会发展的基本规律，必须体现和维护共同体所公认的基本价值，必须具有可操作性与可实施性等。民主立法一方面要求强化立法规划的论证程序，探索尝试在立法规划程序中引入适当的公众参与；另一方面，要畅通民意表达机制以及民意与立法的对接机制，如对立法机关组成人员设定联系选民的义务，规范立法机关成员与有关利益集团的关系，完善立法前的民意调查机制，拓宽公民有序参与立法的途径等。

徒法不足以自行。有了良法并不会当然达至善治，还需要通过严格执法、公正司法、全民守法来落实和保障。就严格执法而言，要严格落实党政主要负责人履行推进法治建设第一责任人职责，不断深化机构和行政体制改革，推进法治政府建设，增强政府公信力和执行力，建设人民满意的服务型政府。就公正司法而言，要进一步深化司法体制改革，促进优化司法职权配置，大力推进严格司法，强化基本权利司法保障，加强对司法活动的监督。就全民守法而言，要有效发挥领导干部在遵纪守法方面的引领和示范作用，深入开展法治宣传教育，完善守法诚信褒奖机制，健全违法失信惩戒机制，促进在全社会形成遵纪守法、诚实守信的良好氛围。

三、党的领导和人民当家作主的有机统一

习近平总书记深刻指出："把坚持党的领导、人民当家作主、依法治国有机统一起来是我国社会主义法治建设的一条基本经验。"[①] 中国共产党的领导是中国特色社会主义最本质的特征，是社会主义法治最根本的保证。我国宪法确立了中国共产党的领导地位。坚持党的领导，是宪法的根本要求，是依宪治国、依宪执政的根本体现，是党和国家的根本所在、命脉所在，是全国各族人民的利益所系、幸福所系。中国特色社会主义法治必须坚持党的领导，党的领导是中国特色社会主义法治之魂。坚持党的领导，关键是充分发挥党总揽全局、协调各方的领导核心作用，通过党领导立法、保证执法、支持司法、带头守法，把党的领导贯彻到依法治国全过程和各方面。

人民当家作主是社会主义民主政治的本质和核心。人民是历史的创造者，是真正的英雄。中国共产党来自人民、扎根人民。为中国人民谋幸福，为中华民族谋复兴，是中国共产党人的初心和使命。在中国特色社会主义法治建设的进程中，坚持党对法治建设的领导和坚持依靠群众是高度统一的。其中，党的领导从根本上保证了我国社会主义法治建设的正确政治方向，体现了我国社会主义法治的本质特征；坚持人民当家作主，充分发挥人民的主动性和创造性，确保了我国社

---

① 《习近平关于全面依法治国论述摘编》，中央文献出版社 2015 年版，第 24 页。

会主义法治建设能够始终拥有不竭的发展动力。

人民代表大会制度是坚持党的领导、人民当家作主、依法治国有机统一的根本政治制度安排。在新时代奋斗征程上，必须充分发挥人民代表大会制度的根本政治制度作用，毫不动摇坚持党的全面领导，继续通过人民代表大会制度牢牢把国家和民族前途命运掌握在人民手中，不断发展更加广泛、更加充分、更加健全的人民民主。

四、政治价值和法治价值的有机统一

习近平总书记深刻指出："党和法的关系是政治和法治关系的集中反映。法治当中有政治，没有脱离政治的法治。"[1] 法治工具主义认为，法治是实现政治目标的最优手段。法治必然是一种规则之治，即存在一套完整成体系且得到良好执行和遵守的规则。一方面，政治组织的价值观念、政治主张等，如果能够上升为以国家强制力作为后盾的法律制度，便可能以最小的成本得到最大范围的遵守和执行。与法治工具主义相对，法治目的主义强调法治本身就是国家或社会追寻的目的，所以政治组织的目的应当被法治的内容所涵盖。从法治目的主义的角度分析，至少在应然层面，政治与法治具有内在的一致性。法治的内涵包括但不限于公平、正义、自由、秩序、权利保障等。缺失上述任何一个方面的价值，法治便是不完整的。另一方面，一个先进的政治组织也应该将上述价值的全部或部分作为价值追求，并将其体现于制度规范和具体行为中。党的十八大以来，以习近平同志为核心的党中央牢牢坚持法治目的主义的立场，围绕全面推进依法治国作出一系列

---

[1]《习近平关于协调推进"四个全面"战略布局论述摘编》，中央文献出版社 2015 年版，第 114 页。

重大决策部署，充分体现了我们党作为执政党对政治和法治关系的精准把握，再次证明了我们党作为无产阶级政党的先进性。

坚定不移走中国特色社会主义法治道路，必须正确处理政治价值和法治价值的关系，既不能为政治价值而牺牲法治价值，也不能用法治价值否定政治价值。一方面，要在立法过程中加大对政治价值的考量，更好通过立法程序将党的政治主张上升为国家法律，成为全体人民共同的目标和遵循。另一方面，要在坚守法律底线的基础上，充分发挥司法和执法的能动性，注重通过合理行使自由裁量权消解政治价值和法治价值之间的张力，实现二者的相得益彰。

五、公权治理和社会治理的有机统一

公权治理旨在通过对公权力的监督制约实现权力运行的合理化和规范化。社会治理则侧重于对公众行为的引导和规制，提升公众行为的理性水平。二者的有机统一要求在有效监督公权、规范权力行使的基础上，防止对非理性的公众行为的不当迁就，着力实现公共利益的最大化。

资本主义国家以"三权分立"为主要政治模式，不同的政党通过选举上台后，其对公权力的行使必然会更多考量本党和本阶级的利益。有鉴于此，资本主义国家的民众对公权力有着天然的不信任感，更加注重通过法律强化对公权力的监督制约。在资本主义国家，不同党派出于选票的考量，往往故意忽视国家整体利益而刻意迎合相应群体的特殊利益，乃至对少数群体的不合理要求也作出承诺。与此同时，不同党派间的持续对立往往在不同程度上对公权力的运行造成消耗，国家公权力会随着不同党派的轮流坐庄而在价值取向上来回摇摆，难以保持国家政策走向的稳定性和连续性。

我国是中国共产党领导下的社会主义国家，党团结带领全国各族人民不断追求美好生活，全体国家机关在党的领导下执行法律和政策，促进实现国家富强、民族复兴、人民幸福，因此，我国的国家公权力与人民利益在根本上是一致的。在我国，公权治理层面要注重规范权力运行和督促有效履职相结合，既克服乱作为，又消除违法不作为，真正实现权为民所用；社会治理层面则要教育引导广大人民群众自觉遵守法律、正当行使权利、合理反映诉求、依法维护权益，共同营造和谐稳定、规范有序的社会环境。

六、法治和德治的有机统一

西方的法治道路永远都无法摆脱自然法学与分析法学二元对立的理论桎梏。尽管第二次世界大战以来新自然法学与新分析法学在长期论战后互有妥协，但将德与法分离的总体趋势始终难以改变。与此相对的是，我国是一个具有德治传统的国家，特别是中国特色社会主义法治道路始终坚持马克思主义唯物辩证法，高度重视发挥法律与道德的双重功能，注重以法律实现道德目的，以道德滋养法律规范，倡行法德兼治、良法善治，绘制法治中国的美好图景。

坚持依法治国与以德治国相结合，不是将"德"与"法"简单叠加或机械替代，也不是用道德理念弱化法治精神，而是要在手段层面实现二者的有效互补，丰富法治的道德底蕴。比如，良好的社会道德水平可以大大降低法治成本；执法、司法主体的道德素养也可以明显提升法治质量；在我国当前法治建设尚不健全的情况下，许多在文化中长期形成的道德规范还具有积极作用和现实价值，并在一定条件下可以转化为法律规范；法治建设应当充分挖掘继承中华文化中的有益成分，在民族文化心理的基础上更好培育法治思维，加速法治建设进程等。

近年来，人民法院高度重视践行和维护社会主义核心价值观，通过司法审判工作惩恶扬善，不断弘扬正能量。例如，出台医疗损害责任纠纷司法解释，为医生救死扶伤提供司法保障；依法审理侵犯"狼牙山五壮士"名誉权系列案件，坚决维护英雄形象；依法审理"医生电梯内劝阻吸烟案""朱振彪追赶交通肇事逃逸者案"，让维护法律和公共利益的行为受到鼓励；等等。下一步，人民法院要更加注重德法融合，积极培育、自觉践行社会主义核心价值观，更好发挥司法审判的规范、指导、评价、引领作用，进一步促进构建崇德向善的良好社会氛围。

七、法治中国建设和构建人类命运共同体的有机统一

中国共产党是为中国人民谋幸福的政党，也是为人类进步事业而奋斗的政党。中国共产党始终把为人类作出新的更大的贡献作为自己的使命。为此，中国共产党积极呼吁各国人民同心协力，构建人类命运共同体，建设持久和平、普遍安全、共同繁荣、开放包容、清洁美丽的世界。构建人类命运共同体重要战略思想，是习近平总书记着眼人类发展和世界前途提出的中国理念、中国方案，充分体现了中国共产党人的理论自信、道路自信、制度自信、文化自信，充分表明了中华民族为人类作出更大贡献的诚意和决心，受到国际社会的高度评价和热烈响应，已被写入联合国文件，产生了日益广泛而深远的国际影响，成为中国引领时代潮流和人类文明进步方向的鲜明旗帜。特别是

习近平主席提出的"一带一路"倡议，已经成为促进全球共同繁荣、打造人类命运共同体的重要平台。

法治对公平、正义、权利保障等方面价值的追求，与人类命运共同体的价值内涵高度吻合。一方面，中国是世界的一部分，中国人民是世界人民的一部分，法治中国建设当然属于构建人类命运共同体的重要组成部分。另一方面，通过全面推进依法治国促进国家治理体系和治理能力现代化，早日把中国建设成为社会主义现代化强国，对于进一步推进人类命运共同体建设无疑具有十分重要的作用。因此，有必要在更高层面、更广视角上看待法治中国建设，将法治中国建设融入人类命运共同体的构建进程，积极吸收世界各国法治建设的有益经验，加快推进法治中国和社会主义现代化强国建设进程，为破解人类发展难题、建设更加美好的人类社会贡献更多中国力量。

八、坚持中国特色社会主义法治理论和遵循法治建设基本规律的有机统一

法治作为规则之治，有其自身的基本建设规律，如强调客观而非主观，强调理性而非激情，强调民主而非专断，强调程序而非恣意，强调稳定持续而非反复无常，强调制约公权而非权力专横，强调可预期性而非不可预测等。我们坚持的是法治，而非"人治"或"权治"，我们的法治建设虽有其特殊性，但也必须始终遵循法治建设的基本规律，必须具备法治的基本属性。法治中国更不是另起炉灶重新发明一种治国理政的新方式，而是对人类法治文明的批判性继承，在普遍服从的基础上实现良法善治。

中国特色社会主义法治理论在本质上是中国特色社会主义理论

体系在法治问题上的理论成果，是以中国特色社会主义法治道路、中国特色社会主义法治体系和全面推进依法治国的中国实践为基础的科学理论体系，是中国共产党从当代中国改革开放和社会主义现代化建设的实际出发，深刻总结我国社会主义法治建设的成功经验和沉痛教训，逐步形成的具有中国特色、中国风格、中国气派的社会主义法治理论体系，是中国特色社会主义法治体系的理论指导和学理支撑，是全面推进依法治国的行动指南。中国特色社会主义法治理论不仅完全符合法治建设基本规律，而且立足中国国情，进一步加深了我国对法治建设基本规律的认识。

当然，实践没有止境，理论创新也没有止境，中国特色社会主义法治理论同样具有与时俱进的理论品格。对此，要在坚持和遵循法治建设基本规律的基础上，不断加强对法治中国建设的探索和实践，推动中国特色社会主义法治理论在未来不断实现自我创新和自我升华，为世界法治发展贡献更多中国智慧。

九、坚持法治体系建设和依法治国实践的有机统一

全面推进依法治国，总目标是建设中国特色社会主义法治体系，建设社会主义法治国家。中国特色社会主义法治体系是一个内容丰富的有机整体，是我国法治建设的"纲"，是国家治理体系的骨干工程。加快建设中国特色社会主义法治体系，一要形成完备的法律规范体系，完善以宪法为核心的中国特色社会主义法律体系，增强法律法规的及时性、系统性、针对性、有效性；二要是形成高效的法治实施体系，为法律实施提供强有力的体制、设施与物质保障，创造良好的执法和司法环境；三要是形成严密的法治监督体系，增强监督合力，强

化监督责任，提高监督实效，做到有权必有责、有责要担当、失责必追究；四要是形成有力的法治保障体系，切实加强党对依法治国的领导，加强法治队伍建设，改革和完善不符合法治规律、不利于依法治国的体制机制；五要形成完善的党内法规体系，构建内容科学、程序严密、配套完备、运行有效的党内法规制度体系，切实提高党内法规的执行力。

　　中国特色社会主义法治体系的建设最终要落脚到依法治国实践的方方面面。依法治国实践的重点在于"坚持依法治国、依法执政、依法行政共同推进，坚持法治国家、法治政府、法治社会一体建设，实现科学立法、严格执法、公正司法、全民守法"。对此，要持续深入贯彻落实党的十九大关于深化依法治国实践的新部署新要求，把全面依法治国的总蓝图付诸实践，把法治建设的施工图付诸实施。深化依法治国实践主要包括深化立法实践、执法实践、司法实践和守法实践四个维度。通过依法治国实践检验法治体系的建设成效，同时为进一步完善法治体系建设积累有益经验，形成创新理论，促进社会主义法治国家的早日建成。

十、依法治国和依规治党的有机统一

　　依法治国是我们党提出来的，把依法治国上升为党领导人民治国理政的基本方略也是我们党提出来的，而且党一直带领人民在实践中推进依法治国。坚持党的领导，是社会主义法治的根本要求，是全面推进依法治国的题中应有之义。党的领导是实现全面推进依法治国总目标的最根本保证，必须始终坚持党总揽全局、协调各方的领导核心地位不动摇。新时代我国法治建设之所以能迅速开创新局面、谱写新篇章，最根本的就是有以习近平同志为核心的党中央的坚强领导。

　　打铁必须自身硬。党要团结带领人民实现全面依法治国总目标，必须毫不动摇把党建设得更加坚强有力，更好发挥领导核心作用。治党务必从严，从严必依法度。党的十八大以来，以习近平同志为核心的党中央高度重视制度治党、依规治党，专门制定《关于加强党内法规制度建设的意见》，把党内法规制度建设作为事关党长期执政和国家长治久安的重大战略任务，坚持依法治国与制度治党、依规治党统筹推进、一体建设，党内法规制度建设取得重要进展。仅 2018 年一年即制定印发中央党内法规 74 部，依规治党的制度笼子越扎越紧，为全面加强新时期党的建设提供了有力制度保障。

　　党内法规和国家法律都是党和人民意志的反映，二者在本质上是一致的。坚持依法治国与依规治党的有机统一，要坚持以党章和宪法为基本遵循，进一步注重党内法规同国家法律的衔接和协调，坚持党纪严于国法，做到党的各级组织和党员干部自觉遵守纪律、模范遵守法律，不断提高党的执政能力，更好更快地推进依法治国进程。

十一、依法治国和依宪执政的有机统一

　　我国宪法以国家根本法的形式确认了中国特色社会主义道路、中国特色社会主义理论体系、中国特色社会主义制度、中国特色社会主义文化的发展成果，反映了我国各族人民的共同意志和根本利益。

　　习近平总书记深刻指出："依法治国，首先是依宪治国；依法执政，关键是依宪执政。"[1] 依宪执政，是指执政党依据宪法精神、原则

　　① 习近平：《在首都各界纪念现行宪法公布施行 30 周年大会上的讲话》（2012 年 12 月 4 日），新华网 2012 年 12 月 4 日。

与规范治国理政，按照宪法的逻辑思考和解决各种社会问题，其核心是树立宪法权威，依据宪法治国理政。依宪执政，既是我国社会发展的客观要求，也是作为执政党的中国共产党对执政方式审慎选择的结果。从依法治国与依宪执政的关系看，在依法治国写入宪法成为治国的基本方略之后，执政党的执政方式必须随之转变。无论如何理解依法治国，如果没有执政党的依宪执政，任何意义上的法治都难以实现。全面推进依法治国这一治国方略，执政党依宪执政具有特别的意义。"党在宪法和法律范围内活动"意味着执政党依照宪法和法律在国家政权中居于主导地位，并通过国家政权将自己的治国主张依照法定程序上升为国家法律，将其贯彻于国家事务管理的活动中。同时，无论是党对国家的领导，还是党对国家政权的执掌，其活动都是在国家政权体制内进行的，它们既不能置身于宪法与法律之外，也不能凌驾于宪法与法律之上，而只能在宪法与法律的范围之内活动。依宪执政既是党的领导的题中应有之义，也是依法治国的必要前提。强调依法治国和依宪执政的有机统一，有助于确保党在宪法和法律范围内领导人民治国理政，更好完成党所肩负的法治建设任务。

十二、党内监督和国家监督的有机统一

纵观历史长河，历朝历代更迭不断，兴衰荣辱此起彼伏。我们党长期执政、全面领导，只有始终保持肌体健康，才能有效应对风险挑战，才能避免陷入兴亡周期率的泥潭。对此，党组织自身和党领导下的国家机关都要不断强化自我监督，形成发现问题、纠正偏差的有效机制，探索一条实现自我净化、自我完善的有效途径。

党和国家治理体系包括两个方面：既要依规治党，依据党章党规

党纪管党治党建设党，又要依法治国，依据宪法法律法规治国理政。做好覆盖这两个方面监督体系的顶层设计，既要体现加强党的自我监督，又要体现加强对国家机器的监督。2016 年 10 月 27 日，中共中央制定印发《中国共产党党内监督条例》，明确提出各级党委应当支持和保证同级人大、政府、监察机关、司法机关等对国家机关及公职人员依法进行监督，人民政协依章程进行民主监督，审计机关依法进行审计监督。党的十九大明确提出要健全党和国家监督体系，"构建党统一指挥、全面覆盖、权威高效的监督体系，把党内监督同国家机关监督、民主监督、司法监督、群众监督、舆论监督贯通起来，增强监督合力"。2018 年 3 月 20 日，十三届全国人大一次会议审议通过《中华人民共和国监察法》，构建起集中统一、权威高效的国家监察体系，实现对所有行使公权力的公职人员监察全覆盖，进一步实现党内监督和国家监督的有机统一。

通过健全完善党和国家监督体系，实现二者的有机统一、相互促进，破解长期执政条件下实现自我监督的历史性课题，不断增强自我净化、自我完善、自我革新、自我提高的能力，我们党必定能够跳出历史周期率，带领全国人民最终实现中华民族伟大复兴的中国梦。

十三、服务党和国家工作大局与维护社会公平正义的有机统一

强调服务党和国家工作大局与维护社会公平正义的有机统一，主要是针对人民法院而言。习近平总书记强调，司法工作要围绕党和国家工作大局、围绕全面建成小康社会目标履职尽责。人民法院是党领导下的国家审判机关，服务党和国家工作大局是人民法院的重要使命，人民法院工作发展也必须寓于党和国家工作大局之中。各地法院

不是地方的法院，而是国家设在地方代表国家行使审判权的法院。确认司法权的中央事权属性，就是要避免司法权运行受到不当干扰，就是通过维护法治统一来保障党和国家的工作大局。对此，人民法院必须提高政治站位，坚定不移地坚持地方服从中央、局部服从全局的原则，切实做到把自己摆进去，紧紧围绕大局履职尽责，决不能脱离大局搞业务。

公平正义是人类社会共同价值追求，是我们孜孜以求的奋斗目标。习近平总书记深刻指出："公平正义是我们党追求的一个非常崇高的价值，全心全意为人民服务的宗旨决定了我们必须追求公平正义，保护人民权益、伸张正义。全面依法治国，必须紧紧围绕保障和促进社会公平正义来进行。"① 保障和促进社会公平正义，既是党和国家工作大局的重要组成部分，又是服务及维护党和国家工作大局的重要途径。如果社会公平正义长期遭受践踏，则各类不稳定因素就会不断升温发酵，并在突破临界点后全面爆发，彼时社会大局不稳，党和国家的其他各方面重点工作也将难以推进。司法公正是促进社会公平正义的最后一道防线，努力让人民群众在每一个司法案件中感受到公平正义是人民法院的工作目标。依法独立公正行使审判权、有效维护社会公平正义，构成人民法院立足自身职能服务党和国家工作大局的重要结合点、着力点。因此，人民法院要在更高站位上认识维护社会公平正义的重大意义，坚持以维护社会公平正义为重要抓手，努力为党和国家工作大局提供更加有力的司法服务与保障。

---

① 《领导干部要做尊法学法守法用法的模范　带动全党全国共同全面推进依法治国》，《人民日报》2015 年 2 月 3 日。

十四、从国情出发的问题导向和实现制度现代化的目标导向的有机统一

全面推进依法治国必须坚持从中国实际出发的基本原则。从中国实际出发，就是要立足我国基本国情，研究和解决我国法治建设中的相关问题。一个国家的法治国情条件，在很大程度上决定这个国家的法治发展进程及其取向。当代中国仍然处于社会主义初级阶段，法治领域也带有初级阶段的明显特征，我国社会主要矛盾在法治建设领域表现为人民对法治日益增长的需求与法治发展不平衡不充分的矛盾。作为发展中国家，起步晚、底子薄是我国法治建设中不容回避的现实问题。化解法治建设领域的基本矛盾，就是要始终坚持问题导向，不断提高作为一种公共产品的"法治"的有效供给。在这一过程中，要切实树立整体意识，积极克服"头痛医头脚痛医脚"的狭隘思维，以制度现代化为目标导向，通过制度现代化促进实现法治现代化。

所谓制度现代化，是指不断增强制度的科学性、规范性、有效性、系统性、整体性、协调性、有机性等，使制度顺应乃至引领整个国家和社会的现代化发展步伐。在这个意义上，可以说国家治理现代化的实质就是制度现代化。在法治建设领域实现制度现代化，要在立足我国国情、瞄准具体问题的基础上，不断加强立法、执法、司法、守法等方面的制度建设，构建具备体系性和互补性的制度群，通过一项项制度解决一个个问题，在逐个解决问题的过程中达到良法善治。

十五、适用本土资源和适用境外资源的有机统一

中国是一个具有数千年历史不曾中断的法治文化的文明古国，有着长期运用法律治理国家的经验。中国古代的法治文化，其凝练的理

论、制度和经验，形成了一个庞大的法律体系——中华法系。这一法系虽然在近代西方法律文明的冲击之下迅速解体，但其内涵的诸多优秀元素有着重大的思想价值和高度的法律智慧。自 1840 年起，我国在一百余年"血与泪"之中创建的以西方法治为基础的近现代法律体系，同样也是中国近现代史的一个重要组成部分。如同我们不能否定或者虚无古代历史一样，我们也不能否定和虚无这一百余年中国所建立的近现代法治基础。坚定不移走中国特色社会主义法治道路，必须紧密结合我国实际，立足本土资源，积极吸收中国古代传统法律文化中的精华，汲取近代法律体系建设中的经验教训，在传承既往的基础上不断开拓未来。

在用足用好本土资源的基础上，还要广泛吸收借鉴人类法治文明的优秀成果，特别是对于那些反映国家治理、市场经济运行和社会管理一般规律的国外法治发展的有益经验，更应积极主动地吸收和采纳，以便使当代中国法治发展与世界法治文明的一般准则和通行规则接轨。当然，在这一过程中要特别注重对国外法治资源相关环境、背景、脉络等方面的研究，全面评估其与我国国情的适合性程度，防止断章取义、盲目引进造成的"水土不服"。

（摘编自《求索》）

作者：江必新［中国法学会副会长，中南大学法学院教授，博士生导师］

▲

第五编

提高行政效能和政府治理

▼

► 国家行政管理承担着按照党和国家决策部署推动经济社会发展、管理社会事务、服务人民群众的重大职责。必须坚持一切行政机关为人民服务、对人民负责、受人民监督，创新行政方式，提高行政效能，建设人民满意的服务型政府。

张纪南：深化机构和行政体制改革

党的十九大报告深刻把握党和国家事业历史性变革及其对组织结构和管理体制的新要求，就深化机构和行政体制改革作出重要决策部署。我们要认真学习贯彻党的十九大精神，深刻领会习近平新时代中国特色社会主义思想，牢固树立"四个意识"，准确把握中央关于全面深化改革的目标要求，切实把各项任务落到实处。

一、充分认识深化机构和行政体制改革的重要意义

站在坚持和加强党的全面领导、加强党的长期执政能力建设的高度来认识。党政军民学，东西南北中，党是领导一切的。我们党进行伟大斗争、建设伟大工程、推进伟大事业、实现伟大梦想，必须提高把方向、谋大局、定政策、促改革的能力和定力。党政组织机构和管理体制是党执政的重要载体。需要通过改革，完善坚持党的领导的体制机制，把党的领导贯彻落实到党和国家机关全面正确履行职责的各领域、各环节，确保党始终总揽全局、协调各方，从制度上保证党的长期执政和国家长治久安。

站在更好适应我国发展新的历史方位、更好适应我国社会主要矛盾变化的高度来认识。党的十九大作出中国特色社会主义进入新时

代、我国社会主要矛盾已经转化为人民日益增长的美好生活需要和不平衡不充分的发展之间的矛盾的重大政治判断。在新的发展阶段，人民群众不仅对物质文化生活提出了更高需要，而且在民主、法治、公平、正义、安全、环境等方面的需要日益增长。需要通过改革，使机构设置和职能配置适应社会主要矛盾变化，推动解决发展不平衡不充分问题，为新时代党和国家各项事业发展提供体制机制保障。

站在全面深化改革、推进国家治理体系和治理能力现代化的高度来认识。全面深化改革的总目标是完善和发展中国特色社会主义制度，推进国家治理体系和治理能力现代化。深化机构和行政体制改革是全面深化改革的重要内容，直接关系国家治理体系的完善和治理能力的提升，对各领域改革发挥着体制支撑和保障作用。要从根本上解决发展中的深层次矛盾和问题，就必须对机构和体制进行调整完善。需要通过深化机构和行政体制改革，推动经济、社会、文化、生态文明等领域改革持续深化，加快构建系统完备、科学规范、运行有效的制度体系。

站在使市场在资源配置中起决定性作用、更好发挥政府作用，实现更高质量、更有效率、更加公平、更可持续发展的高度来认识。决胜全面建成小康社会、开启全面建设社会主义现代化国家新征程，从根本上说是发展问题。我国经济已由高速增长阶段转向高质量发展阶段，必须以供给侧结构性改革为主线，加快转变发展方式、优化经济结构、转换增长动力，着力构建市场机制有效、微观主体有活力、宏观调控有度的经济体制。需要通过改革，进一步理顺政府与市场、政府与社会的关系，该管的事管好管到位、该放的权放足放到位、该提供的服务提供到位，增强经济发展的内生动力，更好地推动经济发展质量变革、效率变革、动力变革。

二、准确把握深化机构和行政体制改革的重点任务

　　统筹推进各类机构改革，完善国家治理的组织架构。顺利推进新时代中国特色社会主义各项事业，必须从组织机构上发挥党的领导这个最大体制优势，协调好并发挥各类机构的职能作用，形成适应新时代发展要求的党政军群机构新格局。为此，需要统筹考虑党和国家各类机构设置，完善科学领导和决策、有效管理和执行的体制机制。一是统筹考虑各类机构设置，科学配置党政部门及其内设机构权力，明确职责。紧紧围绕发挥党总揽全局、协调各方作用和切实加强党的长期执政能力建设，进一步理顺职责关系，按照改革要求进行调整完善。把各地区各部门各方面意见摸清楚，把机构设置存在的问题弄清楚，综合考虑各方面情况，科学制定改革方案。机构设置要体现符合实际、科学合理、更有效率的要求，做到精干高效。二是统筹使用各类编制资源，形成科学合理的管理体制。坚持机构编制"瘦身"与"健身"相结合，通盘考虑组织机构调整与编制资源配备，创新管理，优化结构，盘活用好各类编制资源。三是完善国家机构组织法。与改革实践相比，我国机构法制建设相对滞后，需要适应依法治国、依法行政的进程，进一步完善国家机构组织法律体系，推进机构组织的科学化、规范化、法治化，通过立法巩固改革成果。

　　深化简政放权、坚持放管结合，进一步转变政府职能。职能转变是深化行政体制改革的核心。经过持续努力，这项工作取得重要进展，积累了宝贵经验。同时应看到，职能转变任务还很重，需要进一步推进简政放权，加强和创新监管，强化社会管理和公共服务等职

责。一是加大简政放权力度，深化行政审批制度改革，释放市场发展活力。在前期改革成果基础上，进一步精简各类审批、证照等事项，深入推进精准放权协同放权，对下放事项要创造条件保障地方和基层接得住接得好。二是坚持放管结合放管并举，创新监管方式。强化监管手段，积极探索新型监管模式，着力提高事中事后监管有效性，切实维护公平竞争的市场秩序。三是规范行政行为、优化办事流程，增强政府公信力和执行力，建设人民满意的服务型政府。进一步精简环节，规范行政程序、行为、时限和裁量权，加快实施"互联网＋政务服务"，提高政务公开水平，营造稳定公平透明、可预期的营商环境。

优化地方各级权力配置，更好发挥贴近基层和群众的管理服务优势。不同层级各有其职能重点，对那些由下级管理更为直接高效的事务，应赋予地方更多自主权，这样既能充分调动地方积极性、因地制宜做好工作，也有利于中央部门集中精力抓大事、谋全局。为此，需要进一步合理界定各层级间职能配置、优化机构设置，发挥各自比较优势。一是推进不同层级间权责合理配置，赋予省级及以下政府更多自主权。进一步加大放权力度，把那些地方切实需要也能够有效承接的事项下放给地方。同时，地方各层级间也要明确职责重点。省一级主要是强化规划管理、政策法规、标准规范、监督检查等职责；市县级主要是强化执行和执法监管职责；做好直接面向企业和群众的服务与管理。二是推进地方党政机构改革，在省市县对职能相近的党政机关探索合并设立或合署办公。近年来，一些地方根据本地区发展实际整合设置党政机构，取得了一定成效。要总结提炼成功经验，探索在省市县按照职能重点综合设置党政机构，进一步推动机构职能的精简整合，形成管理合力。三是构建简约精干的基层行政管理体制。按照充实一线、加强基层的原则，将适宜由基层管理的行政审批、行政处罚等权力事项下沉，整合审批、服务、执法等方面力量和资源，提升基层管理服务水平。

深化事业单位改革，加快建立中国特色公益服务体系。事业单位是提供公益服务的主体。当前，与人民日益增长的美好生活需要相比，我国公益服务还存在短板，需要通过深化事业单位改革，提高公益服务供给的质量效率和公平性，更好满足人民群众在教育、医疗、文化等各方面的需求。一是坚持分类改革方针，推进政事分开、事企分开、管办分离。巩固和深化行政类、经营类事业单位改革成果，理顺公益类事业单位与主管部门的关系，探索政事分开、管办分离的有效实现形式，构建新型政事关系。二是创新事业单位管理体制和运行机制，增强事业单位活力。瞄准教育、医疗、科研、文化等事业单位管理体制上的重点难点问题，探索开展管理体制创新试点，在组织结构、用人制度、财政支持、社会保障等方面拿出有效举措。三是强化事业单位公益属性，促进公益服务平衡充分发展。着力推动去行政化，破除逐利机制，强化提供公益服务的社会责任。优化事业资源布局结构，鼓励社会力量兴办公益事业，推进基本公共服务均等化。

三、统筹抓好深化机构和行政体制改革的贯彻落实

坚持党的集中统一领导，确保中央决策部署不折不扣落实到位。深化机构和行政体制改革是党和国家事业重要组成部分，必须体现党的意志，围绕切实加强党的长期执政能力建设和国家政权建设开展。要发挥党在改革发展稳定大局中的领导核心作用，以党的政治优势引领和推进改革。坚决在思想上政治上行动上同以习近平同志为核心的

党中央保持高度一致，深入学习贯彻习近平总书记关于深化机构和行政体制改革的重要论述，坚持正确改革方向，确保改革在党的集中统一领导和部署下推进。

坚持中国特色和时代特色，突出目标导向和问题导向。一个国家实行什么样的政治制度，是由这个国家的性质和国情决定的。要立足中国特色社会主义道路、立足基本国情，提出切合我国实际、符合时代要求的改革措施。要以体制机制是否更加科学合理、管理服务水平是否得到提升、人民群众能否从改革中得到实惠等实践成效来检验改革成果。要有强烈的问题意识，抓住关键问题，着力破除制约发展的突出体制机制障碍，确保通过改革推动党和国家事业更好更快发展。

坚持积极稳妥统筹推进，增强改革的系统性整体性协同性。要立足当前、着眼长远，做好与其他各领域改革的衔接，加强顶层设计和统筹协调，整体谋划、上下联动、左右衔接，深化改革与加强管理结合。条件成熟的加大力度突破；条件暂不具备的不能急于求成，可以先行试点，梯次推进。

坚持发挥中央和地方两个积极性，尊重地方首创精神。我国幅员辽阔、人口众多，各级各地情况千差万别。改革既要加强领导统一部署，做到全国一盘棋；又要充分考虑各地实际，调动和发挥地方的积极性主动性创造性。特别是市县直接面对基层和社会实施管理和服务，要支持和鼓励其因地制宜大胆改革探索。对具有普遍意义的经验做法，要及时总结推广。

坚持对党和国家事业高度负责，勇于担当、攻坚克难。深化机构和行政体制改革是一项系统工程，涉及权力和利益格局调整，任务艰巨复杂，组织实施难度大。要增强改革的责任感使命感，勇于担当，做到敢于负责、敢于较真、敢于碰硬，攻坚克难推进改革。改革涉及的部门和个人要以党和人民利益为最高利益，处理好全局与局部、组织与个人的关系，服从大局需要，服从组织安排，做到思想不散、秩序不乱、工作正常运转。

（摘编自《人民日报》）

作者：张纪南［人力资源和社会保障部部长、党组书记］

袁曙宏：建设职责明确、依法行政的政府治理体系

党的十九届三中全会第一次把建设"职责明确、依法行政的政府治理体系"作为深化党和国家机构改革的目标之一，作出了全面部署，提出了具体要求，为进一步优化政府机构设置和职能配置、加快转变政府职能、深化行政体制改革指明了方向、明确了任务。我们一定要坚持以习近平新时代中国特色社会主义思想为指导，深刻领会，坚决认真贯彻落实。

一、充分认识建设职责明确、依法行政的政府治理体系的重大意义

建设职责明确、依法行政的政府治理体系，是我们党全面总结新中国成立后特别是改革开放以来行政体制改革的成果经验，着眼于党和国家事业发展全局作出的重大决策部署，在中国特色社会主义进入新时代、我国社会主要矛盾发生深刻变化的时代背景下，具有十分重大的意义。

建设职责明确、依法行政的政府治理体系是深化党和国家机构改革的重要目标。改革开放以来，我国先后进行了7次集中的行政体制和政府机构改革，不断加强政府自身建设，取得明显成效。党的十八

大以来，以习近平同志为核心的党中央对行政体制改革高度重视。党的十九届三中全会紧扣新时代新任务新要求，把优化政府机构设置和职能配置放在深化党和国家机构改革全局中统筹推进，把政府治理体系与党和国家机构职能体系、党的领导体系、武装力量体系、群团工作体系一起部署安排，优化了国务院机构设置和职能配置，理顺了职责关系，国务院减少了8个正部级机构、7个副部级机构，进一步明确了政府治理体系的改革方向、目标和内容等，确立了新时代优化政府机构设置和职能配置的总蓝图，充分说明我们党对行政体制改革的认识和实践都达到了新高度。

建设职责明确、依法行政的政府治理体系是推进国家治理体系和治理能力现代化的迫切需要。政府是国家治理的主体之一，政府治理体系在国家治理体系中居于重要地位。我国政府治理体系建设的水平和程度，直接关系国家治理体系的完善和治理能力的提升。当前，我国一些政府机构设置和职责划分不够科学，职责缺位和效能不高问题凸显，政府职能转变还不到位，在较大程度上影响和制约了国家治理的成效。必须从推进国家治理体系和治理能力现代化的战略高度，深刻认识建设职责明确、依法行政的政府治理体系的重要性和紧迫性，加快实现政府治理规范化、程序化、法治化，善于运用法治思维和法治方式深化改革、推动发展、化解矛盾、维护稳定，不断提高科学治理、民主治理、依法治理水平。

建设职责明确、依法行政的政府治理体系是统筹推进"五位一体"总体布局和协调推进"四个全面"战略布局的必然要求。行政体制改革既是实现全面深化改革总目标的重要抓手，又是使市场在资源配置中起决定性作用、更好发挥政府作用的关键举措，也是贯穿经济体制、政治体制、文化体制、社会体制、生态文明体制改革的连接点、交汇点和关节点。只有建设职责明确、依法行政的政府治理体系，坚决破除制约使市场在资源配置中起决定性作用、更好发挥政府作用的体制机制弊端，围绕推动高质量发展、建设现代化经济体系，加强和完善政府经济调节、市场监管、社会管理、公共服务、生态环境保护职能，才能为实现全面建成小康社会的奋斗目标、实现全面深化改革和全面推进依法治国的总目标提供有力机构保障。

二、严格遵循建设职责明确、依法行政的政府治理体系的重要原则

建设职责明确、依法行政的政府治理体系，要立足政府治理的基本特点和规律，严格遵循党和国家机构改革的重要原则。

坚持党的全面领导。党的全面领导是深化党和国家机构改革的根本保证。党政军民学，东西南北中，党是领导一切的。党是最高政治领导力量，党的领导是我们的最大制度优势。加强党对建设职责明确、依法行政的政府治理体系的领导，把党的领导贯彻到政府治理的各方面和全过程，是优化政府机构设置和职能配置的首要任务，是建设职责明确、依法行政的政府治理体系的灵魂。必须坚持中国特色社会主义方向，增强"四个意识"，坚决维护以习近平同志为核心的党中央权威和集中统一领导，自觉在思想上政治上行动上同党中央保持高度一致，完善保证党的全面领导的制度安排，确保党充分发挥总揽全局、协调各方的领导核心作用。

坚持以人民为中心。我们的政府是人民政府，必须对人民负责、为人民服务，实现好、维护好、发展好最广大人民的根本利益。建设

职责明确、依法行政的政府治理体系，必须坚持一切为了人民、依靠人民、造福人民、保护人民，完善为民谋利、为民办事、为民解忧、保障人民权益、倾听人民心声、接受人民监督的体制机制，满足人民日益增长的美好生活需要。同时，充分调动人民群众的积极性、主动性、创造性，把社会能够承担的职能交给社会，为人民依法管理国家事务、管理经济文化事业、管理社会事务提供更有力的保障。

坚持优化协同高效。必须坚持问题导向，聚焦发展所需、基层所盼、民心所向，优化政府机构设置和职能配置，坚持一类事项原则上由一个部门统筹、一件事情原则上由一个部门负责，加强相关机构配合联动，避免政出多门、责任不明、推诿扯皮，下决心破除制约改革发展的体制机制弊端，使政府机构设置更加科学、职能更加优化、权责更加协同、监督监管更加有力、运行更加高效。

坚持依法行政。依法治国是党领导人民治理国家的基本方式，依法行政是各级政府的基本准则。在我国，各级政府作为国家权力机关的执行机关，是实施法律法规的重要主体，大多数法律、地方性法规和几乎所有的行政法规都是由各级行政机关执行的。建设职责明确、依法行政的政府治理体系，必须把依法行政摆在更加重要、更加突出的位置，加快建设法治政府，积极推进机构、职能、权限、程序、责任的法定化，把全部政府活动都纳入法治轨道。

三、准确把握建设职责明确、依法行政的政府治理体系的主要任务

面对新时代新目标提出的新任务新要求，调整优化政府机构职能，全面提高政府效能，建设职责明确、依法行政的政府治理体系，

建设人民满意的服务型政府，必须重点完成好以下几方面任务。

合理配置宏观管理部门职能。这是建设职责明确、依法行政的政府治理体系的基本要求。完善社会主义市场经济体制，推进国家治理体系和治理能力现代化，离不开科学有效的宏观管理。当前，世情国情党情已经发生历史性变化，这就要求我们认真总结党的十八大以来宏观管理的成功做法和宝贵经验，牢牢把握中国特色社会主义新时代的新任务新要求，牢牢把握我国社会主要矛盾的新变化，合理配置宏观管理部门职能。《中共中央关于深化党和国家机构改革的决定》（以下简称《决定》）要求，科学设定宏观管理部门职责和权限，强化制定国家发展战略、统一规划体系的职能，更好发挥国家战略、规划导向作用；完善宏观调控体系，创新调控方式，构建发展规划、财政、金融等政策协调和工作协同机制。

深入推进简政放权。转变政府职能的关键在于简政放权。改革开放 40 年来，我国持续推进行政体制改革，从根本上说，就是要通过推进政企分开、政资分开、政事分开、政府与市场中介组织分开，把不该由政府管理的事项交给市场和社会，把该由政府管理的事项管住管好。党的十八大以来，党中央、国务院把"放管服"改革作为转变政府职能的突破口，大幅减少行政审批事项，取得了显著成效。这次国务院机构改革继续把深入推进简政放权摆在突出位置。《决定》要求，减少政府微观管理事务和具体审批事项，最大限度减少政府对市场资源的直接配置，最大限度减少政府对市场活动的直接干预，提高资源配置效率和公平性，激发各类市场主体活力。

完善市场监管和执法体制。这是建设职责明确、依法行政的政府治理体系的重点任务。市场监管和行政执法是行政机关最大量的日常行政活动，是实施法律法规、依法管理经济社会事务的主要途径，是实现政府职能的重要方式。《决定》要求，改革和理顺市场监管体制，整合监管职能，加强监管协同，形成市场监管合力。深化行政执法体制改革，统筹配置行政处罚职能和执法资源，相对集中行政处罚权，整合精简执法队伍，解决多头多层重复执法问题。

改革自然资源和生态环境管理体制。这是建设美丽中国的体制保障。习近平总书记在党的十九大报告中将坚持人与自然和谐共生作为新时代坚持和发展中国特色社会主义的"十四个坚持"基本方略之一，将建设美丽中国作为全面建设社会主义现代化国家的重大目标，提出坚决打好污染防治攻坚战。解决突出环境问题，必须改革目前资源和生态环境领域"九龙治水"的管理体制。《决定》要求，实行最严格的生态环境保护制度，构建政府为主导、企业为主体、社会组织和公众共同参与的环境治理体系，为生态文明建设提供制度保障。设立国有自然资源资产管理和自然生态监管机构，完善生态环境管理制度，统一行使全民所有自然资源资产所有者职责，统一行使所有国土空间用途管制和生态保护修复职责，统一行使监管城乡各类污染排放和行政执法职责。

完善公共服务管理体制。基本公共服务是现代政府治理的主要内容，既关系民生保障和改善，也关系民心向背和执政基础。《决定》要求，健全公共服务体系，推进基本公共服务均等化、普惠化、便捷化，推进城乡区域基本公共服务制度统一。政府职能部门要把工作重心从单纯注重本行业本系统公共事业发展转向更多创造公平机会和公正环境，促进公共资源向基层延伸、向农村覆盖、向边远地区和生活困难群众倾斜，促进全社会受益机会和权利均等。加强和优化政府在社会保障、教育文化、法律服务、卫生健康、医疗保障等方面的职能，更好保障和改善民生。

强化事中事后监管。从以事前审批为主转变到以事中事后监管为主，是我国政府治理理念和模式的重大转变。《决定》要求，改变重审批轻监管的行政管理方式，把更多行政资源从事前审批转到加强事中事后监管上来。创新监管方式，全面推进"双随机、一公开"和"互联网＋监管"，加快推进政府监管信息共享，切实提高透明度，加强对涉及人民生命财产安全领域的监管，主动服务新技术、新产业、新业态、新模式发展，提高监管执法效能。

提高行政效率。全面提高政府效能，增强政府公信力和执行力，是建设职责明确、依法行政的政府治理体系的必然要求。《决定》要求，精干设置各级政府部门及其内设机构，科学配置权力，减少机构数量，简化中间层次，推行扁平化管理，形成自上而下的高效率组织体系。明确责任，严格绩效管理和行政问责，加强日常工作考核，建立健全奖优惩劣的制度。打破"信息孤岛"，统一明确各部门信息共享的种类、标准、范围、流程，加快推进部门政务信息联通共用。改进工作方式，提高服务水平。加强作风建设，坚决克服形式主义、官僚主义、享乐主义和奢靡之风。这次机构改革的全面有力实施，必将极大提高各级政府的行政效能和政府公信力、执行力。

（摘编自《人民日报》）

作者：袁曙宏［司法部副部长、党组书记］

马怀德、林华：为推进国家治理体系和治理能力现代化提供有力组织保障

习近平总书记指出："深化党和国家机构改革，是贯彻落实党的十九大决策部署的一个重要举措，是全面深化改革的一个重大动作，是推进国家治理体系和治理能力现代化的一次集中行动。"[①] 截至 2019 年，在短短一年多时间里，党和国家机构改革取得一系列重要理论成果、制度成果、实践成果，推动中国特色社会主义国家制度和法律制度更加完善，为推进国家治理体系和治理能力现代化提供了有力组织保障。我们必须深刻理解深化党和国家机构改革的重大意义和积累的宝贵经验，巩固党和国家机构改革成果，继续完善党和国家机构职能体系，不断推进国家治理体系和治理能力现代化。

一、改革党的机构职能体系，加强党的全面领导

中国共产党领导是中国特色社会主义最本质的特征，是全党全国各族人民共同意志和根本利益的体现，是夺取新时代中国特色社会主义伟大胜利、实现"两个一百年"奋斗目标的根本保证。只有不断完

[①]《巩固党和国家机构改革成果　推进国家治理体系和治理能力现代化》,《人民日报》2019 年 7 月 6 日。

善坚持党的全面领导的制度，把党的领导贯彻到党和国家机关全面正确履行职责各领域各环节，才能充分发挥中国共产党领导这个中国特色社会主义制度的最大优势，使我们党在新时代更好地担负起进行伟大斗争、建设伟大工程、推进伟大事业、实现伟大梦想的重大职责。

在这次党和国家机构改革前，党的机构职能体系存在一些同统筹推进"五位一体"总体布局、协调推进"四个全面"战略布局的要求还不完全适应，同推进国家治理体系和治理能力现代化的要求还不完全适应的地方，主要是：一些领域党的机构设置和职能配置还不够健全有力，保障党的全面领导、推进全面从严治党的体制机制有待完善；一些领域党政机构重叠、职责交叉、权责脱节问题比较突出；一些领域权力运行制约和监督机制不够完善，滥用职权、以权谋私等问题仍然存在；等等。这些问题削弱了党的领导和执政能力，影响党的形象，不利于完成党所肩负的历史使命。

习近平总书记强调，深化党和国家机构改革，是坚持和加强党的全面领导、加强党的长期执政能力建设的必然要求，是决胜全面建成小康社会、开启全面建设社会主义现代化国家新征程的必然要求，是更好适应我国发展新的历史方位、推动解决我国社会主要矛盾的必然要求，是全面深化改革、推进国家治理体系和治理能力现代化的必然要求。面对新时代新任务新要求，为加强党的长期执政能力建设，完善保证党的全面领导的制度安排，改进党的领导方式和执政方式，提高党把方向、谋大局、定政策、促改革的能力和定力，我们从多个方面完善党的机构职能体系，包括建立健全党对重大工作的领导体制机制，强化党的组织在同级组织中的领导地位，更好发挥党的职能部门作用，统筹设置党政机构，推进党的纪律检查体制和国家监察体制改革。党的机构职能体系改革始终坚持问题导向和目标导向，紧紧围绕现实中的突出问题，着眼于形成总揽全局、协调各方的党的领导体系，理顺党的组织和其他组织的关系、党的领导和国家机关依法履职的关系、党内监督和国家监督的关系等，确保党的领导全覆盖，确保党的领导更加坚强有力。

二、改革政府机构职能体系，提高政府治理能力和水平

中国特色社会主义进入新时代，我国经济已由高速增长阶段转向高质量发展阶段，社会主要矛盾已经转化为人民日益增长的美好生活需要和不平衡不充分的发展之间的矛盾。与经济社会发展要求相比，政府机构设置和职能配置还存在不少需要完善的地方，主要是：经济发展的体制性障碍尚未完全消除，特别是政府职能转变还不到位，市场和社会发挥作用还不够充分，有些该管的事没有管好或管到位，有些该放的权没有下放或放到位，对微观经济事务干预过多过细，社会管理和公共服务职能比较薄弱，有的出现职能错位、越位、缺位等现象。一些政府机构设置和职责划分不够科学，职责缺位和效能不高问题凸显，政府职能转变还不到位；一些领域中央和地方机构职能上下一般粗，权责划分不尽合理。改变这些状况，也是推进此次党和国家机构改革的重要动因。

科学的宏观调控、有效的政府治理，是充分发挥社会主义市场经济体制优势的内在要求。为了让市场在资源配置中起决定性作用、更好发挥政府作用，必须坚决破除体制机制弊端，围绕推动高质量发展、建设现代化经济体系，加强和完善政府经济调节、市场监管、社会管理、公共服务、生态环境保护职能，调整优化政府机构职能，全

面提高政府效能，建设人民满意的服务型政府。面对实践中存在的问题，我们通过改革从多个方面优化政府机构设置和职能配置，包括合理配置宏观管理部门职能，深入推进简政放权，完善市场监管和执法体制，改革自然资源和生态环境管理体制，完善公共服务管理体制，强化事中事后监管，提高行政效率。

政府机构职能体系改革紧密结合时代要求、实践需求和人民诉求，着力推进重点领域、关键环节的机构调整和职能优化，构建职责明确、依法行政的政府治理体系，解决了许多长期想解决而没能解决的难题，理顺了不少多年想理顺而没有理顺的体制机制，增强了政府的公信力和执行力。党的十九大以来，在以习近平同志为核心的党中央坚强领导下，从中央到地方，上下同心、扎实推进，各项改革部署迅速落实到位，政府机构职能更加优化、权责更加协同、运行更加高效，推进国家治理体系和治理能力现代化向前迈进了一大步。人民群众对高质量公共服务的新需要得到满足，最盼最急最忧最怨的一些突出问题得到解决，人民当家作主得到更好保障，创新创业活力不断激发。

三、继续巩固党和国家机构改革成果

一年多来的成功实践表明，深化党和国家机构改革实现了党和国家机构的系统性、整体性、重构性变革，是以习近平同志为核心的党中央从党和国家事业发展全局高度推进国家治理体系和治理能力现代化的一场深刻变革。深化党和国家机构改革不仅完成了合署办公、人员转隶、机构挂牌等"物理重组"，而且通过人员融合、业务融合和职能优化，初步产生一系列"化学反应"，对各领域深化改革发挥了目标引领、体制支撑、组织保障、成果巩固作用。事实说明，党中央关于深化党和国家机构改革的战略决策是完全正确的，改革的组织实施是坚强有力的，充分体现出全党高度的思想自觉、政治自觉、行动自觉，充分反映出党的十八大以来全面从严治党产生的良好政治效应，充分彰显了党的集中统一领导和我国社会主义制度的政治优势。

深化党和国家机构改革，为推进国家治理体系和治理能力现代化提供了强大动力。在改革过程中，我们积累了许多宝贵经验，为进一步推进国家治理体系和治理能力现代化提供了一系列重要启示。这些经验包括坚持党对机构改革的全面领导，坚持不立不破、先立后破，坚持推动机构职能优化协同高效，坚持中央和地方一盘棋，坚持改革和法治相统一相协调，坚持把思想政治工作贯穿改革全过程。我们要在总结宝贵经验基础上，继续巩固机构改革成果。党的工作机关要带头坚持和加强党的全面领导，更好发挥职能作用，严明政治纪律和政治规矩。加强党政机构职能统筹，发挥好党的职能部门统一归口协调管理职能，统筹本领域重大工作，把解决实际问题作为制定改革方案的出发点，把关系经济社会发展全局的改革、涉及重大制度创新的改革、有利于提升群众获得感的改革放在突出位置，优先抓好落实。

推进国家治理体系和治理能力现代化，是一项复杂的系统工程。坚持和加强党的全面领导，有效治理国家和社会，完善社会主义市场经济体制，落实以人民为中心的发展思想，都与党和国家机构设置科学、职能配置优化、履职能力提升密切相关。虽然深化党和国家机构改革组织实施工作已经结束，但推进机构职能优化协同高效、提高履职服务能力水平的工作永远不会结束。当前，有的部门职责边界、协同配合机制等还需细化完善，部门职责交叉、条条干预等问题还不同程度存在。市县一级综合行政执法改革等难点问题虽然破了题、开了局，但还有不少工作要做，下一步应通过持续创新、深化改革逐步研究解决。习近平总书记指出，深化党和国家机构改革是放在全面深化改革大盘子里谋划推进的，是我们打的一次全面深化改革的战略性战役。我们必须坚持与时俱进，不断适应世情、国情、党情的发展变化，始终做到准确识变、科学应变、主动求变，不断完善党和国家机构职能体系；坚持全面依法治国，处理好改革与法治的关系，坚持用法治方式深化党和国家机构改革，发挥法治规范和保障改革的作用，推动中国特色社会主义国家制度和法律制度不断完善发展。

（摘编自《人民日报》）
作者：马怀德、林华［中国政法大学"创新发展中国特色社会主义法治理论体系研究"课题组］

▲

第六编

建设现代化经济体系与经济治理

▼

► 社会主义基本经济制度，既体现了社会主义制度优越性，又同我国社会主义初级阶段社会生产力发展水平相适应，是党和人民的伟大创造。必须坚持社会主义基本经济制度，充分发挥市场在资源配置中的决定性作用，更好发挥政府作用，全面贯彻新发展理念，坚持以供给侧结构性改革为主线，加快建设现代化经济体系。

欧阳日辉、刘健：数字经济治理是国家治理体系重要内容

党的十九大报告提出，要"推动互联网、大数据、人工智能和实体经济深度融合，在中高端消费、创新引领、绿色低碳、共享经济、现代供应链、人力资本服务等领域培育新增长点、形成新动能"。数字经济是当前经济效率提升和经济结构优化的重要推动力，也是培育新增长点、形成新动能的主要领域，将是继农业经济、工业经济之后，人类进入的又一个社会经济形态。数字经济的健康发展离不开有效治理，数字经济治理是国家治理体系的重要内容。

一、运用互联网技术和信息化手段治理数字经济

数字经济是指使用数字化的知识和信息、数字技术作为关键生产要素，以现代信息网络作为重要载体，通过数字技术与实体经济深度融合，提高经济社会数字化、智能化水平，促进经济结构优化和提高社会效率的系列活动。数字经济蓬勃发展对政府治理提出了新挑战。充分利用互联网技术和信息化手段，加快构建与数字经济发展相适应的治理体系，是提高数字经济治理能力的必然要求。

（一）运用互联网技术和信息化手段治理数字经济是促使数字经济健康快速发展的必然要求

2016 年，我国数字经济规模总量达到 22.58 万亿元人民币，占 GDP 比重的 30.3%。数字经济数据体量越来越庞大、创新创业活跃、线上线下融合、市场结构复杂的特性，使得传统的经济治理方式难以适应数字经济治理的需要。运用互联网技术和信息化手段建立大数据分析和动态分析系统，重构、变革与升级经济治理体系，推动决策科学化、精准化，提升经济治理能力、再造公共服务模式，可以有效避免数字经济治理中的缺位、错位、越位问题，降低数字经济风险发生的概率。

（二）运用互联网技术和信息化手段治理数字经济是建设网络强国和数字中国的重要一环

从某种意义上而言，数字经济治理能力现代化重塑了国家竞争优势的新动力，在建设网络强国和数字中国方面起着基础性作用。数字经济发展，能够推进信息基础设施建设，解决我国信息基础设施发展不充分、不平衡问题，为建设网络强国和数字中国夯实硬件基础。数字经济治理有利于形成安定有序的网络空间秩序，净化网络空间内容、营造清朗的网络空间，为网络强国和数字中国建设提供良好的网络环境。数字经济治理能力现代化有利于充分激发传统经济活力，挖掘数字经济领域的创新创业潜力，降低数字经济的安全风险。

（三）运用互联网技术和信息化手段治理数字经济是推进国家治理能力现代化的核心内容

数字经济治理是未来我国政府治理体系的核心内容，是推进国家治理体系和治理能力现代化的题中应有之义。互联网、大数据、人工智能和实体经济的深度融合将使得经济数字化转型步伐加速。数字经济将成为现代化经济体系的核心部分。及时、准确地掌握数字经济的发展进程、成效以及存在的问题，并运用互联网技术和信息化手段，根据大数据分析结果，为决策者提供推进国家治理现代化的真实信息，以便政府及时调整和修正经济政策。通过大数据精准分析的数字经济治理，可以进一步降低治理成本、提高治理效率、提升治理效能。

（四）运用互联网技术和信息化手段治理数字经济是构建人类命运共同体和网络空间秩序的有效途径

数字经济具有开放性和共享性的特征，深化互联网和数字经济合作，全球可以在数字经济领域协同打造全新动力，共建共享未来。中国积极推动基础设施建设互联互通，加强经济政策协调和发展战略对接，促进协同联动发展，进一步走向世界、发展更高层次开放型经济的新征程。我国推动数字经济治理能力现代化，在降低数字经济的安全风险、维护网络空间的正常秩序的同时，能够对全球数字经济治理环境产生极强的正外部效应。通过外部经济效应，有效降低其他国家面临的数字经济安全风险，维护全球的网络空间秩序，进而改善全球数字经济整体福利状况，推动人类命运共同体的构建。

二、提升数字经济治理能力的主攻方向

推进数字经济持续健康发展是治理数字经济的主要目标，提升数字经济治理能力的主攻方向就是要解决制约数字经济持续健康发展的问题，深化数字经济发展的供给侧结构性改革，加快建设实体经济、科技创新、现代金融、人力资源协同发展的数字经济生态体系，不断

增强我国数字经济创新力和竞争力，提高全要素生产率。

（一）加大信息基础设施建设，推动区域协调发展

我国信息基础设施发展不平衡、不充分问题显著，东中西部地区之间、城乡之间基础设施建设不平衡，基础设施之间的互联互通发展不充分。由此造成了区域间数字经济的发展不平衡、数字经济总体发展不充分。积极构建高速、移动、安全、泛在的新一代信息基础设施是发展数字经济、培育新动能的重要抓手，是建设网络强国、数字中国的关键支撑，对于实施乡村振兴战略、区域协调发展战略具有重要意义。加快发展革命老区、民族地区、边疆地区、贫困地区信息基础设施，提高网络速率，提升网络质量，尽快建成覆盖城乡、服务便捷、高速畅通、技术先进、安全可控的宽带网络基础设施。

（二）推动互联网、大数据、人工智能和实体经济深度融合

互联网、大数据、人工智能和实体经济深度融合，将对实体经济的组织结构、生产方式、管理理念以及营销方式等进行数字化变革。具体表现为：第一，生产定制化、柔性化，通过大数据等技术，更准确地把握消费者的需求动向，提供更加适销对路的产品和服务；第二，管理扁平化、精细化，互联网等技术的应用可提高管理的效率、降低管理成本，扁平化组织结构可缓解委托－代理的信息不对称矛盾，提高管理效率；第三，营销在线化、全渠道化，电子商务拓展了营销渠道，线上线下互动融合提高了供需匹配效率，增强了企业和平台的市场竞争力。

（三）处理好数字经济与传统经济的关系

传统产业企业和数字经济企业在凭借各自优势进行深度合作的同

时，也存在市场竞争、利益碰撞。随着数字经济的发展，传统产业与数字经济之间的资源争夺、利益博弈将日趋激烈。传统产业、数字之间竞争、博弈加剧，如果处理不当，不仅会阻碍数字经济的发展，也会导致国民经济整体质量、效益受损，甚至损害公众利益、降低政府公信力。解决这一矛盾的关键是必须站在全球发展趋势和落实国家发展战略的高度妥善协调多方利益，在制定、执行相关政策时，既要考虑传统产业转型升级的困难和承受能力，又要鼓励数字经济创新和规范发展，更要促进充分竞争、竞争有序，推进信息网络技术与传统经济深度融合。

（四）协调好数据共享与数据安全的关系

数据共享能够有效减少数字经济治理过程中存在的信息不对称问题，避免道德风险和逆向选择，有效降低数字经济交易成本和治理成本，扩大数字经济公共产品和公共服务的供给，提高整个社会的总福利水平。同时，数据共享的过程也是数据开放的过程，在采集、索引、提取、分析、报告过程中有可能会造成数据的泄露、篡改等危害数据安全的行为。因此，在推进数据治理能力现代化的过程中必须处理好数据共享和数据安全的关系，从技术和制度层面加大数据安全治理，创新发展数据安全共享技术，严厉打击非法篡改数据和盗卖倒卖数据行为，为数据共享营造一个安全的共享环境。

（五）解决好数字经济新模式与行政管理旧体制的矛盾

数字经济产生了新的市场主体、市场客体、市场载体和市场交易规则，原有的行政管理模式难以适应数字经济发展。网络交易的虚拟性，使传统的现场查验账册、凭证等实体化管理难以落到实处；跨地域交易的全球性，使工商、税务等部门属地化分块管理难以奏效；跨境电子商务全天候交易的高效性，使通关、结算、退税、口岸管理等外贸管理部门规模化管理难以跟上节奏。现行管理机制不适应数字经济发展的新要求，严重抑制数字经济创新活力、发展动力的释放，成为数字经济发展面临的体制性障碍，迫切需要相关部门在新时代大力推进制度创新、管理创新，用新思路和新办法服务、治理数字经济。

三、推进数字经济治理能力现代化的重要举措

推进数字经济治理能力现代化首先应当树立创新、共享、有效的数字经济治理理念，坚持从制度和技术两个方面同时推进数字经济法治化和数字化治理体系建设，并探索政府、企业、社会、媒体多方共治的多元化治理模式，不断提高数字经济治理社会化、法治化、智能化、专业化水平。此外，治理数字经济还应有全球视野，推动全球数字经济治理协同化，为数字经济治理贡献中国智慧。

（一）树立创新、公平、共享、有效的数字经济治理理念

治理是用规则、制度来约束、重塑利益相关者之间的关系。其中，树立现代治理理念是关键。治理数字经济需要树立创新、公平、共享、有效的数字经济治理理念。创新是指要创新数字经济治理制度、治理模式、治理技术以及治理理念本身，推动数字经济治理动态化。公平是指规范数字经济市场准入规则，完善反不正当竞争法和反垄断法，切实保护数字经济领域消费者权益。共享是指建立多元化的数字经济治理模式，推动数据信息共享，强调主体间共商共治。有效的治理理念，注重对数字经济治理的绩效评价和成本收益的分析，降

低数字经济治理成本，提高数字经济治理效率。

（二）建立数字化数字经济治理体系

构建基于大数据的"四个体系一个机制"联动的数字化监管系统：监测预警体系、信息披露体系、大数据征信体系和社会评价体系，加上数据共享机制。建立数字化监管系统，将改变"人工报数"的被动监管、事后监管格局，实现实时监管、行为监管和功能监管。由于数据实时更新，造假成本增加，极大地提高了监管的有效性。构建数字化监管系统之后，实行行业自律管理为主的监管体系，方能做到既监管到位，又为数字经济创新留下空间。加快建设共建共享共赢的国家级统一信息服务数据库，构建"数字经济治理模型"，推进数字经济治理精准化、智能化、数字化，全面把握数字经济治理问题，精准应对数字经济风险。

（三）建立法治化数字经济治理体制

依法治国是党领导人民治理国家的基本方式。数字经济法治化要坚持"三原则、两思路、四个方向"。"三原则"是指立法要有前瞻性、动态性和交互性。"两思路"是指修订原有法律法规来包容数字经济，出台促进和规范数字经济发展的法律法规，如电子商务法等。从"四个方向"着手：第一，网络空间法治化，即社会治理法治向网络空间的延伸，净化网络空间内容，营造清朗的网络空间环境；第二，数字技术法治化，明确数字经济产权、物权，依法保障专利技术、知识产权免遭非法侵害；第三，网络信息法治化，依法保障消费者私人信息安全，严厉打击非法交易他人信息谋取私利行为；第四，市场体系法治化，依法维护数字经济市场秩序，依法打击市场不正当竞争行为，规范数字经济投融资、并购等投资活动。

（四）建立多元化数字经济治理模式

多元化数字经济治理模式，是以国家治理为核心，行业自律、平台治理和社会监管广泛参与的立体化治理体系。政府负责数字经济立法以及强制治理措施的制定和执行；行业协会通过标准制定规范行业内企业行为；强化平台企业的治理责任，充分发挥平台对于平台内企业的监督治理职能；充分发挥舆论监督功能，维护消费者合法权益。建议多方共建"数字经济治理协调平台"，以协调数字经济治理主体。该平台的具体职责包括：第一，负责多元治理主体间的信息共享与交流，统一数字经济的治理理念、协调各部门数字经济治理的任务、防止治理主体之间的政策冲突；第二，负责明确各治理主体的权责划分，建立数字化绩效考核体系，对治理主体进行数字化绩效评估；第三，形成数字经济治理"黑名单"制度，并在各治理主体之间进行共享，形成数字经济联合惩戒制度，提高数字经济治理主体失信违法成本。

（五）建立协同化全球数字经济治理体系

建立全球数字经济治理协同化体系，共同探索数字经济治理问题，构建人类命运共同体。全球数字经济治理不但要加强国家间、国际组织间的合作协同，也要加强行业协会之间、平台企业之间、智库和研究机构之间的对话与合作，形成与多元化数字经济治理体系相匹配的协同化全球数字经济治理体系。坚持平等互利共赢的治理理念，尊重每一个国家和主体参与全球数字经济治理的权利，不搞数字霸权、治理歧视，让每一个国家平等参与全球数字经济发展和治理过程。推进全球数据信息共享，特别是数字经济失信信息、犯罪信息的共享，加强国家、社会对于失信、犯罪行为的联合打击。协同治理政策，整合治理行动，避免"以邻为壑"的政策；加强全球数字经济治理行动协调，避免相互之间的行动掣肘。建立国家数字经济治理领导机构，以便在全球发生数字贸易争端时进行调节仲裁，有效避免国家间恶性竞争，推进全球数字贸易自由化。

（摘编自《国家治理》）

作者：欧阳日辉［中央财经大学中国互联网经济研究院副院长，教授］

刘健［中央财经大学经济学院］

汪仕凯：全面深化改革、市场经济与国家治理的逻辑

一、引论

  党的十九大明确宣示中国特色社会主义进入了新时代，而这个新时代的重大命题则是，通过全面深化改革来解决人民日益增长的美好生活需要同不平衡不充分的发展之间的矛盾。全面深化改革的总目标是发展和完善中国特色社会主义制度，推进国家治理体系与治理能力现代化。毫无疑问，中国在过去几十年里取得了举世瞩目的发展成就，但也产生和积累了一系列重大的矛盾和问题，可以说全面深化改革的启动恰恰是由中国现实问题倒逼的，全面深化改革是对过去几十年发展过程中产生的矛盾与问题的积极应对。这些矛盾和问题的产生在很大程度上是由现行制度仍存在弊端所导致的，全面深化改革的对象就是中国特色社会主义制度中不合理和有待完善的方面，通过革除现行体制与机制存在的弊端，来推进国家治理体系与治理能力现代化。因此，全面深化改革是改善国家治理、实现国家治理现代化的基本途径，蕴含着中国国家治理的逻辑。

  经济体制改革是全面深化改革的重点，而经济体制改革的核心是处理好政府和市场之间的关系，使市场在资源配置中起决定性作用和更好发挥政府作用。发展仍然是中国共产党执政兴国的第一要务，

习近平总书记在党的十九大报告中指出，建设现代化经济体系是我国发展的战略目标，因此必须"着力构建市场机制有效、微观主体有活力、宏观调控有度的经济体制"①。建设现代化经济体系，保障中国持续发展，实现中华民族伟大复兴的中国梦，离不开政府与市场这两种基本力量的共同作用，中国发展的成就恰恰是政府这种"有力量的大拇指"和市场这种"灵巧的小拇指"共同协作的结果。

市场经济的引入提高了中国发展的速度，但是社会主义市场经济体制还不完善，突出地体现在市场在资源配置中的决定性作用没有完全发挥出来。与此同时，市场在很多并不属于资源配置的社会领域则存在泛滥的问题，从而导致了严重的不平等与不公正问题。政府力量始终是推动中国发展的重要支柱，客观地讲，中国过去所取得的重大成就同政府实施的发展战略、产业政策、财政政策、货币政策、金融政策有着紧密的关联。然而，在社会主义市场经济体制改革的过程中，政府力量的使用并没有充分尊重市场在资源配置中的决定性作用，因此政府的宏观调控、市场监管、公共服务等重要职能未能履行到位，进而影响了社会主义市场经济体制的成熟。

政府与市场是社会科学界长期以来解释国家发展的理论视角。20世纪以来的经济发展已经说明了一个具有一般性的原理，这就是政府与市场是经济发展中两种不同而且各有其不可取代的作用机制。普沃斯基总结道："市场是分权机制：家庭和企业决定如何配置其拥有的资源。依赖于不同的市场结构，它们的决定可能是也可能不是独立的，但它们之间的相互影响，只能通过一方行为对另一方福利的影响

---

① 习近平：《决胜全面建成小康社会　夺取新时代中国特色社会主义伟大胜利——在中国共产党第十九次全国代表大会上的报告》，人民出版社2017年版，第30页。

进行。国家是集权机制：它强迫经济人做他们不愿主动去做的事情。依赖于不同的政治结构，国家的决定可以由一个人作出，即独裁者，或者由包括所有公民在内的某种程序产生。但是，不论他们达成共识的方式如何，一旦达成共识，国家政策就是有约束力的。"不言而喻，作为性质不同的两种机制，政府与市场在经济发展中共同发挥作用的关键，就在于政府与市场实现了相互配合。

政府与市场的相互配合意味着市场会出现失灵，因此需要政府来弥补市场的不足。至关重要的问题在于，政府如何弥补市场失灵，从而形成政府与市场之间的良性互动呢？一些学者立足东亚经济发展的经验，提出了"发展型国家理论"的解释。这种理论认为，政府与市场之间良性互动的过程必须以产业政策为中介，恰当的产业政策能够弥补市场机制的不足，从而使经济在有效市场与有为政府的合力推动下快速增长。发展型国家理论解释明确了必须把政府与市场结合起来的主张，理论界基本上都认可了政府与市场相结合的主张，并且试图以此为基础提出更有解释力的理论模型。

林毅夫针对政府与市场之间的关系提出了一个更为精致的理论——"新结构经济学"。这种理论认为，经济增长是经济结构升级和科技创新的产物，经济结构内生于禀赋结构，资源要素的价格只能由市场机制来确定，所以市场机制必须占据决定性地位。与此同时，结构升级与科技创新所需要的基础设施、对于先进企业外部性的补偿、科技创新所需要的投资以及投资的协调，则必须由政府来完成。新结构经济学比较清楚地界定了政府在经济发展中的干预行为，即提供基础设施、弥补外部性、协调投资。可见，政府干预并不能简单地等同于产业政策，而且产业政策必须符合要素禀赋结构。也就是说，当市场机制反映出要素禀赋结构发生了重大变化，但经济结构尚未跟上这种变化时，政府必须干预经济结构使之转型升级。

纵观理论界关于政府与市场之间关系的解释可以发现，其基本的假设是将政府与市场之间关系的讨论限定在经济领域，政府与市场的结合将会对经济领域之外的社会领域产生何种重大影响则语焉不详。波兰尼对于自由市场的观察则为我们提供了一个重要的视角。他认为，市场经济的扩张将对社会领域形成重大的破坏性影响，那些以价格机制实现资源有效配置的社会集团，一方面会受到市场经济的挤压，故而他们的利益受到严重的损害，另一方面会形成社会保护运动，故而限制市场经济对于社会领域的破坏。市场经济的扩张对社会领域的破坏是不争的事实，中国过去几十年的经历以及近年来世界各国的反全球化运动，都是有力的证明。因此，只是明确地界定政府干预经济过程的范围，并不足以形成政府与市场之间的良性关系。

如果从国家治理的逻辑来认识政府与市场之间的良性关系，那么必须将政府与市场之间良性关系的形成，放到国家、市场、社会这种更为全面的框架之中进行分析。其原因归结起来主要包括三个方面：首先，不仅市场是国家制度界定和保护的，而且政府与市场之间的良性关系也必须由国家制度提供保障，这样的国家制度不局限于经济体制，也属于政治体制以及社会体制。其次，市场经济对社会领域的破坏性影响，将不可避免引起社会集团对国家施压，从而限制市场经济，因此社会自始至终是一个伴随着市场、政府的必须正视的因素。最后，国家治理是一种平衡国家与社会两种立场的均衡理论。也就是说，当我们从国家治理现代化来审视市场经济时，市场经济就不再是理论上想象的自由放任的事物，而是存在于国家与社会之间的具体事物了。

本文立足国家、市场、社会这种理论框架提出如下核心观点：作为全面深化改革的总体目标，国家治理现代化要求全面深化改革必须以正确处理政府与市场之间关系为重点，必须充分发挥市场在资源配置中的决定性作用，限制和约束政府对于经济过程的不当干预。然而，在充分发挥市场在资源配置中的决定性作用时，必须客观认识它对社会领域的破坏性影响。国家必须积极支持社会成为制约和限制市场经济的重要力量，防止市场经济从经济领域向社会领域肆意扩张，保障市场经济服从于社会的公共利益。社会能否成为制约市场经济的重要力量，从根本上取决于国家的政治体制。只有当政治体制具备构建国家与社会相互支持关系的政治能力时，社会才能作为一个整体抵御市场经济的肆意扩张。

概言之，政府与市场之间的良性关系，不仅需要有为的政府，而且需要有"能"的社会，市场经济的有效必须遵守公共利益的界限，受制于有为政府的调控和有能社会的防御。有"能"的社会必须得到政治体制的支持，政治体制能力的大小决定了社会力量的强弱。有效市场、有为政府、有能社会的共存，并非经济体制改革所能实现的，而是必须进行包括政治体制、行政体制、社会体制在内的全面深化改革才能实现。这就是全面深化改革所蕴含的国家治理的逻辑。

二、全面深化改革中的市场与政府

国民经济发展是中国国家发展的物质基础，中国在近年来的快速崛起主要是由经济实力的强大导致的，而且中国发展在近些年遇到的困境也主要是经济结构转型滞后引发的，因此经济体制改革就成了全面深化改革的重点。社会主义市场经济体制是从计划经济体制转型而来的，尽管经过 20 余年的努力，社会主义市场经济体制得到了初步确立，但根源于计划经济体制的制度性障碍仍然存在。对我国当前的经济体制进行深化改革，就是要破除违反市场经济规律的制度性障碍，既要使市场机制在资源配置中发挥决定性作用，又要使政府能够切实履行好宏观调控、市场监管、公共服务等基本职能。有效的市场与有为的政府相互配合，才是成熟的社会主义市场经济体制。

　　一般而言，一个国家的经济结构都是在发展的过程中发生变化的，而合理的经济结构应当同要素禀赋结构保持一致，只有如此才能保证资源配置的有效性，这就需要经济体制必须充分反映资源要素的真实价格。因此，经济结构内生于要素禀赋结构，同时受到经济体制的限制。一个国家的经济体制不会完全由要素禀赋结构决定，历史经验表明，一个国家选择何种经济体制将受到国家发展战略的强有力塑造。中华人民共和国成立初期，之所以选择建立高度集中的计划经济体制，就是由当时严峻的国际环境和中国共产党制定的赶超型发展战略决定的。林毅夫指出，优先发展重工业是赶超型发展战略的核心内容，故而成为高度集中的计划经济体制的逻辑起点，因为在一个农业国优先发展重工业，就必须一方面集中有限的农业生产剩余，另一方面扭曲资源要素的价格，从而满足重工业对于巨额资本的需求。

　　赶超型发展战略的推行为中国奠定了一个完整的工业基础，但也产生了经济效率不高、人民生活水平比较低等严重问题。改革开放则是对国家发展战略的重大调整，这就是改变单纯的赶超型发展战略，转而推行兼具赶超型发展战略和出口导向型发展战略等关键内容的混合型发展战略。混合型发展战略是指，一方面坚持国家对战略性支柱产业的支持政策，另一方面利用资源比较优势发展出口产业，以快速地积累资金。混合型发展战略的推行意味着必须进行经济体制改革，即从高度集中的计划经济体制向社会主义市场经济体制转型，因为不建立市场经济体制就不可能正确反映经济要素的价格，也就不可能利用资源比较优势。

市场经济的竞争机制能够使资源要素的价格得到真实反映，所以市场是实现资源配置最有效的手段。当市场能够在资源配置中发挥决定性作用时，经济发展的速度将得到巨大的提高，国家的物质财富自然会不断增加，市场现在已经成为现代社会的物质基础，代表着一种"普遍的利益"。市场经济并不是完全自主运行的经济过程，而是必须得到一系列关键性国家制度的支持，否则不可能形成完善的市场经济。新制度经济学派的理论成果已经证明，完善的市场经济是同现代国家制度的发展密切联系在一起的，其中，对秩序的维护和产权的保护是两个关键性的制度安排。完善的市场经济必然需要一个长期的过程，对于从高度集中的计划经济体制转型而来的市场经济体制而言同样如此，成熟的社会主义市场经济体制必须经过一个长期的全面的制度革新过程。

社会主义市场经济体制虽然初步建立，但制约它发展成熟的制度性障碍依然存在。主要包括三个方面：首先，市场在资源配置中的基础性地位得到了确立，但并不能充分发挥其决定性作用，政府的财政、金融、货币政策在资源配置中的作用十分突出，甚至发挥着决定性作用。其次，政府行为缺乏严格的制约，利用行政权力干预经济过程的思维定式还在发挥影响，根源于计划经济体制的旧制度性障碍难以彻底根除。在政府掌握了巨大经济资源的情况下，部门垄断、行业垄断、企业垄断等损害市场竞争的问题仍然突出，与此相伴的则是严重的腐败。最后，法治建设比较滞后，支撑市场经济的国家制度还在探索和建设之中，尤其是信用制度、产权保护制度、现代企业制度、司法制度等关键性制度还有待完善。由此可见，当前我国市场经济体制的不完善，从根本上讲就是因为没有处理好政府与市场之间的关系。

完善的社会主义市场经济体制的核心内容是让市场在资源配置中发挥决定性作用，这种决定性作用集中体现在经济资源要素的价格通过竞争机制得到了真实反映，市场主体依据市场价格信号自主作出决定。习近平总书记指出，坚持社会主义市场经济体制改革方向，在思想上更加尊重市场决定资源配置这一市场经济的一般规律，在行动上大幅度减少政府对资源的直接配置，推动资源配置依据市场规则、市场价格、市场竞争实现效益最大化和效率最优化，让企业和个人有更多活力和更大空间去发展经济、创造财富。[①]市场在资源配置中发挥决定性作用，意味着政府必须退出资源配置的过程，集中精力做好宏观调控、市场监管和公共服务。只有当市场发挥了资源配置的决定性作用时才是有效的市场，同样，只有当政府履行好公共职能时才是有为的政府。因此，全面深化改革需要始终围绕构建有效的市场和有为的政府而进行。

有为的政府并非指一般意义上积极履行公共职能的政府，而是指能够同有效的市场结合在一起从而共同推动经济发展的政府。政府的有为主要体现在两个方面：一方面是推动经济结构转型升级，另一

---

①《习近平总书记系列重要讲话读本》，人民出版社 2016 年版，第 149 页。

方面则是制度供给。经济结构要适应要素禀赋结构，在经济发展的过程中，劳动力、自然资源、资本等核心经济资源的丰裕程度会发生变化，所以经济结构需要在经济发展的不同阶段实现转型升级。然而，经济结构转型升级需要付出巨大的生产成本与交易成本，这就需要政府采取积极行动降低或者承担由于经济结构转型升级而产生的生产成本与交易成本。政府发挥作用的基础在于公共资源，借助财政、金融、货币政策，政府能够鼓励技术创新、直接投资高新技术产业、协调企业的投资行为、补偿先进企业的外部性、持续改善基础设施，进而达到经济结构转型升级的目的。

制度供给是建立完善的市场经济的"软件基础设施"，社会主义市场经济体制必须得到国家制度的支持。在市场经济的发轫时期，由于市场交易的规模和范围比较有限，市场主体之间的互动过程具有长期性和可预见性，欺诈行为容易被揭露并且得不偿失，因此那时的市场经济依靠一种默会共识或者说"隐性合约"就可以运转。伴随市场经济的扩展，庞大的规模和范围使得"隐性合约"不足以提供足够的信息和约束市场主体，要走向成熟的市场经济就必须由第三方监督执行的制度规则来支撑。制度供给很难由市场主体自发完成，因为制度是一种公共物品，制度供给的成本以及搭便车问题将制约市场主体进行制度供给。这就意味着"一个社会中制度安排的供给将少于社会最优水平"，因此只能依靠政府的制度供给来弥补制度不足。其实，即使市场主体的自发制度供给，最终也需要得到政府的确认从而转化为国家制度，这也是市场经济必须以法治为基础的原因所在。

综上所述，全面深化改革以经济体制改革为重点，而有效市场与有为政府的结合则是其中的关键。就中国的实际而言，有效市场与有为政府结合的重中之重在于规范政府的行为，这里的规范不仅指约束政府对于经济过程的干预，而且指促使政府提供制度性规则、监督制度性规则的执行。因此，正确处理政府与市场之间关系必然要求系统的制度革新。

三、公共利益、政治能力与社会主义市场

全面深化改革所要建立的有效市场必须是社会主义市场，也就是服务于公共利益、全体人民共同富裕的市场经济。因此，在全面深化改革的过程中，一方面要通过制度革新实现市场在资源配置中的决定性地位，另一方面要通过制度建设保证市场经济的社会主义属性。人民的主体地位和人民的整体利益是社会主义的首要原则，社会主义市场经济必须遵循公共利益和共同富裕的原则。有效的市场诚然是物质财富的基础，但它并不能自动保障发展成果由全体人民共享的实现，这就需要相应的制度安排为公共利益和共同富裕提供有力的支持。这样的制度安排只能是政治体制，只有政治体制才有能力凝聚社会力量来防御市场肆意侵蚀公共利益，也只有政治体制才有能力控制市场创造的财富在共同富裕的基础上进行分配。

公共利益是存在于私人利益之中的共同利益，它不是私人利益的总和，而是千差万别的私人利益中的相同部分。公共利益就是卢梭所说的从"众意"中抽象出来的"公意"。公共利益是私人利益实现的基础，私人利益实现的程度则是对公共利益的检验。私人利益多以群体利益、行业利益、地区利益等形式出现，公共利益则多以国家利益或者人民整体利益的形式出现。因此，公共利益总是同国家制度密切联系在一起，正如亨廷顿所言："制度利益与公共利益不谋而合。"市

场是促进公共利益的重要手段，因为有效的市场能够推动经济长足发展，而经济发展当然是一种至关重要的公共利益。但是，市场对公共利益的影响是双重的，它同样会损害公共利益的实现。由此可见，使市场在资源配置中发挥决定性作用，既是对市场地位的充分肯定，又是对市场发挥决定性作用领域的明确限定。

市场必须在资源配置中发挥决定性作用，在社会领域则必须限制市场的影响。市场有着天然的扩张倾向，在盈利和竞争的驱动下，市场试图将一切事物都转化为商品进行交易，即使这种商品化的行为对公共利益造成了严重的损害也毫不在意。波兰尼在批判市场经济时尖锐地指出，市场有着野蛮的本性，它不断地将土地、劳动力、货币、自然界都商品化，甚至会摧毁人类社会，变自然界为荒野。市场对经济发展的推动往往不可避免地造成社会领域与自然界的损失。也就是说，市场在经济领域实现的公共利益在很大程度上要以牺牲社会领域与自然界的公共利益为代价。中国市场化改革以来越发严重的民生问题、环境问题、社会冲突激化等，就是市场损害公共利益的典型写照。自然界是不能行动的，因此抵制市场损害公共利益的力量只能是能动的社会，在中国的政治语境中，能动的社会就是在政治体制的支撑下凝聚而成的人民整体力量。

市场对公共利益的损害还集中体现在阻碍共同富裕的实现上。市场对物质财富的分配并不遵循平等的原则，而是以市场交换能力为根本信条，即市场主体所获得的财富份额主要根据市场主体所具有的资源的价值来确定，其结果必然导致严重的经济不平等。托马斯·皮凯蒂对世界各国财富分配的研究表明，经济不平等是现代社会的长期趋势，特别是在市场全球化的 20 世纪，经济不平等的程度得到了快速的发展。中国经济不平等的程度在建立社会主义市场经济体制之前一直处在比较低的水平，但从 20 世纪 90 年代中期开始，在市场经济的催化作用下，经济不平等的程度迅速扩大到严重的地步。所谓严重的经济不平等并非是指公民个人之间的差距，而是指群体之间的差距，突出地体现在地域不平等、行业不平等、阶层不平等方面。严重的经济不平等与共同富裕是背道而驰的，只有将经济不平等降到基尼系数的警戒线以下，全体人民的共同富裕才能实现。

市场对社会领域和自然界中的公共利益的损害，诚然同市场经济的本性有着重大联系，如果不对这种损害进行有力的限制，那么，市场在经济领域中创造的公共利益将得不偿失，甚至不可能继续创造公共利益。对市场损害公共利益的倾向不加限制的市场经济，只是服务于少数人利益的"小众经济"，而社会主义市场经济只能是服务于公共利益的"大众市场经济"。要使市场经济服务于公共利益、限制市场经济对于公共利益的损害，不能借助政府对经济领域的直接干涉来实现，否则会影响到市场在资源配置中的决定性作用，唯一可以使用的力量只能是社会。凝聚成为整体的社会，是防御市场肆意扩张、控制市场对公共利益进行损害的基本保障。社会力量的凝聚必须在政治体制的基础上进行，社会能否凝聚成为一个整体、是否能够成为强大的力量，取决于政治体制的能力是否强大。

政治体制是联结国家与社会的纽带，集中反映了政权的性质与运行规则，国家与社会之间关系的具体状态取决于政治体制的能力。政治体制的能力或者说政治能力，是指构建国家与社会之间相互支持关系的国家治理能力，它具体体现在协调社会冲突、凝聚社会共识、维护政治秩序、增进公共利益、改善公民权利等过程中。政治能力的实质是在尊重社会力量的同时承认社会力量的欠缺。进而言之，社会内部的多样性与复杂性使其不能纯粹依靠自己凝聚起强大的力量，这就需要政治体制来协调社会内部的关系，将相互冲突的社会力量凝聚成为人民整体力量。在政治体制的基础上凝聚而成的人民整体，就是同政治体制同构在一起的力量。

强大的政治能力是建立成熟的社会主义市场经济体制所不可或缺的，只有强大的政治能力才能使社会在政治体制的支撑下凝聚成为人民整体力量，而人民整体力量则是控制市场肆意扩张、侵蚀公共利益的基础。具体而言，可以从以下三个方面进行解释：

首先，人民整体力量是市场扩张的底线，市场不可能将人民整体力量转化为商品进行交易。市场具有将一切有利可图的事物都变成商品进行交易的本性，这正是市场力量强大的原因所在。但是，人民整体力量无法被市场变成商品进行交易，不仅因为人民整体力量并不具备盈利的条件，而且因为没有任何市场主体能够占有人民整体力量并将其买卖。事实上，一旦市场侵蚀到社会领域，作为人民整体力量主要构成部分的工人阶级、农民阶级、中产阶级，或是独自或是联合起来发起自我保护运动，抵制市场力量的肆虐。由此可见，市场力量反而是推动人民整体力量凝聚和发展的动力，人民整体力量则始终是反制市场力量的根本。

其次，人民整体力量是社会的集大成者，它的凝聚过程实际上是社会领域的建设和治理的过程，其重点是将市场力量侵蚀的社会领域找回来，从而将市场力量规范在经济领域之中。我国在从计划经济体制向市场经济体制转型的过程中，同人民生活福利密切相关的教育、医疗、养老、住房等社会领域的关键方面，都出现了市场力量过多扩张的问题；社会领域的公共利益遭到了严重的损害，彰显出社会建设和社会治理的重要性。在完善社会主义市场经济体制的过程中，必须实现经济体制改革、政治体制改革、社会体制改革的协调推进，在凝聚人民整体力量的过程中推进社会建设、创新社会治理，将涉及重大民生问题的社会领域置于政治体制的支持之下，防止市场对于社会领域的公共利益的损害，恢复社会领域的本来面貌。

最后，人民整体力量是国家政权的最终控制者，它要求政府必须积极回应社会大众的诉求，通过公共政策的实施致力于人民利益的实现和改善，保障共同富裕目标的实现。复杂多样的社会力量在政治体制的支撑下凝聚成为人民整体力量时，将不同的利益诉求也充分表达了出来。只有当政治体制通过整合复杂的利益诉求形成公共利益时，人民整体力量才能形成并维持下去。与此同时，公共利益构成了制定和实施公共政策的准绳，人民整体力量则是保障公共政策有效落实的基础。从限制市场对于公共利益损害的角度来看，我国的公共政策必须将减低经济不平等程度、实现共同富裕作为重要内容，没有人民整体力量的支持，公共政策是不可能制定和落实的。因此，在全面建成小康社会、实现共同富裕的过程中，必须深化政治体制改革以塑造强大的政治能力，进而为人民整体力量的凝聚提供关键支撑。

四、全面深化改革的国家治理逻辑

正确处理政府与市场之间的关系，完善社会主义市场经济体制，是全面深化改革的重点内容，但单纯进行经济体制改革并不足以实现建立成熟的市场经济体制的目标，只有同时具备强大的政治能力才能凝聚人民整体力量，从而控制住强大的市场力量并使之服务于增进公共利益和实现共同富裕。强大的政治能力是政治体制有效运转的结果，要在完善社会主义市场经济体制的同时具备强大的政治能力，必须在进行经济体制改革的同时推进政治体制改革。中国的政治体制是以中国共产党为领导核心的人民民主专政，强大的政治能力正是人民民主体制的独特优势所在。但是，社会主义市场经济体制的发展和完善，中国社会发生的巨大变化，无不要求重新塑造与时代相适应的强大政治能力。

重塑与时代相适应的强大政治能力必须推进政治体制改革。马克思指出，所谓国家制度无非是政治国家与非政治国家之间的相互适应。毫无疑问，政治体制是国家制度的核心组成部分，国家与社会之间恰恰是由政治体制作为纽带建立了稳定的联系，而且政治体制正是在构建国家与社会之间相互支持的过程中锻造出了强大的政治能力。国家与社会之间相互支持的基础在于人民整体力量的凝聚，关键在于发展人民民主，所以推进政治体制改革必须始终坚持人民民主、发展人民民主，也就是坚持和完善人民民主专政。坚持和完善人民民主专政的核心内容，则是通过制度革新，完善党的领导，提高人民当家作主和依法治国的水平。

中国共产党的领导是人民民主专政的核心，党的组织同整个国家制度高度融合在一起，甚至可以说党已经成为"国家的灵魂，构成了国家最深刻的内容"[1]。推进政治体制，重塑强大的政治能力，首先要改革和完善党的领导。改革和完善党的领导，既要改革党领导国家与社会的方式，又要改革党的组织体系。就前者而言，党必须在宪法和

---

[1] 陈明明：《作为一种政治形态的政党——国家及其对中国国家建设的意义》，《江苏社会科学》2015 年第 2 期。

法律的范围内活动，按照法定规则进入国家机关，运作国家机关，从国家机关内部领导国家机关。就后者而言，党必须强化组织体系建设、纪律建设、群众路线建设、使命责任建设，从而始终保持自身的先锋队性质。过去几十年里，在改革和完善党的领导方式方面，中国共产党取得了重要的成绩，但也面临腐败、脱离群众、悬浮于社会等问题。我们党的根基与生命力在于群众，因此我们党必须将改革组织体系作为重中之重，努力扎根群众，将自身的组织体系同整个社会融合在一起。只有党获得了坚实的社会基础，人民民主专政才能具备强大的政治能力。

人民当家作主是公民通过多种途径和方式，管理国家事务、社会事务、经济文化事务。公民对于国家事务、社会事务、经济文化事务的管理过程，不仅是公民充分表达自身利益诉求的过程，而且是协调利益冲突、凝聚社会共识、形成公共利益的过程。不言而喻，人民当家作主落实的程度将直接决定公民利益表达的程度，也将直接决定公共利益能否从纷繁复杂的社会利益中提炼出来，进而最终决定了公民利益能否在公共利益不断增进的基础上获得持续改善。人民当家作主实际上成为政治能力的重要标尺，人民当家作主的程度越高，公民利益与公共利益之间的兼容性就越高，人民整体力量的凝聚就越有效，政治能力也就越高。推进政治体制改革以重塑强大的政治能力，必须走选举民主与协商民主两种途径，从政治民主、社会民主、经济民主三个领域，提高人民当家作主的程度。

依法治国是党的领导与人民当家作主的根本保障，因为依法治国的核心思想就是依照规则治理国家，任何组织和个人都必须服从规则，而党的领导与人民当家作主是根本规则即宪法的基本精神。推进政治体制改革以重塑强大的政治能力，必须扎实推进依法治国，不断完善规则，改革和完善国家制度，从而使党的领导与人民当家作主获得系统性的程序保障，也使党的领导过程与人民当家作主的过程更加透明、稳定、合理。依法治国除了通过保障和改善党的领导以及人民当家作主来影响强大政治能力的塑造之外，还是维持强大政治能力的重要条件。当强大的政治能力被塑造出来之后，如果得不到法定规则的支撑，则难以长久维持，因而扎实推进依法治国，保障政治体制有效的运转，就成为维持强人政治能力的必然选择。

总体来看，全面深化改革体现了国家治理的深刻逻辑。为了增进公共利益、改善国家治理的水平，必须使市场在资源配置中发挥决定性作用，从而为物质财富的持续增长提供基础。但市场经济在创造物质财富的同时也会损害公共利益，因此在排除政府直接干预的可能性之后只能利用社会力量来控制市场。控制市场的社会力量是指在政治体制支撑下凝聚而成的人民整体力量，在全面深化改革的过程中必须扎实推进政治体制改革，重新塑造与时代发展要求相适应的强大政治能力。推进政治体制改革以重塑强大的政治能力，同正确处理政府与市场的关系，是全面深化改革的两个相辅相成的重要方面，在完善中国特色社会主义制度、实现国家治理体系和治理能力现代化的过程中，强大的政治能力是至关重要的支撑。

（摘编自《南京社会科学》）

作者：汪仕凯［华东政法大学政治学与公共管理学院教授］

万劲波：政府、市场和社会多方协同　提升科技创新治理体系整体效能

　　党的十八届三中全会首次提出"国家治理"概念。党的十九届四中全会就坚持和完善中国特色社会主义制度、推进国家治理体系和治理能力现代化提出了新的更高要求。习近平总书记强调："创新决胜未来，改革关乎国运。科技领域是最需要不断改革的领域。"[①]科技创新治理体系和治理能力现代化是国家治理体系和治理能力现代化的重要内容和基础支撑，是科技强国和现代化强国的重要标志和制度保障。

　　科技创新治理体制是指国家层面科技创新及管理的机构设置、职责、使命定位、权利义务关系、运行机制等体系结构和制度框架。科技创新法律和政策体系是由政府制定或认可的一整套有关科技创新及管理的行为规则、行动指南和社会秩序。作为第一生产力和第一动力，科技创新是全局性和系统性的，既有外溢性又有衍生性，既有自主性又有公共性，需要政府、市场与社会机制协同发挥作用，以提升治理体系的整体效能。

　　[①]《瞄准世界科技前沿引领科技发展方向　抢占先机迎难而上建设世界科技强国》，《人民日报》2018 年 5 月 29 日。

一、科技体制改革助力中国成为科技大国

改革开放之初，科技体制改革率先启动。1978 年，全国科学大会作出"科学技术是生产力、四个现代化的关键是科学技术的现代化"等重要论断，我国迎来"科学的春天"。1985 年，党中央作出科学技术体制改革重大决策，明确指出"随着城乡经济体制改革的逐步展开，必须相应地改革科学技术体制，这是关系我国现代化建设的一个重大问题"，开创了科技事业发展新局面。1992 年，邓小平同志发表南方谈话，极大地推动了我国改革开放进程。1995 年，党中央提出实施科教兴国战略。世纪之交，党中央提出实施人才强国战略。2006 年，《国家中长期科学和技术发展规划纲要（2006—2020 年）》发布，全面推进中国特色国家创新体系建设。

党的十八大以来，创新驱动发展战略深入实施，全面深化改革系统推进，科技体制改革的系统性、整体性、协同性不断增强，科技创新治理能力进一步提升。2015 年 3 月，中共中央、国务院发布《关于深化体制机制改革加快实施创新驱动发展战略的若干意见》；同年 9 月，中共中央办公厅、国务院办公厅发布《深化科技体制改革实施方案》《关于在部分区域系统推进全面创新改革试验的总体方案》。2016 年 5 月，中共中央、国务院发布《国家创新驱动发展战略纲要》；同期，习近平总书记在全国科技创新大会、两院院士大会、中国科协第九次全国代表大会上发表题为《为建设世界科技强国而奋斗》的重要讲话，开启了建设世界科技强国的新征程。

40 多年的科技体制改革，助力中国快速工业化并成长为科技大国。科技创新法律和政策体系逐步完善，全面涵盖创新及管理主体、创新要素、创新网络、产业创新、区域创新和创新生态。一方面要

总结科技体制改革实践中的好经验好做法，将成熟的经验和做法上升为制度、转化为法律。另一方面也要看到，中国的科技体制是在快速追赶发达国家过程中建立的，是在从计划经济向市场经济转型过程中完善的，追赶型和管理型科技体制难以满足建设科技强国的新要求。2035 年，中国要进入创新型国家前列，需要加快建立引领型和治理型科技体制，促进改革理念、制度和政策工具系统转型、综合配套，完善科技创新治理体系，提升总体治理效能。

二、科技创新治理仍有大量工作要做

党的十九大开启全面建设社会主义现代化强国新征程，从治理体系和治理能力现代化高度进行了新的改革部署。党的十九届二中全会研究部署宪法修改。党的十九届三中全会研究部署深化党和国家机构改革。习近平总书记指出，完成组织架构重建、实现机构职能调整，只是解决了"面"上的问题，真正要发生"化学反应"，还有大量工作要做。[①] 党的十九届四中全会研究部署坚持和完善中国特色社会主义制度、推进国家治理体系和治理能力现代化，对科技体制改革提出了更高要求。

2018 年，中国人均 GDP 接近 1 万美元，标志着中国刚好进入"效率驱动向创新驱动转型"发展阶段。据北京大学刘俏教授估测，美国、德国、日本分别于 1988 年、1998 年和 2004 年达到人均 GDP 3.5 万国际元，而中国预计到 2035 年可达到这一数字。未来，科技创新将日益社会化、平台化、网络化、数字化、国际化，创新要素跨行

---

① 《习近平出席深化党和国家机构改革总结会议并发表重要讲话》，新华网 2019 年 7 月 5 日。

业、跨领域、跨区域全球流动，科学、技术、创新、发展的范式变革加速迭代，新的研发组织和创新模式深刻改变着创新体系和创新生态的结构。政府要顺应创新主体多元、形式多样、路径多变的新趋势，将科技体制改革嵌入全面发展改革体系之中，以全面创新驱动引领实现更高质量、更有效率、更加公平、更可持续的全面发展。

面向 2035 年进入创新型国家前列的更高要求，我国科技创新治理还有大量工作要做。一是从追赶型和管理型科技体制向引领型和治理型科技体制转变。完善科技创新决策咨询制度，增强决策的科学性、权威性；完善公众参与制度，确保决策的公信力、执行力。二是构建现代化创新体系和创新治理体系，着力解决"内部失灵"和"系统失灵"等问题，全面提升创新体系和创新治理体系整体效能；明确政府科技创新管理央地事权和责任划分，从"研发管理"向"创新治理"转变，中央重点"抓战略、抓规划、抓政策、抓服务"。三是建立现代高校院所制度，完善高校院所及国家战略科技力量内部治理机制，发挥社会主义市场经济条件下新型举国体制优势，保障科研机构、创新团队和科研人员的学术自主权。四是构建创新友好的市场化法治化国际化营商环境，建立健全产学研深度融合、协同创新的体制机制，切实提升企业技术创新主体地位，"打好产业基础高级化、产业链现代化的攻坚战"。五是协同推进供给侧结构性改革，构建与科技强国相匹配的科技创新法律和政策体系，包括科技创新和科技创新促进经济社会发展相关法律和政策体系；建设一支高水平的创新人才队伍，厚实创新人才根基；深化与科技强国、"一带一路"等双边多边科技创新合作，提升全球创新治理能力。

三、切实把制度优势转化为治理效能

从发展历程看，我国科技创新法律和政策体系建设经历了三个阶段，关注重点从"科技发展"到"科技促进发展"再到"全面创新驱动引领全面发展"。未来要统筹发挥好政府主导作用、市场决定性作用和科学共同体自治作用：政府机制方面，构建符合科技创新和产业发展未来需求的制度体系，明显提高科技创新管理的法治化水平；市场机制方面，破除阻碍创新和公平竞争的体制机制弊端，提供普惠、精准、平等的制度供给，形成创新友好的市场环境和营商环境；社会机制方面，完善以信任和包容为前提的科研管理机制，改进科研伦理规范和学风建设，构建以诚信和责任为基础的创新生态，充分激发全社会创新创业创造活力。

未来要构建多元参与、协同高效的科技创新治理体系，切实把制度优势转化为治理效能。一是强化国家科技决策咨询机制建设，按照科学、技术和创新的不同发展规律，支持多元主体参与宏观决策咨询，统筹优化公共科技资源配置；拓展科技创新治理社会参与机制，加强科普和创新文化建设，发挥各类新型研发组织、行业协会、基金会、科技社团等在推动创新中的作用。二是转变政府科技创新管理职能，建立学习型政府、服务型政府、法治型政府，明确不同行政部门职责范围，大幅减少职能重复，加快从基于行政隶属关系的"命令控制型"管理向基于法律契约关系的"权利义务型"治理转变。三是明确高校院所及国家战略科技力量的使命定位和内部治理机制，深化以"还权赋权"和"效能提升"为特征的治理模式改革，大幅解除不必要的政府管制；以技术、资本、人才市场为纽带，强化技术创新市场导向，严格保护产权和创新者合法权益，营造公平竞争的市场环境，由市场和企业来决定竞争性的新技术、新产品、新业态开发；优化战略科技力量建设布局，培养造就一大批具有国际水平的战略科技人才、科技领军人才、青年科技人才和高水平创新团队。四是将科技创新治理体系嵌入国家治理体系，把解决体制性障碍、结构性矛盾、政策性问题统一起来，协同推进科技与经济、教育、人才、社会、文化、生态等体制机制改革，全面提升劳动力、知识、技术、管理、资本、信息等要素供给质量与效率。五是完善新时代科技创新法律和政策体系，保障激励相容；建设自主、协同、开放的创新体系，共享平台体系，鼓励大众创新；适应国际国内形势的新变化、新要求，统筹国内国际两个大局，用好国内国际两种资源，大力提升科技创新及治理的国际化水平。

（摘编自《科技日报》）

作者：万劲波［中国科学院科技战略咨询研究院研究员］

▲

第七编

推动社会主义文化繁荣兴盛与
文化治理

▼

▶ 发展社会主义先进文化、广泛凝聚人民精神力量，是国家治理体系和治理能力现代化的深厚支撑。必须坚定文化自信，牢牢把握社会主义先进文化前进方向，围绕举旗帜、聚民心、育新人、兴文化、展形象的使命任务，坚持为人民服务、为社会主义服务，坚持百花齐放、百家争鸣，坚持创造性转化、创新性发展，激发全民族文化创造活力，更好构筑中国精神、中国价值、中国力量。

高宏存：改革开放 40 年文化体制改革的主要成就与趋势展望

肇始于 1978 年的改革开放掀开了当代中国文化发展的崭新一页，改革开放 40 年，是中华文化蓬勃发展的 40 年，也是中国文化体制不断探索深化创新变革的 40 年。改革开放 40 年，中国文化体制发生了巨大变化。随着计划经济体制向市场经济体制转型，文化管理体制改革不断深化，实现了新的文化管理制度转型。文化体制改革从局部到整体，从机制创新到体制改革不断深化，并正在向国家、市场、社会共治格局的新时代迈进，担负起新时代社会主要矛盾转化给文化发展赋予的历史使命，更好地满足新时代人民群众对美好生活新期待的需求，以实现我国文化治理体系和治理能力现代化。

一、40 年文化体制改革的主要成就

改革开放开启了我国社会主义制度自我完善更新的新历程，文化体制改革是我国制度改革创新的重要组成部分。改革开放 40 年来，我国文化体制改革从启动、发展到全面展开，经历了一个从组织结构调整到文化机构所有制格局扩展，从文化行政管理体制机制创新到文化生产和消费格局拓展，从专注国内文化发展到全面对外文化交流格

局塑型，无论是宏观体制还是微观机制都发生了显著变化，极大地解放和发展了文化生产力，文化体制改革取得巨大成就。

（一）文化发展成为国家整体战略的有机构成部分

相较于其他领域，文化体制改革的展开过程逐步印证了中国共产党对文化价值地位认识的深化。随着文化政策目标和价值重心的转移，文化体制改革的实现过程也经历了政策设计由零散式走向整体性、文化价值地位从辅助性社会资本到国家战略中心，文化领域改革发展最终从边缘走向中心，文化建设成为整个国家复兴的战略资源和竞争软实力，文化发展成为国家整体战略的有机组成部分。

第一，理念层面上文化属性和价值功能的全面认识和逐步深化。文化领域本身存在解放思想提高认识的问题，特别是关于文化属性的全面认识就是一个巨大突破和进步，集中体现在对"文化市场"和"文化产业"的合法性认可，以政府管理部门设置相关机构作为标志。长期以来，大家只对文化的意识形态属性有判断和认知，随着我国经济社会发展，市场力量开始向传统文化领域渗透，尤其是放松管制带来社会"第二空间"的出现。例如，1979 年在广州出现了第一家音乐茶座，港台流行音乐、大众言情武侠小说等涌向大陆，普通人文化娱乐生活的选择丰富了起来。卡拉 OK、营业性舞厅等新鲜事物出现在普通市民的文化生活中，这给普通大众带来了丰富的文化生活，也给社会带来反思文化属性内涵的机会，首先集中体现在如何认识"文化市场"的问题。1987 年，文化部、公安部、国家工商行政管理局发布了《关于改进舞会管理问题的通知》，正式认可营业性舞会等文化娱乐经营性活动；1988 年，文化部、国家工商行政管理局发布《关于加强文化市场管理工作的通知》，正式提出"文化市场"的概念，同时明确了文化市场的管理范围、任务、原则和方针；1989年，国务院批准文化部设立文化市场管理局，从政府管理的组织机构上开始建立全国性文化市场管理体系。同时，"文化产业"概念被接受并正式进入党和政府管理组织视域。1998年8月，国务院批准文化部设立文化产业司，这是政府部门第一次设立文化产业专门管理机构。2000年10月，《中共中央关于制定国民经济和社会发展第十个五年计划的建议》提出了"深化文化体制改革""完善文化产业政策"的任务，并首次在政府文件中使用"文化产业"概念。而且，在2002年10月党的十六大报告中明确提出："完善文化产业政策，支持文化产业发展，增强我国文化产业的整体实力和竞争力。"自此，文化的商业属性或经济属性被社会所普遍接受，各地区也开始把文化产业看作经济发展的重要部门。文化属性认识超越单一、简单的意识形态属性，文化兼具意识形态和商业双重属性的理论判断，快速推动了管理政策创新，为更加全面推进文化改革发展创造了条件。

第二，文化建设在经济社会发展整体格局中的地位逐渐凸显。中国改革开放的实践路径，是一个先易后难、先农村后城市、先经济后政治、文化各领域的路径，其中，经济改革议题始终是社会关注和国家工作的重心。文化在经济社会发展整体布局中的地位，客观地说，有一个从边缘到中心的变化过程。到党的十六大，文化建设目标任务才被纳入国民经济社会发展的总体规划，文化发展战略才被纳入国家整体战略。

文化体制改革是一个系统工程，具有价值整体性、政治敏锐性，牵涉文化领域广泛而深刻的变革，兼及经济基础和上层建筑许多领域。1978 年文化领域改革先从文艺院团入手，在内部运营机制上借鉴引入经济领域正在实践的"承包责任制"，破除了统包统管的僵化机制，激发传统艺术院团的活力。在报刊出版界，财政部等部门批准《人民日报》等 8 家报刊单位实行"事业体制，企业化管理"，这都是文化领域回应经济界生产经营机制改革的具体体现，在政策构建上虽无法做到有意计划或周密设计，但也拉开了文化领域改革的序幕。

确立文化建设在国家现代化建设中独立地位的渐次展开过程，从历次党的全国代表大会、中央全会、党代会全会决议对文化定位和价值目标设定中得到体现。改革开放后，党的工作中心从阶级斗争转入经济建设，文化建设虽然已经逐渐成为国家现代化建设的重要领域，但站在现代化建设全局谋划文化建设，乃至在国家实施五年计划中规划制定文化发展改革专项计划，却是在经历了文化体制改革单兵突进到顶层设计的转折过程后实现的。

梳理历次党的全国代表大会、中央全会、党代会决议文件可以看到，文化价值定位在深化中占据了更加独立、更加重要的位置，逐步凸显了文化建设的核心地位。1986 年 9 月，党的十二届六中全会通过了《中共中央关于社会主义精神文明建设指导方针的决议》，在当时意识形态斗争形势比较突出的环境下，明确了精神文明建设的战略地位、根本任务和基本指导方针，是新时期加强社会主义精神文明建设的纲领性文件，从较为宽泛意义上探讨了文化领域建设问题。1996年 10 月，党的十四届六中全会通过了《中共中央关于加强社会主义精神文明建设若干重要问题的决议》，主要讨论了思想道德和文化建设问题。再度聚焦精神文明建设，并强调物质文明与精神文明协调发展，两手抓、两手都要硬，促进巩固中国特色社会主义市场经济的发展方向。1997年9月，党的十五大围绕建设富强民主文明的社会主义现代化国家目标，明确提出要实现物质文明、政治文明和精神文明全面发展，把精神文明纳入"三位一体"的社会主义"三种文明"建设总体布局。至此，围绕文化建设价值和地位的认识，又向前推进一步，战略中心地位价值更加凸显。2002年11月，随着党的十六大明确提出经济建设、政治建设和文化建设"三位一体"战略布局，文化建设的边缘地位开始发生实质性转变，从国家现代化建设布局的边缘走向了中心。2007年11月，党的十七大从中国特色社会主义事业"四位一体"总体布局的战略高度，提出兴起社会主义文化建设新高潮、推动社会主义文化大发展大繁荣的战略任务。2011年10月，党的十七届六中全会通过《中共中央关于深化文化体制改革、推动社会主义文化大发展大繁荣若干重大问题的决定》，在党的历史上第一次以中央全会专题研究文化建设问题，明确提出建设中国特色社会主义文化发展道路，建设社会主义文化强国目标，提高国家文化软实力和竞争力，在文化建设历程中具有重要的里程碑意义。党的十八大以来，以习近平同志为核心的党中央统筹推进"五位一体"总体布局，强调坚定文化自信，坚持中国特色社会主义文化发展道路，推进文化体制改革、推进体制机制和观念创新，形成了新时代中国特色社会主义文化建设思想，是指导新时代文化改革发展的行动指南。2017年5月，中共中央办公厅和国务院办公厅联合印发的《国家"十三五"时期文化发展改革规划纲要》中明确提出，"全面建成小康社会，迫切需要补齐文化发展短板"，吹响了全面推进文化建设的号角，再次明确了文化建设在整个国家现代化建设布局中的核心地位。总之，与国家所处经济社会发展的阶段性相适应，文化体制改革推进过程的顶层设计的成型与制度完善，是在整个社会发展中渐次展开的，也符合制度形成的规律。文化体制变革在实践推动与改革发展中、文化事业在注重建设与管理探索统一中得到完善，既推动了文化领域中国特色社会主义制度的自我完善和发展，也推进了中国特色社会主义文化的发展与繁荣。

（二）以体系化文化政策为表征的文化制度日渐完善

改革开放以后，文化体制改革从启动、发展走向全面深化，在政策体系建设中，改革从文化机构到整个文化体制，从局部侧面到整个领域，从运作机制到体制重塑，最终实现了文化体制改革的基本制度塑型。

第一，市场化导向作为改革根本方向始终坚持。伴随中国社会主义市场经济体制建立完善过程，推进重点领域文化体制改革，无论存量改革还是增量培育都要坚持与市场经济体制改革相适应的思路。

一是政府自身改革不断调整机构和职能，以求与文化改革实践相适应。突出体现在部门新设、部门拆解合并，从中央到地方，在文化产业改革、国有文化资产管理、网络新生业态发展、文化执法机构建设等领域，反复调整部门设置以整合职能，完善政府管理。特别是党的十六大以来，文化体制改革的顶层设计最终成型。针对文化体制改革中的问题，中央提出从根本上"树立既符合社会主义精神文明建设的特点和规律，又适应社会主义市场经济发展要求的新文化发展观"，全面推进文化体制改革。中央层面推动新闻出版、广播电视管理整合，推动"三网融合"实质性深入，在融合发展趋势变革中以机构整合展现管理改革实绩。地方层面推动文化、新闻出版、广播电视管理部门整合，力度更大。有的省份甚至把旅游、体育等部门也整合到大文化部门，新一轮文化管理大部制改革，改变了长期分业管理的分割局面，在新的融合跨界改革中提高文化管理的实效和水平，符合政府管理重点走向和产业发展趋势，以改革促进文化生产力解放和文化发展。

二是重塑市场化主体，培育新型文化市场主体。随着文化市场的不断成熟，文化领域回归文化建设社会化发展，政府机构所附属的文化单位必须独立自主进行文化产品生产和服务开展。但长期僵化的管理体制在某种程度上形成了传统文化事业单位的思维和发展惯性，依附性强、行政化色彩浓，独立生存能力弱，文化建设工作难以有效开展。因此，传统文化事业单位如何走出对原有体制依赖的能力短缺，成为不断推进市场化改革中文化体制改革探索的重点。这可以从文艺院团改革中得到典型体现。从改革开放伊始的所有制改革、内部运营机制探索，一直到党的十六大以后基于"二分法"标准的提出，把公益性质与经营性质统筹分类推进，把大部分文艺院团转企改制、成立演艺集团，这个领域市场主体重塑过程才算完成。新闻出版领域市场主体重塑也在随后展开，国有艺术院团、非时政类报刊、重点新闻网站等不同市场化主体重塑一直延续到党的十八大以后，继续完善国有经营性文化单位转企改制的市场化改革进程，改革中实现了"可核查，不可逆"的目标设定，全国注销事业法人近7000个、核销事业编制近30万人，真正适应市场改革需求的市场主体逐步建立。同时，相关文化经济政策从党的十六大以来，持续丰富跟踪推进，直到2014年4月，国务院批准了中央宣传部、科技部、财政部等有关部门拟定的《文化体制改革中经营性文化事业单位转制为企业的规定》和《进一步支持文化企业发展的规定》，两项政策修订完善了一系列推动文化体制改革的经济政策，成为新一轮文化体制改革推进的有力支撑。除了推动原有国有文化单位企业化改革之外，还不断规范管理、降低准入门槛，积极培育社会性文化机构，特别是互联网文化领域更是突出，形成了以"BAT"、猪八戒网、B 站等一批具有国际竞争优势的高科技网络文化"航空母舰舰队群"，提升了我国文化企业在新生文化领域的国际竞争力。截至 2017 年 12 月 31 日，沪深股市共有文化上市公司超 192 家、总市值 23675.96 亿元，分别占沪深股市上市公司总数和总市值的 5.5%、4.1%。2018 年 3 月 19 日，十三届全国人大一次会议审议国务院机构改革方案，决定组建文化和旅游部。2019 年 1 月，据财政部、中宣部联合发布的《国有文化企业改革发展报告（2018）》统计，截至 2017 年年底，全国国有文化企业资产总额 45662.2 亿元，实现利润总额 1481.2 亿元。根据国家统计局数据，2018 年全国规模以上文化及相关产业企业 6 万家，实现营业收入 89257 亿元，同比增长 8.2%。文化产业占 GDP 的比重稳步上升，成为国家加快新旧动能转换、推动经济高质量发展的积极支撑。简而言之，文化体制改革过程对不同传统文化事业单位的改革重塑，与这个阶段国家开展的事业单位改革相协调，也是国家推进科技、教育、医疗、文化等事业单位改革的重要组成部分。不但传统经营性文化事业单位转企改制，而且新兴文化市场主体培育，都成为文化市场建设的重要内容，成为推动文化产业持续发展的前提和基础。

三是在公共文化服务领域，文化体制改革的创新集中体现在公共文化服务社会化的扎实推进，集中体现在文化类社会组织培育发展、政府文化服务项目采购实践、国有公益性文化机构法人治理结构建设以及文化志愿服务活动、民营公共文化服务供给主体扶持等改革举措。

第二，文化政策创新走向体系化。文化政策是国家文化制度完善的突出领域，改革开放不断引入国际文化理念，推动了中国文化政策的创制，文化政策的价值取向和执行重点不断完善、丰富、细化。

改革开放以来，中国文化政策的创新成绩突出。

首先，文化政策具有明显的阶段性特征。主要划分为三大阶段，"文化发展战略热""文化产业热""公共文化服务体系热"是这三个阶段的外在表现，"文化领域（相对）独立化""文化经济化""文化福利化"是这三个阶段的内在实质。如何适应这三个阶段的发展需求，是我国不断推动"文化体制改革"的主要原因。这一过程在2005年12月中共中央、国务院颁布实施的《关于深化文化体制改革的若干意见》中得到集中体现。作为一部指导文化体制改革的纲领性文献，重申文化体制改革的指导思想、方针原则、基本思路、目标任务，强调以改革为动力，体制机制创新为重点，逐步构建宏观文化管理体制，形成文化生产和文化服务的微观运行机制，构建公共文化服务体系，形成产业格局、现代文化市场体系、文化创新体系，形成中华文化的开放格局，提升中华文化的国际影响力和竞争力。早在2003年12月5日，胡锦涛在全国宣传思想工作会议上就提出了"坚持把积极发展文化事业和文化产业作为宣传文化部门的重要任务"。这些政策价值取向重点的迁移，体现了改革开放进程中文化体制改革的不断深化和重点领域创新，集中体现在市场化改革导向下，系统推进文化事业和文化产业发展，文化遗产保护和优秀文化传统传承、文化交流和对外文化贸易等领域工作。有学者认为，文化政策重心转移突出表现为"四个转变"：在公共政策执行领域，文化建设的地位经历了从"边缘"到"中心"的转变；就政策目标的视角看，文化建设经历了从组织结构调整到全面文化建设的转变；从文化功能定位分析，文化建设经历了从辅助性社会资本到国家现代化发展战略的核心组成部分的转变；在中央政策主导者的意识层面，文化建设经历了从"谨慎"到"自信"的转变。

其次，文化政策出台密集、精细、体系化。特别是党的十六大以后，文化事业领域引入新理念，创制了大量公共文化服务领域的文化政策，推进了公共文化服务体系建设，进一步推动形成了公共文化管理体制。文化产业领域政策创新也实现了从无到有、从孤立到系统的过程。从文化产业政策的类型上看，既有文化产业综合政策，也有配套性政策，如文化金融政策有中央宣传部、中国人民银行、财政部、文化部等九部门联合发布的《关于金融支持文化产业振兴和发展繁荣的指导意见》（银发〔2010〕94号）；既有规范文化发展的政策，也有培植扶持发展的门类行业政策，如《关于大力支持小微文化企业发展的实施意见》（文产发〔2014〕27号）；既有文化行业领域集聚化、网络化、专业化发展的政策，也有跨部门文化政策，如文化旅游政策，有文化部、国家旅游局联合发布的《关于促进文化与旅游结合发展的指导意见》（文市发〔2009〕34号）。整体来说，文化政策的系统化创制既体现了我国文化建设领域的地位提升，也反映了文化改革建设实绩，更因涵盖了文化领域的不同侧面而筑牢了文化政策上升为国家整体发展战略组成部分的基础。

最后，文化建设的自觉推动了一系列国家级文化规划持续出台和制度性设定。2006年9月，《国家"十一五"时期文化发展规划纲要》颁布，这是首个国家级文化建设中长期专项规划，是指导"十一五"

及以后较长时期文化发展的纲领性文献。2012年2月和2017年5月，中共中央办公厅、国务院办公厅先后印发《国家"十二五"时期文化改革发展规划纲要》《国家"十三五"时期文化发展改革规划纲要》。小到社区、大到国家，制定文化规划引领文化发展往常重要，国家级文化规划的持续出台保证了国家文化发展战略与专项战略、整体规划与具体任务的统一，也创造了一种独具特色的文化制度设计。新时代，文化改革还在深化，文化制度还在不断完善，但方向是始终如一的，正如习近平总书记指出的："要在继续大胆推进改革、推动文化事业全面繁荣和文化产业快速发展、建设社会主义文化强国的同时，把握好意识形态属性和产业属性、社会效益和经济效益的关系，始终坚持社会主义先进文化前进方向，始终把社会效益放在首位。无论改什么、怎么改，导向不能丢，阵地不能丢。"[①]

二、文化体制改革趋势展望

从党的十六大以来具有自觉性、整体性、体系化的文化体制改革启动算起，文化体制改革已经开展了十几年，成效卓著。将来，依然拥有很大的调整空间和很多的改革内容，可以说，继续通过组织结构和政策工具创新，沿着中国特色社会主义道路进一步增强国家文化软实力，必然是国家文化建设和公共文化政策议程的主要方向。

（一）以新理念构建文化体制改革新范式

以互联网为核心的媒介变革正在不断渗透经济、文化、社会，成

[①]《习近平关于社会主义文化建设论述摘编》，中央文献出版社2017年版，第185页。

为网络社会崛起的重要推动力量。网络社会的崛起带来社会扁平化结构逐步形成，互联网普及率超过 57%、移动端渗透率已超 80% 的中国社会，文化生产传播消费的内容、方式、模式不断变化，给文化改革提出了新的诉求。数字技术彻底重塑了文化生态，打破了传统的文化内容生产、传播、消费的边界：技术不仅仅体现为一种手段支撑，更是一种新生态的文化载体。"互联网 +"带来了文创产业的生态变革，催生"创意者经济"，发掘了更多人的创意天赋，优化了更扁平的产业组织，带动了更多元的文化社群，从而实现了更广泛的创意来源、更高效的创意生产和更充分的创意认同，推动文化产业成为新经济时代的重要动力。2018 年，我国文化产业增加值已经占国民经济总量的 4.3%，逼近"十三五"末达到支柱产业的战略目标。同时，互联网作为一个媒介和平台，成为整合融汇不同形态文化内容的新介质。网络文学聚合平台上市，游戏产业深海远航，网络大电影风生水起，网剧世界丰富多彩，网生内容创造高峰迭现。因此，互联网给文化内容管理与规制思路带来新挑战，亟须优化互联网文化内容管理。

与文化生态的革命相比，政府管理的思路与模式出现了一种代际偏离，传统管理出现了"结构性"失效问题：管理的线性思维与产业的非线性生态之间的矛盾，管理的滞后性与互联网文化内容发展的超前性之间的矛盾。这种矛盾主要表现在：一方面，网络内容生产和传播领域出现了许多新问题，尚无具体监管政策规定出台，表现出明显滞后性。另一方面，原有部分政策规定已不适应发展变化的新情况。例如，网络直播表演不雅视频、移动短视频生产的"众神狂欢"、网络谣言、网络诈骗等新的网络问题和现象逐渐增多，管理部门无法为其提供系统而权威的政策法规体系，有的只是一些不太完善的部门规章和不具备强制执行性质的规范性文件，远不能满足行业发展需要。同时，微电影、基于算法的短视频等内容传播方式的合法性尚未有定论，更遑论出台明确的规范管理政策。此外，缺乏鼓励性、支持性、保护性的制度，特别是较为系统全面的知识产权保护制度，致使网络盗版、网络侵权等侵犯版权问题不断发生，亟须建立一种规范网络时代数字化生存方式的网络文化产业制度和新治理模式。当前，互联网文化内容管理处于政府、企业和个人用户三方博弈的状态下，基于共享导向和创意友好导向，构建更加包容的多元共治模式，激发创意者生成海量内容产品。新治理模式可以为我国正在推进的"放管服"改革提供有益思考和更多选择，用互联网思维再造政府流程，以更好地适应网络时代文化新生态。

（二）以综合性文化管理机构重组实现职能整合完善

进入信息社会以后，文化与科技、媒介、产业等融合趋势越来越明显，跨界与融合成为文化发展新特征，文化管理也逐步走向融合性规制的思路，文化大部制也是很多国家文化管理实践的趋势。与文化管理走向综合相比较，我们国家迄今为止依然是分行业管理，人为地割裂了文化综合性融合性发展的实际，也导致传统文化管理的失效。党的十八大以来，我国文化管理实践在不断推动文化管理机构整合，如从最初文化执法机构整合到新闻出版广电部门合并。党的十九大召开之前，已经实现了省以下新闻出版和广电部门的合并，有的省份改革步伐力度更大，如海南省一直是文体广电新闻出版一个机构。但文化管理机构设置在一些领域也暴露出不统一的问题，从各省市设置的国有文化资产管理机构不同隶属关系上可窥见一斑。同时，长期以来我们国家的文化管理是"小文化"管理范围，无法涵盖文化生产状况，难以实现有效统筹，也与产业融合潮流不适应。在现代经济中，文化因素越来越重要，经济与文化越来越融为一体。例如，著名品牌就是经济具有文化特性的表现。它以非物质形态存在，但可以反复地转化成物质财富。一个国家，当文化表现出比物质和货币资本更强大力量的时候，当经济、产业和产品体现出文化品格的时候，这个国家的经济才能进入更高的发展阶段，才能具有可持续发展和持续创造财富的能力。城镇化进程中，"建设性破坏"给物质性文化遗产和精神性文化遗产造成了不可逆的损害，"小文化"理念和管理无意中"忽视"了众多文化遗存以及文化新业态，尤其是忽视了一些成长性很好的增量文化资产。

未来如何更好地完善文化管理部门的职能，合理设置管理机构，还需要进一步解放思想完善认识、整合文化职能，以设置更加综合的文化管理机构。党的十九大提出了进一步深化党和国家机构改革，其中在文化管理领域，提出组建文化和旅游部，新闻出版部门合并到中央宣传部，成立国家广播电视总局，组建中央广播电视总台。这些决定已实施，机构设置优化推进了一大步，逐渐淡化行业管理的传统，进一步强化文化价值引领，弘扬主旋律，为民族复兴提供更大的精神支撑。

未来，依然可以从优化职能角度进一步整合机构，寻求文化机构的更大整合。涉及意识形态管理的传媒管理可以成立一个部门，既包含传统新闻出版，也包含网络管理（主要指新媒体）。文化、旅游、体育进一步整合，成立文化、旅游与体育部门，主要围绕公共服务展开，兼及文化产业管理职能，从事文化旅游产业政策、规划等。这样配置机构能够保障国家意识形态安全，有利于实现主流价值引领、公共服务、产业发展更加顺畅，更好地把握产业新生态和市场规律。

（三）以文化基本法立法深化文化治理与管理方式变革

文化治理实现的一个基本前提是文化管理要从传统的依靠行政手段为主，逐步走向多重手段并用，依法管理为主。我国长期的文化管理主要依赖行政手段，在新生文化业态特别是各种网络内容管理中，传统管理往往难以奏效，成为矛盾和争议最多的领域，进一步凸显了文化立法的紧迫性。文化立法滞后，就无法适应国家治理体系与治理能力现代化。

近几年，特别是党的十八届四中全会以后，文化立法节奏明显加快，《电影产业促进法》《公共文化服务保障法》《公共图书馆法》等颁布实施，成为国家文化领域"六法两决定"八部法律的重要组成部分。未来一段时期，文化立法要力求出台文化基本法，如文化内容管理法、传媒法等，依托文化基本法建设，更好地规范文化内容生产管理。同时，提高文化立法的水平和质量。文化立法要在理念创新前提下，尊重文化发展新规律，把握文化生态形态新特点，以"新治理"理论为先导，由传统的命令－控制型模式向规治－治理范式转型，在多方参与治理中强调多元治理、注重治理工具使用，以一种开放式社会化新模式推动文化建设。因此，文化立法要跟上社会变迁与文化新生态变革，能够有效地执行与操作，否则法律实效就会打折扣，难以取得管理实效。

（摘编自《行政管理改革》）

作者：高宏存 ［中共中央党校（国家行政学院）教授］

祁述裕等："国家治理与文化治理能力建设"研究笔谈

　　网络视听、国有文化企事业单位改革与国家文化治理，都是当前我国国家文化治理领域的重要课题，也是提高国家治理体系和治理能力现代化的重要内容。没有文化和文化治理体系以及治理能力现代化，就没有完整意义上的国家治理体系和治理能力现代化。祁述裕等人的《网络视听产业发展亟须优化监管方式》、陈少峰的《国有文化企事业改革与国家文化治理》，对当前我国文化治理领域中几个比较突出的问题，分别从不同的角度展开了论述，对于进一步深入研究这些重大课题极具参考意义。继续深入讨论这些课题将有助于形成具有中国特色社会主义文化治理理论，推进国家文化治理体系和治理能力现代化的实现。

祁述裕、郭嘉、杨传张：网络视听产业发展亟须优化监管方式

　　近年来，我国网络视听产业发展迅速。2012—2016 年，中国网络视频用户规模从 3.49 亿增加到 5.65 亿，增长了 61%。在线视频市场规模从 2012 年的约 90 亿元增长到 2016 年的 609 亿元，年均增幅超过 50%。网络视听产业成为培育新经济的重要引擎，是满足人民文

化娱乐消费的重要途径。

作为新型产业，网络视听产业的发展也面临很多问题。其中一个突出问题是，目前实行的重点网络原创节目备案制度，即网络视听产品在创作规划阶段需进行"规划备案"，在上线之前需进行"上线备案"，这两次备案均需要审核，通过之后，视听产品才可上线。这不符合网络视听产品的特点，与中央"放管服"精神相悖，在业内引起较大争议。

一、备案制的突出问题

2016 年，国家新闻出版广电总局颁布的《关于进一步加强网络原创视听节目规划建设和管理的通知》（以下简称《通知》）规定，从 2016 年 12 月 19 日开始，所有视频网站的网络大电影、网剧、网络综艺等网络视听内容，都必须实行重点网络原创节目备案登记制度。即重点网络原创节目上线前需要进行"规划备案"和"上线备案"两次备案程序，引起网络视听企业的不满。

（1）自审自播制度能够解决内容问题。此前，对网络视听节目的监管一直采取的是"自审自播""谁播出谁负责"的管理方式，同时要求所有网络视听节目"谁签发谁备案"；根据属地管理，审核签发后要到当地广电部门备案，以便出现问题时回查审核单位和审核人员。其中，对于把关不严格，出现播出违规自制视频节目的，将按照规定予以相应处罚。而且，审核的标准制定及审核员的培训由网络视听节目服务协会统一安排，参加培训和考核后的审核员，由视听协会颁发相关证明。这些举措在实践中运行良好。

（2）海量内容审核难度大。网络视听节目数量庞大，种类多样，增长速度快，审核监管难度大。2016 年，网络剧备案 4558 部，微电影和网络大电影备案 5556 部，娱乐类栏目备案数达 611 档 6962 期。其中，网络剧备案部数量同比增长 466%，发展迅速。海量的视频为监管带来了压力，无论是国家新闻出版广电总局还是各省局，监管队伍人员数量十分有限。以北京市为例，北京市属网络视听节目服务持证单位 123 家，占全国网络视听节目服务持证机构的近 1/5，而北京市新闻出版广电局投入网络视听节目备案审查的人员编制不过十余人，即使有外聘专家队伍来辅助审查，也很难满足迅速发展的产业需求。

（3）备案时间过长，影响节目播出。除了原有的上线备案程序之外，《通知》要求，重点网络原创节目在创作规划阶段，还需进行规划备案，取得规划备案号后才可进行上线备案。两次备案全部审核通过之后才能上线。两次备案的审核周期均为 25 个工作日，总共需要 50 个工作日进行审核，如果节目需要修改，则时间更长。受此影响，将大大延长网络视听产品的上线周期，不符合网络视听节目时效性强、更新速度快的特点，给企业造成不必要的负担。

（4）内容审核标准不明确。信息产业部发布的《互联网站管理工作细则》规定互联网站管理工作坚持属地管理原则。比如，我国四大视频网站——爱奇艺、搜狐、优酷、腾讯，腾讯的属地是广东省，其他三家在北京。虽然它们的节目受众相同，但属于不同的监管部门监管。《关于进一步加强网络剧、微电影等网络视听节目管理的通知》规定了网络剧、微电影等网络视听节目不得含有的 10 项内容，但内容审核标准仍然存在不明确的问题，不同地区监管部门在执行过程中会有所差异，也不利于网络视听节目制作单位准确把握这一标准。

（5）对引进境外剧形成较大障碍。由于需要提前备案，引进的境外剧只能在国外播放完之后，才能进行完整的备案，导致引进的境外剧难以在国内同步更新。这一方面会使境外剧上线国内视频网站之前，大量盗版资源在网络滋生，不利于构建清朗的网络空间。另一方面，由于盗版资源更新及时，成为多数观众优先观看渠道，导致引进境外剧的视频网站流失大量观众，损失严重。

二、完善网络视听监管的建议

网络视听产品之所以要在创作规划阶段进行"规划备案"，在上线之前进行"上线备案"，主要依据是网络视听产业管理要坚持线上与线下标准一致。但许多网络视听企业认为，坚持线上与线下一个标准主要是指文化内容监管，审查方式则应该根据网络视听产品总量大、更新快、时效性强等特征，优化监管方式。

探索实行分类管理制度。首先，在文化安全问题上，按照节目题材进行分类管理。对重大题材或者涉及政治、外交、宗教等特殊题材的节目，要加强审查备案。对于一般性题材仍可实行自审自播、谁播出谁负责的管理方式。其次，网络视听产品的内容监管，在保证内容安全的基础上，可考虑在审查方式、监管手段上进行区别和优化。最后，从传播效果和影响力的角度采取"力保头部、兼顾长尾"的思路。头部的节目具有影响力强、及时性强、扩散力强的特点，有限的监管力量更应该投入头部的节目内容中，如网站首页、微博大号、热点节目、新增节目都是监管的重点。长尾部分的节目虽然也在一定人群、一定时间内传播，但由于其热度不大、位置隐蔽，因此应该分类型梳理，总结其传播规律，有针对性地监管这类节目，同时广泛接受社会举报，保持对违规节目的压力。

建立严格问责制度，强化事中事后监管。我国网络视听产业监管工作重点体现在对市场准入的监管和对内容传播的备案审核两个方面，而对网络视听节目事中事后的监管缺乏规范制度。比如，2014 年国家新闻出版广电总局发布通知，指出：对违规播出网络剧、微电影等网络视听节目的网络视听节目服务单位的主要出资者和经营者，广播影视行政部门视情节予以警告、罚款甚至 5 年内不得投资和从事网络视听节目服务的处罚。类似的惩罚制度应该规范用于事中事后监管。

积极利用新技术手段创新政府管理。重视技术力量，以高新技术的支撑，提高监管体系的信息化水平，提升大规模的数据收集及分析的能力，开展动态监测、举报投诉处理甚至线上听证、处罚公示等，提高发现问题的能力。长远来讲，更要针对移动互联网时代的新特点建构适应时代发展的政府监管新模式，可借鉴国外新媒体技术来优化监管环境。国外一些视频网站采用了"安全模式"，该模式可以帮助屏蔽那些虽然符合规定，但不被用户接受或喜欢的内容，如战争或暴力。该技术赋予用户对视听节目更多的控制权和选择权，从而界定"不适合"的内容，使网络视听节目实现了内容层面的差异化传播。此外，2006 年以后，法国法律规定并要求互联网服务供应商履行向用户介绍并建议使用过滤器的义务，该软件可以屏蔽不适合儿童观看的网站。如何针对特定人群与特定空间场所使用必要的过滤软件，也理应成为深化相应监管工作的一个重要方向。

强化案例借鉴，建立监管大数据库。随着网络视听内容生产的不断丰富，诸多以前未曾遇到的情况时有发生，对已有监管案例进行积累并建立监管大数据库具有重要意义。有关部门应建设视听节目监管大数据库，使网络运营商可以查询已有的相关判例和判罚数据。与此同时，行业协会应开展相应的判例学习和传播活动，熟悉和掌握国家相应法规政策。监管大数据库建立的另一重大意义是能够进一步清晰监管标准，逐步降低网络视听节目监管中的主观性和随意性，使监管主体在有法可依的同时做到"有例可循"，尽量避免因监管者的个人好恶影响监管结果的情况发生。

陈少峰：国有文化企事业单位改革与国家文化治理

党的十九大报告指出："推动文化事业和文化产业发展。"发展文化事业和文化产业，是丰富人民精神文化生活、保证人民文化权益的必然要求，也是激发全民族文化创新创造活力、推动文化繁荣的应有之义。推动文化事业和文化产业发展，国有文化事业机构和国有文化企业扮演着保障者和引领者的角色，其能否充分发挥应有的作用，是我国国家文化治理体系和治理能力现代化的重要体现。因此，必须深化国有文化企事业单位改革，通过改革来增强活力、实力和竞争力，为提升我国文化软实力，推动中国文化走出去发挥积极作用。

一、国有文化事业单位改革

国有文化事业单位是国家提供文化服务的主体机构，承担着提供公共文化服务和专业性文化建设的重要职能，因此，推进国有文化事业单位的改革势在必行。当前，国有文化事业单位的发展还存在着一些问题，其中最大的问题就是缺乏明晰的目标以及考核标准。

经过多年的推进和完善，国有文化事业单位无论在公共文化服务方面，还是在专业性、功能性的文化建设方面，都建立了一定的发展目标和绩效标准，但这些目标和标准显然还不够明确和具体。比如，图书馆应有多少人次的图书借阅或到馆阅读，博物馆或文化宫要举办多少次怎样的活动和达到什么规模等，目前都还不太明确。特别在公共服务方面，文化事业单位由于没有明确的发展目标，往往是硬件做得比较多，文化内容做得比较少。针对这个问题，文化事业单位改革首先要确立一个清晰的发展目标：每个文化事业单位都要给自己确定一个战略目标即长期目标；每个文化事业单位都要有一个年度目标即短期目标，每一年根据这个目标来进行行业绩考核。通过建立起长期目标和短期目标相结合的机制，使文化建设紧紧围绕目标来进行，这是文化事业单位很重要的改革方向。

当然，这里也有一个问题，就是文化内容通常是难以具体量化的，所以还需要有一定的对标和整体性考虑。比如，国家图书馆、省级图书馆、省级的演艺单位等，这些单位究竟要达到什么样的目标，都要有一个相应的对照和参照物，包括在未来发展的时候，可能会涉及哪些资源的配置，如何提供支持，怎么使其获得实质性的发展等，都一定要考虑到位。千万不能像过去搞所谓事业单位企业化经营，不伦不类，以致考核的任务也没办法落实。

二、国有文化企业改革

在文化产业发展方面，国有文化企业是我国文化产业发展的主力军，是建设社会主义先进文化的重要力量，更应认清使命、自觉担当，以自身改革促发展。

具体来说，国有文化企业的改革和发展首先要确定各类问题的性质，理顺管理机制。就此而言，分类分流是一个基本的途径。要根据不同的企业类型，把准各自的特性，并以此为基础来做具体的规划和定位。要看企业是做内容的、做传媒的、还是做投资的等；如果是做传媒的，还要看是做传媒的内容，还是做平台，它们的任务都是不同的。当然，这其中也涉及发展目标的问题，要改变传统观念，不能简单地定位于国有资产的保值和增值，因为这样很容易让他们把经费都拿去买地盖楼——虽然国有资产保值增值了，但是他们自己应该做的事情没有好好做，这样就会出现很大的问题。

此外，某些考核的指标和标准要进行一定的调整。比如，做投资的企业和做具体实业的企业可能考察角度不一样，因为对于投资来说，往往需要一定的周期才能体现出结果，所以不能像考核实业企业一样来考核投资的企业，两者之间的标准应当有所区分，考核要有不一样的安排。其实，在现今的环境下，要促进文化产业的发展，投资的作用不可小觑。政府应当更多地起引领作用，如可以做产业引导基金，通过刺激一些文化领域的发展来带动文化产业的整体发展，而不是仅仅把任务交给国有文化企业去做。

从企业发展的角度来讲，国有文化企业可能更适合做平台和平台里面的推手，不大适合做一些具体的业务。因为平台可以控制业务，所以在平台这个基础上，其实可以调动民营企业的积极性。换句话说，国有文化企业一方面要维持舆论导向的严肃性，另一方面要为创造丰富多彩的文化内容提供平台，而这些内容更适合民营企业来做。

另外，由于国有企业在投资效率上可能会受到激励机制的约束，所以今后可以适当做一些混合所有制改革。当然，这种机制不能在现有的框架里来做，应该是通过增量的部分即新增的业务来做，然后让民营企业具体操盘，国有企业做一些相应的资源整合。但这里面又涉及一个问题，如果不改变国有企业考核标准的话，这个事情就很难办，所以，需要给这个混合所有制提供一种新的机制。

总之，我国文化的发展需要文化事业和文化产业齐头并进，而文化产业的发展，则需要国企和民企来共同推动。通过国有文化企事业单位的改革，逐步建立起良好的激励机制，并在此基础上形成一系列明确的考核标准，使国家各个机构和企业发挥自己的作用，完善国家的文化治理。因此，国家文化治理的核心不是用行政的手段来治理，而是发挥各个机构以及企业的最大效用。国家的文化治理还需要有一种全局性的考虑，有一个跨行业、跨部门的总体设计，要制定一些战略性目标，然后落实到市场的主体或者事业的主体上面，同时让它们之间有一种利益的平衡和资源的互补性，不至于相互之间过分地竞争或者没有资金来支持内容的创作，以保证文化建设的持久性和长期性。

（摘编自《浙江工商大学学报》）

作者：**祁述裕**［中共中央党校（国家行政学院）教授、博士生导师］

郭嘉［首都师范大学副教授］

杨传张［中共中央党校（国家行政学院）文化政策与管理研究中心研究人员］

陈少峰［北京大学哲学系教授、博士生导师］

刘彦武：改革开放以来我国文化治理的变迁

随着党和政府对文化发展规律的廓清认识与逐步掌握，我国对文化管理、调控、规制发生了若隐若现的渐进性变化。这些变化来自文化治理理念的确立与影响。本文拟从主体、空间、方式、路径等角度，考察近年来我国文化治理的变革，并对影响文化治理能力的几对关系作出初步的概括。

一、文化治理的中国特色

文化治理是伴随党的十八届三中全会提出的"国家治理体系和国家治理能力现代化"命题而逐步明晰起来的。作为"五位一体"总体布局之一，国家文化治理能力现代化是该重大命题中的题中应有之义，也是文化领域必须回答的重要课题。

国家文化治理理论是国家或政党在一定历史阶段关于文化治理模式、结构、功能、性质的总规定和总概括。考察新时期我国文化治理必须从历史高度，把国家文化治理置于"五位一体"总体布局、"四个全面"战略布局的现实条件下，放在国家治理体系和治理能力现代化的架构中，植根中国特色社会主义文化发展的具体实践。唯其如此，文化治理理论之树才会长青。

首先，当代中国的文化治理必须是国际经验与本土路径的有机结合。一个国家选择什么样的治理体系，是由这个国家的历史传承、文化传统、经济发展水平决定的。当代中国的文化治理也是基于我国文化长期传承、渐进性发展、内生性深化的结果。文化发展不是孤立的，开放包容是中华文化历久不衰的奥秘，但是文化领域的交流交融交锋从没有停止。大胆吸收和借鉴人类文明一切优秀成果，是文化开放的总基调，但对于外来文明成果，我们必须采取扬弃政策，从我国实际出发，在批判和否弃其错误的东西的同时，有选择地引进和吸收其合理的东西。邓小平说得好："属于文化领域的东西，一定要用马克思主义对它们的思想内容和表现方法进行分析、鉴别和批判。"[1] 西方治理理论强调治理的多元化、法治化、民主化和协商性、过程性。借鉴这些经验一定要坚持从中国具体国情出发，与我们党从革命到建设再到改革长期积累起来的文化经验相衔接，必须坚持指导思想的一元化，坚持社会主义先进文化的前进方向。否则，文化发展偏离了马克思主义指导，驶离了中国特色社会主义文化发展道路，文化即使再繁荣也是文化治理的失败，因为西方国家政府与市场、企业有明晰的管理边界，而我国的公共文化事务不是完全的公共产品，它还承担着国家文化安全和意识形态安全的责任。

其次，文化治理贯穿文化体制改革的全过程。当代中国改革开放的历史就是经济生活、政治生活、文化生活和社会生活整体变迁的历史。伴随经济体制改革的逐步深入，政治体制改革、文化体制改革、教育体制改革、医疗体制改革、科技体制改革等依次逐步展开。从文

---

① 《邓小平文选》第三卷，人民出版社 1993 年版，第 44 页。

艺院团"双轨制"到国有文化单位改制，从事业产业分治到文化跨界融合发展，文化体制改革很大程度上就是文化治理的改革。党的十一届三中全会以来，党和政府一直强调文化体制改革，文化体制改革向来是国家政治生活中的重大议题。每次党代会的政治报告，每次人代会的政府工作报告，无一例外地包括文化体制改革的内容。有时是一段文字，有时是一节内容，甚至党的十七届六中全会专题研究文化发展，通过了《中共中央关于深化文化体制改革、推动社会主义文化大发展大繁荣若干重大问题的决定》。文化治理始终被纳入党和国家的经济建设、政治建设、文化建设、社会建设和生态文明建设"五位一体"总体布局下，被纳入各项体制改革整体部署中，并作为文化发展的动力引擎的高度来谋划。

再次，文化善治是文化治理的价值目标。治理是作为政府失灵和市场失灵的补充而提出来的，它不能代替政府，也不能代替市场。治理也不是万能的，也存在治理失效而成为恶治的可能性。因此，追求善治成为各国政府的共同目标。那么，文化善治也应成为文化治理的价值追求。文化善治的过程就是实现文化公共利益最大化的管理过程：其一，社会主义先进文化前进的方向不能迷失；其二，有严明的法度，以法治文，依规治文；其三，治理成本低，行政效率高，城乡公共文化服务质量好；其四，社会参与度高，以人民为中心的工作导向，充分释放广大人民群众文化创造活力，在惠民安民中乐民，在娱乐他人过程中娱乐自己。如何实现文化善治？文化治理主体多元化，文化治理方式规范化，文化治理对象分类化，文化治理理念兼容化，文化治理机制系统化。

最后，文化治理是技术层面的考量。治理涉及机制、程序、策略等"治理术"层面，可以为我所用：政府有责任采用这些新的方法和技术来更好地对公共文化进行控制和引导。包括：将文化治理视为一个过程，而非只是制定一套僵硬的政策、法规了事；文化治理吸纳社会力量作为参与方，改变过去那种只有政府文化机构的局面；文化治理参与方式是公开透明而非暗箱操作；文化治理的策略是民主协商而非管控，是持续的互动而非单向度的强制；文化治理的手段不再是单一的行政命令，还可以是市场激励机制、财税补贴、规制调控等经济手段、法律手段。

综上所述，新时期中国文化治理，是国家治理体系和治理能力现代化的重要组成部分，是政府为发展文化、建设文化强国的目标而吸纳多方共同参与、采用治理新手段的文化管理新机制，包括文化治理结构、功能及其相互关系。

二、改善文化治理应处理好的几个关系

实现文化善治，达到文化利益最大化是政府、社会、市场各方的价值追求。为进一步改善新时期中国文化治理，必须从辩证的角度妥善处理好以下几个关系。

第一，顶天立地：顶层设计与基层创新的关系。在现行政治制度框架下，我国文化治理采取的是一竿子插到底的管理模式，要求上下一般粗，加之中央与地方分灶吃饭，"责任地方化、义务基层化"现象突出。如果基层对中央的顶层设计研究不够、琢磨不透，只知道亦步亦趋，依葫芦画瓢，其结果必然导致文化发展难有所成。因此，必须充分发挥中央与地方的积极性，推动顶层设计和基层探索良性互动、有机结合。对那些制约我国文化未来改革发展的全局性、关键性

问题，必须进行顶层设计，注重设计的系统性、整体性、协同性。从事权与财权相协调的原则，明确中央与地方各级政府文化事务的范围，划分各级政府应该承担的事权与责任。其实，加强顶层设计和鼓励基层创新并不矛盾，完全可以做到相得益彰、相互促进。历史地看，基层创新一直在丰富着国家治理的经验，"自下而上"地推动国家层面的制度变革。一是解决基层探索动力不足、勇气不够的问题，要鼓励地方、基层、群众解放思想、积极探索。比如，在探索公共文化服务标准化均等化的过程中，鼓励不同区域进行差别化试点。二是积极为基层创新提供法律授权、制度支持和政治保护，宽容基层探索中的试错，允许基层创新中的失败。三是正确处理顶层设计与基层创新的一致性与多样性关系，着眼于坚守共同底线，形成最大公约数，画出最大同心圆。由于治理结构的层级差异与地域差异，不能强求文化治理的全国同步性，也不能强求中央和地方的同步性。

第二，收放自如：文化民主与文化集中的关系。由于传统文化管理中缺少治理的多元化、法治化、民主化和协商性、过程性等元素，文化集中多、民主少；文化灌输多、协商少。比较典型的案例是社区书屋、农家书屋，图书供给与图书借阅存在供需结构上的不合理、信息上的不对称，重一次性配置，轻过程性管理，发挥作用不显著。因此，要以文化民生和文化项目为突破口，进一步拓宽公民参与文化治理的渠道，完善社会多元参与文化治理的平台，建立健全公共文化决策民意调研、社会征询、专家论证、公示听证制度。现代社会，资讯发达，人民有方便快捷的如微信、微博等多种参与民主的方式，重大公共文化决策应多倾听专家意见，多尊重国有和民营文化企业、社会组织、文化志愿者、广大群众的意愿，同时要着力解决"沉默的多数"的意见被忽略与少数人通过自媒体和互联网操控舆论误导决策的问题。中国的文化治理要坚持民主基础上的集中和集中指导下的民主相结合的原则，努力建设一个又有集中又有民主，又有纪律又有自由，又有统一意志又有个人心情舒畅、生动活泼文化治理局面。文艺需要人民，人民需要文艺。发扬文化民主，尊重人民的多种选择，同时结合群众的感情、思想和意志，以价值引导、精神引领提高他们，以符合文化发展方向与文化发展战略。比如，广场舞是人民群众的一种文化自觉活动，是文化民主与文化集中相统一的典型案例。政府通过文化志愿者辅导以及开展各种比赛奖励，提升活动水平；通过环境法规约束，减少活动噪声扰民的负效应，实现与周边居民和谐相处，在自娱中娱人。中国大妈广场舞已成为新时代中国城乡重要的文化景观。

第三，多方共赢：国家文化利益、社会文化利益与公民文化利益的关系。改善文化治理，必须妥善处理好三者关系，清晰界定国家文化利益、社会文化利益和公民文化利益的基本范畴，实现利益主体地位平等，保障多元利益共赢。国家文化利益，从国际来看，主要是保护文化多样性，提升国家文化软实力，保持在国际文化发展与竞争中应有的话语权力。从国内来看，国家文化利益是政府文化部门通过公共权力发展文化、传承文化、保护公民文化权益从而为国家长治久安提供精神力量。政府要把国家文化利益的实现与公民基本文化权益的保护协调起来，超然于市场之外，既不与民争利，也不破坏游戏规则，而是维护好市场规则。既不能为了公民个人文化利益而损害国家文化利益，也不能无视个体文化权利的基础而建设空中楼阁般的国家文化利益，因为国家文化利益是基于维护公民基本文化权利而存在的利益。社会文化利益是市场参与主体、文化治理参与主体各方的文化利益。由于文化经济的特殊性，我国文化治理强调市场在文化资源配置中的积极作用而非决定作用，同时不否定政府作用，一方面要规范政府的垄断行为，凡是市场机制能够发挥作用的领域，政府要逐步退出，另一方面要治理好市场竞争的失灵，强化政府宏观调控能力和公共文化服务职能，做社会利益博弈的"平衡器"，促进社会信息透明，使政府和其他社会力量在充分的信息交换中了解彼此的利益、立场，从而达成共同的治理目标，避免社会各阶层因利益冲突而损害治理协作。公民文化利益是国家行为的逻辑起点。在当代中国，公民文化权利深入人心，人们的文化权益的维护意识也开始兴盛，但保护公民文化权益的体制机制尚未得到彻底贯彻。文化救济权成为公民文化保障权的重要内容，是公民文化权益受到侵犯后的法律救济与援助。近代思想家何启、胡礼垣认为："人人有权，其国必兴；人人无权，其国必废，此量如日月经天，江河行地，古今不易，遐迩无殊。"总之，政府的"他治"、市场主体的"自治"、社会组织的"互治"，通过多元治理方式协调各方利益，实现多方共赢。

第四，内外兼修：国内文化治理与全球文化治理的关系。有专家认为，国家治理体系和国家治理能力现代化，需要从国际和国内两个维度来探讨。国内文化治理是全球文化治理之本，国家文化软实力可以增强它在国际文化格局中的领导力，反过来，在国际上有更多话语权又能促进国内文化治理能力现代化水平。共商、共建、共享的全球治理理念彰显了中国领导人的全球视野和政治智慧。近年的巴黎气候大会、亚投行、"一带一路"建设是中国主动参与全球治理的新尝试。同理，中国参与全球文化治理，一方面要积极主动争取在国际文化组织中的话语权，增大中国声音，另一方面要倡导建立以中国为主、吸纳多方的世界文化机构，通过这些方式参与全球文化治理，讲好中国故事，塑造负责任的大国形象。穷则独善其身，达则兼济天下。只有统筹兼顾国际国内两个文化治理，才能实现多元使命互动，追求多元主体共赢，促进多元利益和谐。

（摘编自《中华文化论坛》）

作者：刘彦武［中共四川省委省直机关党校教授，

《党政研究》常务副主编］

▲

第八编

满足人民日益增长的美好生活需要和
民生治理

▼

▶ 增进人民福祉、促进人的全面发展是我们党立党为公、执政为民的本质要求。必须健全幼有所育、学有所教、劳有所得、病有所医、老有所养、住有所居、弱有所扶等方面国家基本公共服务制度体系，尽力而为，量力而行，注重加强普惠性、基础性、兜底性民生建设，保障群众基本生活。创新公共服务提供方式，鼓励支持社会力量兴办公益事业，满足人民多层次多样化需求，使改革发展成果更多更公平惠及全体人民。

洪大用：完善民生工作的社会政策支撑

在发展中保障和改善民生，要求我们不断完善社会政策，发展社会政策学科，为民生工作提供更加有效的政策支持和智力支持。2019年1月，习近平总书记在省部级主要领导干部坚持底线思维着力防范化解重大风险专题研讨班开班式上指出，提高战略思维、历史思维、辩证思维、创新思维、法治思维、底线思维能力，善于从纷繁复杂的矛盾中把握规律，不断积累经验、增长才干。改革开放以来，特别是党的十八大以来的社会政策实践，充分体现了系统性的辩证思维，这是社会政策支撑民生工作并与经济发展良性互动的重要保障。中国特色社会主义进入新时代，对民生工作也提出了新要求，我们要进一步强化和运用辩证思维，加强社会政策宏观思考和顶层设计，增进社会政策的科学性有效性，不断完善民生工作的社会政策支撑。

一是在社会政策定位层面，坚持保障改善民生与促进经济发展的辩证统一。

一方面，要充分认识到社会政策的主要目标在于保障改善民生、促进社会和谐稳定、实现人的全面发展；另一方面，也要认识到社会政策不能成为阻碍经济发展的因素，否则，民生工作将成为无源之水、无本之木，不可持续。社会政策应当聚焦社会秩序再生产，聚焦人力资本投资和社会资本培育，聚焦经济发展与社会进步的最大公约数，从而为更高质量的经济发展创造更好的环境与条件，并实现经济发展与民生改善的良性互动。与此同时，经济、政治、文化、生态等领域的政策设计，也应考量其社会效益，发挥其保障和改善民生作用。只有对多领域政策定位进行统筹协调，充分发挥各个领域政策的正向协同效应，才能确保实现在发展中保障和改善民生的政策目标。

二是在社会政策规划层面，坚持全面规划与突出重点的辩证统一。

党的十八大以来，我们党在社会政策规划方面越来越聚焦于三个关键词：生命全周期、需要全方位、社会全人群。党的十九大明确提出，要"在幼有所育、学有所教、劳有所得、病有所医、老有所养、住有所居、弱有所扶上不断取得新进展"，并指出"我们要在继续推动发展的基础上，着力解决好发展不平衡不充分问题，大力提升发展质量和效益，更好满足人民在经济、政治、文化、社会、生态等方面日益增长的需要，更好推动人的全面发展、社会全面进步"。这就要求社会政策覆盖全体社会成员全方位、全生命周期的需求，要有全面系统的政策规划。同时，党的十九大也特别强调要"抓重点、补短板、强弱项"，"必须多谋民生之利、多解民生之忧，在发展中补齐民生短板、促进社会公平正义"，这就要求社会政策规划要突出重点。比如说，我们把教育放在优先位置，突出强调就业是民生之本，强调实施健康中国战略等，就是出于突出重点的考虑。

三是在社会政策设计层面，坚持学习借鉴与实践创新的辩证统一。

西方发达国家的现代化走在我们前面，他们在应对现代化过程中的社会挑战时制定了一系列社会政策，并且发展出较为成熟的社会政策学科。中国作为发展中国家，正在快速推进现代化。我们在介绍西方社会政策学科的同时，也应学习借鉴其社会政策设计和实践的有益成果。同时，也应清晰认识到，不同国家文化历史不同、发展阶段不同、社会体制不同、社会需求不同，社会政策设计不能照搬照抄，而应立足本土实践自主创新，尊重人民群众的首创精神。一些施行效果很好的社会政策都充满人民的智慧，如改革开放前的农村合作医疗制度和当下的新型农村合作医疗制度，脱贫攻坚中的对口帮扶、社会扶贫，基层社会治理的"枫桥经验"等，都体现了自下而上的创新努力。我们要进一步完善社会政策设计，使之更加接地气、更能发挥作用，就需要将学习借鉴与实践创新有机有效地结合起来。因此，我们要在社会政策实践基础上，不断建设中国特色社会政策学科，使之更加完善、更能有效指导实践。

四是在社会政策主体层面，坚持人人尽责与人人享有的辩证统一。

社会政策并不只是政府再分配的工具，也不只是一部分人帮助另一部分人的政策，而是多主体共同参与、彼此合作的一种制度和过程。通过社会政策保障和改善民生，需要面向全体社会成员，切实保障所有人的法定权利，同时也需要全体社会成员自觉履行自己的义务。比如说，我们的社会治理体制就强调党委领导、政府负责、社会协同、公众参与、法治保障，只有共同努力、共同创造，才能共同享有安定团结的社会局面。社会政策固然有着解决社会问题的直接目标，但其本质是促进社会团结和互助，实现社会自身的再生产。因此，在社会政策设计和执行过程中，任何削弱社会联系、损害社会团结、弱化社会责任的倾向都应注意避免，否则，只会加剧社会的原子化，瓦解社会和制造问题，最终也必将使得政策实践不可持续。所以，坚持人人尽责、人人享有的辩证思维，就是坚持权利和责任的统一、坚持增进个人福利与积累社会资本的统一、坚持社会政策工具性目标和价值性目标的统一，也就是体现社会进步和促进社会发展的统一。

五是在社会政策发展路径层面，坚持底线保障与持续改善的辩证统一。

党的十九大报告指出，保障和改善民生要"坚守底线、突出重点"，"保障群众基本生活，不断满足人民日益增长的美好生活需要"，要"按照兜底线、织密网、建机制的要求，全面建成覆盖全民、城乡统筹、权责清晰、保障适度、可持续的多层次社会保障体系"。这里明确了民生工作首先是底线保障，然后才能不断满足需求、持续改善水平，确立这样一种政策发展路径是非常务实的。在发展中保障和改善民生，需要对民生预期有适当的管理和引导，包括在保障改善的范围、方式、水平等方面预期的管理和引导。一方面，必须坚持底线的有效保障，这是坚持以人民为中心的发展思想的基本要求；另一方面，要实事求是，不能唱高调，以免误导预期，损害社会政策的可持续性。坚持底线保障与持续改善的辩证统一，体现了社会政策发展的内在规律，既可以增进社会政策自身可持续性，又有利于经济社会良性互动、持续发展，进而保证民生工作持续改善。

六是在社会政策推动方式层面，坚持循序渐进与突击攻坚的辩证统一。

一般而言，社会政策的推动应与社会经济发展进程相一致。在当今社会经济快速发展的背景下，社会政策尤其要注意配套推进，以免一条腿长一条腿短，从而影响社会进步的质量。但是，在社会发展的不同阶段，社会需求的重点和急迫程度不一样，对于一些群众关切甚至影响到社会运行安全和整体发展的问题，应利用我们的政治优势和制度优势，予以优先、突击解决。在整体上，党的十九大特别强调了要"一件事情接着一件事情办，一年接着一年干"。保障改善民生工作要循序渐进，这是实事求是的态度。我们不可能一揽子解决所有社会问题，我们的问题是发展中的问题，还是要通过持续发展来逐步解决。同时，党的十九大报告指出，"要坚决打好防范化解重大风险、精准脱贫、污染防治的攻坚战"，并将打赢脱贫攻坚战列为保障和改善民生工作的重要内容，要求"确保到二〇二〇年我国现行标准下农村贫困人口实现脱贫，贫困县全部摘帽，解决区域性整体贫困，做到脱真贫、真脱贫"。让贫困人口和贫困地区同全国一道进入小康社会是我们党的庄严承诺，要动员全党全国全社会力量，突击攻坚。坚持循序渐进与突击攻坚的辩证统一是基于对社会问题发展演变规律的科学认识。

七是在社会政策投入层面，坚持尽力而为与量力而行的辩证统一。

在发展社会政策、支撑民生工作不断改进方面需要尽力而为，这在根本上是由我们党的性质、我们制度的性质和我们发展的目标所决定的。党的十九大报告明确指出，"为什么人的问题，是检验一个政党、一个政权性质的试金石。带领人民创造美好生活，是我们党始终不渝的奋斗目标。必须始终把人民利益摆在至高无上的地位，让改革发展成果更多更公平惠及全体人民，朝着实现全体人民共同富裕不断迈进"。坚持以人民为中心的发展思想，不断增进广大人民福祉，我们要尽力而为保障必要的资源投入。但是，在特定阶段特定条件下，我们可以运用的社会政策投入是有限的。当前，我国仍处于并将长期处于社会主义初级阶段，仍然是世界最大发展中国家，发展仍然是我们的核心要务，我们需要合理分配资源，保障社会进步与经济发展的良性互动。所以，我们在配置民生工作资源时只能量力而行，不能急躁冒进。尽力而为与量力而行的辩证统一，是为了更好地促进发展，更好地为人民谋幸福、为民族谋复兴。

八是在社会政策评估层面，坚持客观评价与主观评价的辩证统一。

社会经济快速发展阶段，民生工作的预期是在不断变化的，保障和改善民生工作的水平往往落后于预期的变化。也就是说，从客观指标看，民生工作不断进步，反映在人民生活水平不断提高、受教育程度不断提升、预期寿命不断增长、社会保障和社会治理体系不断健全等方面。但是，在主观感受方面，一些群体的获得感不强，感觉所得低于预期。因此，当前我们推动支撑民生工作的社会政策不断完善，既要强调"从人民群众关心的事情做起，从让人民群众满意的事情做起"，"使人民获得感、幸福感、安全感更加充实、更有保障、更可持续"，重视群众的主观评价；也要重视用数字说话，让事实表达，客观全面地向人民群众报告我们在相关方面社会政策实践的进展。这种客观评价与主观评价相结合的评价方式，是科学的评价方式，是有利于社会政策不断完善、不断改进的评价方式，也是可以更好反映民生工作进展的评价方式。要做到两种评价的有机结合，意味着我们在社会政策评价方面需要更加专业化细致化，建立健全专业化的社会政策评估体系，这也是社会政策学科建设的重要目标。

总之，在新时代，完善社会政策，需要有更好的顶层设计，需要强化科学的思维方式。其中，辩证思维的充分运用，将使我们的社会政策设计和执行更加系统全面、更具科学性、更有效率，更能支撑我们保障和改善民生的重要工作。

（摘编自《光明日报》）

作者：洪大用［中国人民大学社会学理论与方法研究中心教授］

王道勇：社会合作推进新时代社会保障体系建设

现代社会保障制度是人类社会在工业化进程中为化解贫困、失业、伤残、疾病和年迈无助等风险而构建出的一个社会安全网。在经济全球化、社会信息化背景下，全球范围内出现了一系列新风险，如大规模的集团化劳动日益解体、自由职业兴起、灵活就业和临时性就业增多、婚姻和家庭的稳定性受到威胁等。西方国家的社会保障制度发展历程表明，西方现有的社会保障制度在过去应对工业社会风险游刃有余，应对新风险时却捉襟见肘甚至束手无策，而政府一旦对养老保险、医疗保险等基本制度进行深层变革，就会触动各方利益，甚至引发社会动荡。

经过新中国成立70年来的不懈努力，尤其是改革开放以来的不懈奋斗，我国国力与当年已不可同日而语。但当代中国的最大国情是我们仍然处于社会主义初级阶段。立足这一最大国情，我国政府不能包打天下，不能作出脱离实际能力的不切实际的承诺。一些西方福利国家和一些发展中大国近期出现的各种社会不合作状态，如希腊全民式社会示威、法国巴黎"黄背心"运动、西欧社会对难民的排斥行动、极端民粹主义的抬头等，或多或少都与社会福利承诺过高但兑现能力有限相关。因此，我国的社会保障体系建设要根据经济发展和财力状况来逐步提高水平和质量。

党的十九大报告指出，我国"覆盖城乡居民的社会保障体系基本建立"。这表明，未来一段时间是制度沉淀的关键时期。中国特色社会主义进入新时代，我们要未雨绸缪，力避西方国家社会保障制度建设中的缺憾，不断提升制度建设的质量，建成一个能够满足新时代人民新需要的现代社会保障体系。与西方国家不同，当前我国正处于社会转型进程之中，社会保障体系建设需要实现思维转换，即从政府包办一切的思维，转向政府主导下多方合力推进的社会合作思维。

党的十八大以来，习近平总书记高度重视社会主义社会建设，在改善民生方面提出了一系列新思想新观点新方略，为新时代社会保障体系建设提供了根本遵循。这些新思想中贯穿的主线之一就是，在民生建设中既要强调政府主导，更要强调多元主体共建共治；既要自上而下进行制度建设，更要激发自下而上的制度创新活力；既要推动社会发展进步，更要着力于实现经济社会发展良性互动；要在社会合作中形成改革共识和改革合力，推动实现社会的长期团结与和谐稳定。在价值取向上，以人民为中心的发展思想要求发展为了人民，发展依靠人民，新时代的社会保障体系建设要广泛汇聚民智，最大激发民力，通过人人参与、人人尽力，最终实现人人共享。习近平总书记提出，要"坚持在发展中保障和改善民生。增进民生福祉是发展的根本目的。必须多谋民生之利、多解民生之忧，在发展中补齐民生短板、促进社会公平正义"①，强调"抓民生也是抓发展"②，表明新时代的社会保障体系建设要实现经济发展与改善民生的良性循环。在具体原则上，习近平总书记在党的十九大报告中指出："保障和改善民生要抓住人民最关心最直接最现实的利益问题，既尽力而为，又量力而行，一件事情接着一件事情办，一年接着一年干。坚持人人尽责、人人享有，坚守底线、突出重点、完善制度、引导预期。"这表明，新时代社会保障体系建设既要发挥好社会安全网、社会稳定器的功能，更要引导人民形成社会合作的心理预期，使改善民生既是党和政府的工作方向，又成为广大人民群众的奋斗目标。新时代社会保障体系建设需要逐步形成社会合作式的社会氛围和制度体系。

以社会合作方式提升社会保障体系建设质量。通过探索和运用各种社会合作渠道解决好现有制度存在的问题。对于城乡之间、不同区域、不同所有制、不同人群适用不同的社会保障制度的现象，需要不同地区、不同层次的政府有强烈的大局意识和社会合作精神，勇于承担责任，敢于让渡利益，通过不断提高统筹层次和制度的一体化，最终形成一个有机统一的国民社会保障体系。对于社会救助、社会福利和社会保险等方面的资源配置不均衡现象，不仅需要政府部门的合力协作，更需要不同区域、不同所有制的社会群体采取社会合作的态度和行动来加以协同。对于社会保障供应规模对资源供给能力构成挑战

---

① 习近平:《决胜全面建成小康社会　夺取新时代中国特色社会主义伟大胜利——在中国共产党第十九次全国代表大会上的报告》(2017年10月18日),《人民日报》2017年10月28日。

②《加大支持力度增强内生动力　加快东北老工业基地振兴发展》,《人民日报》2015年7月20日。

的现象，需要通过在相关领域内进行深层次的存量改革来加以应对，无论是人口生育政策的调整、渐进式延迟退休政策的出台，还是社会保险的多缴多得等已经实施或正在酝酿中的改革举措，都需要党政机关、企事业单位、人民团体、各类企业、社会组织，尤其是广大人民群众的全力支持、积极参与和主动创新。

以社会合作式制度设计推动实现社会保障与经济发展的良性循环。将来我国解决"经济这条腿长、社会这条腿短"之后，要防止出现两种新情况。一是"经济这条腿短、社会这条腿长"的状态，即所谓的养懒人的"福利依赖"现象，对此我们已经有了高度警惕。长远看来，我们更要防止出现第二种新困境——"经济和社会两条腿一样长、但步伐不协调"，即虽然社会保障水平是适度的，也没有影响经济长远发展，但社会保障方面的制度创新和资源投入并没有转化为经济发展的动力，经济发展的新成果也没有让人民拥有更多的获得感，不能让社会更有生机和活力，不同社会群体之间仍然处于一种社会不合作状态。譬如，若对民生资源简单地以给钱给物的形式进行配置，时间一长必然会出现有投入而无收益的"内卷化"状态；若各种享受型社会福利发展过快，却忽视了再就业培训、职业技能提升、激励创业创新等"可持续生计"，经济发展与社会进步之间就难以形成一种高水平均衡和相互促进、相得益彰的状态。为此，在社会保障体系建设中，应通过优化民生资源投入结构和使用效率，着力形成人人参与、人人尽力的社会合作局面。一方面，坚持权利与义务对等的理念，对受帮扶群体增加必要的前置性义务要求，让所有人都意识到，享受权利的前提是对一定社会义务的履行。另一方面，通过制度创新激发各类社会主体的参与活力。在社会救助方面，重点是实现城乡"低保"与扶贫制度之间的深度融合，解决各种临时性救助与"低保"制度简单挂钩的难题，考虑规定有能力的受救助者要履行一定义务，如接受就业技术培训、提供力所能及的社区服务等。在社会福利方面，重点是发动社会力量、建设社会企业，与政府、企业等形成合力，提供更高质量的社会福利服务。在社会保险方面，重点是实现从消费性、输血性制度向生产性、造血性制度的转型，其中，工伤保险的改革要扩大覆盖面；失业保险的改革要逐步实现临时性就业者、自由职业者的制度全覆盖，考虑在一段时期内试点多缴多得、对失业保险金的领取时长进行限制性规定等。养老保险的改革要尽快实现养老保险全国统筹，实现基本养老保险与商业保险相互补充，考虑推进渐进式延退、弹性退休以及鼓励退而不休的政策试点。医疗保险的改革关键是在尊重市场规律的基础上，综合运用市场手段、立法手段和行政手段，彻底改变以药养医的状况等。只有形成人人尽责的社会合作局面，才能最终实现社会保障人人享有的美好目标。

（摘编自《光明日报》）

作者：王道勇［中共中央党校（国家行政学院）习近平新时代中国特色社会主义思想研究中心研究员，社会和生态文明教研部教授］

▲

第九编

建设现代化社会治理体系与社会治理

▼

► 社会治理是国家治理的重要方面。必须
加强和创新社会治理，完善党委领导、
政府负责、民主协商、社会协同、公众
参与、法治保障、科技支撑的社会治理
体系，建设人人有责、人人尽责、人人
享有的社会治理共同体，确保人民安居
乐业、社会安定有序，建设更高水平的
平安中国。

魏礼群：坚定不移推进社会治理现代化

回顾新中国社会治理逐步走向现代化的历程、成就，总结宝贵经验与现实启示，对于我们在新时代深入推进社会治理体系和治理能力现代化、全面建成社会主义现代化国家，具有重要意义。

一、新中国社会治理现代化建设的道路与进程

新中国成立以来的历史，是中国共产党领导全国各族人民坚持探索、完善和发展中国特色社会主义的历史，也是不断开拓、推进和发展中国特色社会主义现代化事业的历史。在这个光辉历程中，持续推进社会领域变革、坚定走向社会治理现代化，是一个十分重要的方面。新中国的社会治理现代化建设，可以分为两个不可分割的历史过程：改革开放之前的 30 年为中国社会治理现代化建设提供了基本社会制度前提，进行了艰辛探索；改革开放以来的 40 年是在前 30 年基础上进行的深刻变革与广泛创新。

新中国成立后，百废待兴，面对的首要问题是迅速把人民群众组织起来，彻底结束旧中国四分五裂、一盘散沙的状态，凝聚起建设新中国、实现民族复兴的磅礴伟力。我们党领导人民有步骤地实现从新民主主义到社会主义的转变，有步骤地进行对农业、手工业和资本主

义工商业的社会主义改造，在迅速恢复国民经济和开展有计划的经济
建设的同时，大力革除旧社会弊制，建立新社会秩序，完成土地制度
改革，开展"三反""五反"运动，巩固新生的政权，禁烟禁毒，实
行男女平等。同时，大力加强人民民主制度和法治建设。1954 年颁
布了第一部《中华人民共和国宪法》；在此前后，制定了《中华人民
共和国国务院组织法》《中华人民共和国人民法院组织法》《中华人
民共和国土地改革法》《中华人民共和国婚姻法》等。从 1949 年到
1957 年，全国人大常委会、国务院及其部委共颁发重要的法规性文
献 1261 件，为人民行使民主选举、民主决策、民主管理、民主监督
等权利提供了制度保障。随着"一化三改造"过渡时期总路线的实
施，农村集体经济组织普遍建立，城镇职工以单位或企业形式组织起
来，居民在居委会中有序参政议事，夯实了城乡基层社会运行的组织
系统与制度基础。

1956 年，我国社会主义改造基本完成以后，开始转入全面的大
规模的社会主义建设。与当时的计划经济体制相适应，形成了国家全
面管控社会和高度组织化的治理模式，对社会进行自上而下的整合与
管控。在城市，实行单位制和街居制的社会管理模式；在农村，组建
合作社和人民公社，实行政社合一制度。社会资源以计划配置为主，
社会整合以行政手段为主，社会事业发展由国家或集体包办，实行严
格的户籍制度，以规范和管理人口流动。在城市，依托企业建立了包
括医疗、教育、住房、养老等在内的社会保障和公共服务制度；在农
村，建立了基础教育和合作医疗、"五保户"等保障制度。这些制度
有力地避免了西方国家在工业化早期付出的巨大社会代价。

新中国成立后的前 30 年在探索中推进社会治理存在的主要问题

是：权力过分集中，国家管得过多、统得过死，政企不分，政社不分，社会缺乏活力。特别是一段时期内片面追求"一大二公"，长期以"阶级斗争为纲"，往往以群众运动代替群众路线，使我国社会主义建设没有达到本来应该达到的成就。特别是十年"文化大革命"，延缓了包括社会治理现代化在内的中国社会主义现代化建设的历史进程，这是极为深刻的历史教训。

以1978年12月党的十一届三中全会为鲜明标志，新中国跨入改革开放新的伟大历史时期，社会治理现代化建设也步入新阶段。这一时期社会治理的基本特征是：以改革开放为动力，解放和发展社会生产力、改善人民生活和促进社会全面进步；以发展社会主义市场经济、推进全方位对外开放为目标取向，重视发挥市场和社会作用，让全社会活跃起来，让一切创造财富的源泉涌流，但一度放松了社会管理，某些社会领域过度市场化，社会矛盾增多。党的十八大之后，以习近平同志为核心的党中央，把握正确航向，以全面建成小康社会为目标，推动党和国家事业发生历史性变革，逐步使社会运行转入灵活而有序的状态，推动社会治理现代化建设进入又一个新阶段。

随着改革开放的深入，社会活力不断增强，国家对社会治理也逐步进行变革和创新。1982年12月，第五届全国人民代表大会第五次会议通过的《中华人民共和国宪法》，对国家的基本制度、根本任务、治理结构和主要原则等都作出了规定，包括健全社会主义法制，发扬社会主义民主，也包括改变农村人民公社政社合一的体制，推进乡村政权建设。同时，通过改革生产流通体制、劳动人事制度，放松城市单位制、街居制，有力地推动了社会流动。1992年党的十四大之后，在建立社会主义市场经济体制的新形势下，明确提出各级政府要注重履行社会管理、公共服务的职能。2002 年党的十六大以来，构建社会主义和谐社会的重大思想和决策部署提出并逐步实施。

党的十八大以来，随着中国特色社会主义进入新时代，开拓了包括社会治理现代化在内的全部现代化建设崭新局面。在习近平新时代中国特色社会主义思想指引下，社会治理变革和现代化建设得以全面推进，主要包括：全面加强党对社会治理的领导，全面从严治党、惩治腐败，以党风政风好转带动社会风气好转；改善和保障民生，大力推进脱贫攻坚，积极促进就业和完善社会保障制度；推进社会治理基础性制度改革创新，改革户籍制度，深化教育、卫生领域改革；确立总体安全观，完善国家安全体制，健全公共安全体系，广泛开展平安中国建设，加强社会治安综合治理，深入开展扫黑除恶斗争；加快社会诚信制度建设，加强社会信息基础设施、基础制度建设，积极探索守信激励和失信惩戒制度；加强城乡社区治理，着力提升治理水平；创新社会治理方式，不断提高社会治理信息化水平；加大环境保护与治理力度，着力解决影响人民群众身心健康和社会稳定的环境问题。我国社会治理现代化进入加快发展的新阶段。

二、新中国社会治理现代化建设的进展与成就

（一）从治理理念来看，逐步从社会管控、社会管理向社会治理转变

社会治理现代化首先在于社会治理理念和价值的现代化。70 年来，我国社会治理理念随着整个国家发展所处的历史阶段和现代化的进程，不断与时俱进，经历了从社会管控到社会管理，再到社会治理的两次历史性飞跃。改革开放之后，随着社会经济日趋活跃和各种矛

盾增多，国家管控型理念被社会管理型理念所替代。为适应建设社会主义和谐社会和现代化发展的要求，又将社会管理转变为社会治理。从"管理"到"治理"虽然是一字之差，却体现了党和国家社会治理理念的深刻革命，体现了社会治理的目的、主体、内容、方式进一步向社会治理现代化的要求转变，进一步向民主化、法治化、制度化、科学化的轨道转变。

（二）从制度体系来看，逐步从分散型向整合型转变

社会治理现代化是现代社会治理制度体系逐步建立和完善的过程。70 年来，我国社会治理制度体系经历了从碎片化到不断发展再到有力整合创新的全面建构。改革开放特别是近年以来，经过持续的实践探索和制度建设，逐步建立了现代社会治理的基础制度体系，包括民主制度体系、法治建设体系、社会组织体系、社会管理体系、公共服务体系、社会保障体系、公共安全体系、城乡社区体系、社会治安防控体系、社会信用体系、应急管理体系和国家安全体系，基本构筑了符合当代中国国情的新型社会治理制度体系，各方面社会治理制度体系建设相互联系、整体推进。

（三）从社会体制来看，逐步从国家一元管理向多元社会主体共建共治转变

社会治理现代化是社会体制的现代化。实行计划经济体制的时期，国家是经济、社会生活的统一计划者和管理者，是社会管理的唯一主体，包揽社会秩序管理、社会事业发展和各类公共服务。改革开放以后，以往统得过死、管得过宽的社会管理体制被打破，除了国家作为社会治理主体之外，还重视发挥各种社会力量的作用，逐步形成

在党的统一领导下，政府、社会、市场、公众多元主体共建共治共享的社会治理格局，同时逐步发挥法治保障和科技支撑作用，现代社会治理体制框架基本建立。

（四）从方式手段来看，逐步从单纯行政手段向多种手段综合并用转变

社会治理现代化是社会治理方式的现代化。新中国成立后的前30年，国家主要通过行政手段实现社会的整合发展。改革开放之后，逐步重视综合运用经济、法治、科技和必要的行政等多种手段，加强和创新社会治理，不断推进源头治理、系统治理、依法治理、民主治理、综合治理。重视运用现代信息技术，逐步打造"互联网+"社会治理模式，把体制机制变革与现代科技应用深度融合起来。目前，全国城乡社区普遍推行网络化、网格化、精细化管理，现代社会治理能力与成效不断提升。

（五）从社会结构来看，逐步从传统社会向现代社会转变

社会治理现代化是适应和推动社会不断全面进步的现代化。新中国成立后相当一段时间，我国基本处于传统社会形态，人们被旧有的社会分工固化在劳动场所，社会化、专业化、工业化、城镇化水平低。改革开放和社会主义市场经济发展推动了我国政治、经济、文化领域的变革与发展，社会结构中的阶层结构、人口结构、就业结构、收入结构、城乡结构等都发生了深刻的变化。中国社会已从农民占人口绝大多数的农业社会、乡村社会，逐步向工业社会和现代社会转变，城镇化水平大幅提升，由封闭半封闭型社会向开放型社会转变。就业规模不断增加，就业结构持续优化，中等收入群体逐步发育和成

长起来，整个社会日益呈现多元化、复杂化、现代化的特征。

（六）从运行状态来看，逐步从社会高度稳定向秩序与活力相统一转变

社会治理现代化是构建社会运行秩序与活力相统一的现代化。新中国成立后一段时期，主要依靠政治动员、行政命令来达到社会组织和社会成员思想上的一致和行动上的统一，以维护社会秩序高度稳定，但也禁锢了社会生机与活力。改革开放后，社会活力迸发，但也出现社会无序运行状态。党的十八大之后，既加强了社会治理又防止了管得太死，刚柔相济、宽严适度，有力地推动了社会迸发活力又和谐有序运行，社会治理趋于规范化、制度化、常态化。

（七）从社会景象来看，逐步从贫困向全面小康转变

社会治理现代化建设的根本目的和重要标志，是提高全体人民生活水平和质量，是推动社会全面发展进步。新中国逐步建立起独立国民经济体系的同时，建立了社会保障体系和民生保障体系。特别是改革开放以来，随着现代化事业的全面推进，人民生活不断改善，人民安居乐业，就业相对稳定，教育、卫生等社会事业快速发展，我国已建成世界上最宏大的社会保障体系，人民健康水平普遍提高。精准脱贫成效显著，全面脱贫目标即将实现，全体人民正朝着实现共同富裕的目标迈进。和谐社会建设、平安社会建设、法治社会建设、信用社会建设、幸福社会建设的成效日趋显著，全面建成小康社会的美好景象日益清晰地展现在世人面前。

三、新中国推进社会治理现代化的经验与启示

（一）推进社会治理现代化，必须始终坚持党的全面领导

中国共产党领导是中国特色社会主义最本质的特征，是中国特色社会主义制度的最大优势。新中国成立以来的历史充分证明，中国共产党是领导各项事业前进的核心力量，中国社会治理变革始终是在党的领导下进行的。党的政治领导为社会治理指明了正确方向、确立了价值体系，增强了中国特色社会主义社会治理的方向感和凝聚力；党的组织优势为社会治理提供了严密有效的组织结构和制度体系，确保社会治理的统一有序；党的优良传统和品格，既勇于探索创新、开拓前进，又敢于坚持真理、修正错误。新中国成立后的前30年，正是在党的领导下建立了社会主义基本制度，为中国社会治理现代化建设奠定了根本的社会制度和政治条件，在探索中逐步建立起一套社会管理制度。改革开放以来，又是在党的领导下，开拓了中国特色社会主义道路，逐步建立与社会主义市场经济体制相适应的社会治理制度体系。特别是党的十八大以来，突出以党建引领社会治理现代化建设，坚持党要管党、全面从严治党，以党的先进性和纯洁性建设不断提升党的社会治理领导能力和水平。

新时代深入推进中国社会治理现代化，必须更加自觉地坚持党的全面领导，把加强和完善党的领导贯穿社会治理的全领域、全过程、全环节，并以彻底的自我革命精神不断增强党的政治领导力、思想引领力、群众组织力和社会号召力。我们要坚决做到"两个维护"，确保社会治理现代化的正确航向，更好发挥党总揽全局、协调各方的领导核心作用，充分发挥基层党组织的战斗堡垒作用。

（二）推进社会治理现代化，必须始终坚持以人民为中心

我国是社会主义国家，人民群众是国家和社会的主人，是决定国家前途和命运的根本力量。社会治理必须以人民为中心，坚持人民利益至上，一切为了人民；必须坚持尊重人民、依靠人民；必须坚持党的群众路线，相信群众，发动群众。新中国成立以来的发展历程证明，什么时候什么地方全面贯彻以人民为中心，什么时候什么地方社会治理就顺利推进；什么时候什么地方损害人民权益，强迫命令，脱离群众，社会治理就会出问题，事与愿违。只有一切从人民利益出发，充分发挥人民的主体作用，坚持群众路线，社会治理才能真正有效。"知屋漏者在宇下，知政失者在草野。"[①]要牢固树立人民群众是社会的主人和推动历史前进真正动力的思想，注重从人民群众的实践中汲取智慧。

新时代深入推进社会治理现代化，必须更好坚持以人民为中心，全面把握人民群众对美好生活的新期待新要求，尊重人民群众情感，倾听人民群众呼声，切实解决好人民群众最关心最直接最现实的利益问题。要真正把人民满意不满意、拥护不拥护作为社会治理成效的根本标准，坚决反对和制止各类违背人民意愿，搞强迫命令、劳民伤财的所谓形象工程、政绩工程。

（三）推进社会治理现代化，必须始终坚持立足中国基本国情

历史充分证明，社会治理现代化建设必须坚持从中国国情出发，这也是最深刻的经验启示。我们国家大，发展不平衡，仍处于社会主义初级阶段，什么时候脱离这个国情、脱离这个实际，就会犯错误、

---

① （东汉）王充：《论衡·书解》。

走弯路，甚至遭遇严重挫折。社会治理要充分考虑地区和城乡间的差异，因地制宜，突出特色，不搞一刀切、一个模式。中华文化是我们民族的根基和魂魄，我们必须在延续民族文化血脉的基础上开拓前进，使中华文化、红色文化成为社会治理现代化中的最突出优势和最鲜明特色。

新时代深入推进社会治理现代化，必须坚持立足基本国情，坚持从各地实际出发。当前，要全面贯彻乡村振兴战略，坚持分类指导，推动各地立足自身资源禀赋、基础条件、人文特色等实际，确定社会治理的发展思路和推进策略。要妥善解决一些村庄空心化、产业空洞化问题，切实纠正一些地区违反客观规律，违背群众意愿，急于求成，盲目搞大拆大建，强迫农民集中上楼居住以制造乡村兴旺表象的错误做法。要大力弘扬和传承中华优秀传统文化，继承和传播革命文化、社会主义先进文化，特别是要脚踏实地践行社会主义核心价值观，着力提升全社会的文明程度。

（四）推进社会治理现代化，必须始终坚持全面深化社会领域改革

改革开放是决定当代中国命运的关键一招，是社会发展进步的活力之源，也是推进社会治理现代化的根本动力。新中国成立后的前30年，实行国家和集体包办、政事不分的社会管理模式，不仅给国家和集体组织带来沉重负担，而且窒息了社会发展活力，束缚了社会事业发展。改革开放40年来，在深入推进经济体制改革的同时，持续深化城乡二元结构改革，推行户籍制度改革、农村土地改革，推进就业、分配、教育、医疗、社会保障、住房等制度改革，规范发展社会组织，城乡基层引进和推行社区制度，通过转变政府职能创新社会管理，重视发挥市场和社会力量的作用，加快了我国社会治理现代化步伐。

改革开放只有进行时，没有完成时。新时代深入推进社会治理现代化，必须坚持以深化改革开放为动力，坚决破除一切妨碍社会治理现代化建设的体制机制，进一步解放和增强社会活力，进一步探索和创新科学的治理制度，不断开拓社会治理现代化更为广阔的道路。

（五）推进社会治理现代化，必须始终坚持社会建设和其他建设协同发展

社会治理现代化建设是一个巨大的社会系统工程，必须与经济建设、政治建设、文化建设、社会建设和生态文明建设融为一体、相互适应、相互促进。关键是在工作部署和政策措施上统筹安排、协调推进。新中国成立后的前30年，社会建设和社会治理同其他方面变革和建设不协调，尤其是社会结构演进长期滞后于经济结构的变革，一度影响了社会治理现代化的进程。改革开放以来，逐步重视社会建设和社会治理与经济建设、政治建设、文化建设、生态文明建设之间的密切联系、相互作用和相互支撑。经济建设为社会建设和社会治理现代化提供了必要的物质条件；政治建设为社会建设和社会治理现代化提供了正确方向引领；文化建设为社会建设和社会治理现代化提供了强大的文化支撑；生态文明建设为社会建设和社会治理现代化、实现人与自然的和谐共生拓展了广阔空间。

在新时代深入推进社会治理现代化，必须更好地统筹社会建设和其他建设、社会领域治理与其他领域治理，使各个领域建设与治理协同发展。特别是要按照贯彻新发展理念、建设现代化经济体系、发展社会主义民主政治、推动社会主义文化兴盛、建设美丽中国的要求，积极调整社会阶层结构、社会组织结构、就业结构、城乡结构、分配结构、消费结构，不断促进社会结构现代化。

（六）推进社会治理现代化，必须始终坚持打造现代社会治理新格局

打造共建共治共享的现代社会治理格局，是社会治理体制机制建设的重要任务，是实现中国社会治理现代化的基本目标。新中国成立以来的历史充分证明，构建符合我国国情的现代社会治理格局，是实现有效社会治理的关键。新中国成立后的前30年，我国从上到下普遍建立党组织，通过探索人民公社制和单位制，形成了当时历史条件下的社会治理系统和组织体系。改革开放40多年来，随着社会主义市场经济发展带来社会利益格局的分化，社会主体多元化，社会治理中党组织、政府、市场组织、社会组织和人民群众共同发挥作用，逐步形成共建共治共享的社会治理新格局，但这种新格局还不完善，需要积极推进创新发展。

新时代深入推进社会治理现代化，必须坚持推进社会治理体制创新，继续完善共建共治共享的现代社会治理格局。要进一步完善党委领导、政府负责、社会协同、公众参与、法治保障的社会治理体制，坚持在党的统一领导下，政府和社会多元主体共建共治，最大程度激发社会创造活力，形成人人参与、人人尽力、人人共享的社会共同体。由于科技手段愈益重要，还应突出科技支撑在社会治理体制中的重要作用。尤其重要的是，社会治理的重心必须向基层下移，健全完善城乡社区体系，通过优化投资、财政、金融等政策，把更多资源、服务、管理放到社区，为群众更好提供精细化服务，实现政府治理与社会调节、居民自治良性互动。

（七）推进社会治理现代化，必须始终坚持提高现代社会治理能力

推进中国社会治理现代化，需要创新和健全社会治理制度体系，更需要大力提升现代社会治理能力。新中国成立以来的历史充分证明，社会治理能力关乎社会治理制度的执行状况和总体效果。多年来，我们党和国家的社会治理能力不断增强，治理社会的水平明显提升。但仍有许多亟待改进的地方。

新时代深入推进社会治理现代化，必须适应国家现代化总进程，提高党领导现代社会治理的水平，提高国家机构的履职能力，提高人民群众依法管理国家事务、经济社会文化事务、自身事务的能力。要在提高社会治理能力上下更大的气力，以提高党的领导力为重点，尽快提高各级干部、各方面管理者的思想政治素质和科学文化素质、工作本领，尽快提高党和国家机关、企事业单位、人民团体、社会组织等的工作能力，并尽快提高社会协同力、公众参与力和法治保障力，特别要创新社会治理方式，持续提高社会治理社会化、法治化、智能化、专业化水平。要通过各种形式，动员和组织广大人民群众参与社会治理，切实发挥好基层群众组织的自我治理功能，让人民群众成为社会治理现代化建设的坚定支持者和积极参与者。要以法治理念、法治制度引导社会治理创新，加快社会法治建设，用法律规范社会治理中的各种权利和义务关系。特别要顺应互联网时代的发展趋势，积极利用好大数据、云计算、人工智能等高新技术，推进社会治理工作科学化、精细化、高效化。要按照专业化标准化要求，创新和规范社会治理，特别要加快打造一支规模宏大、专业化的社会工作人才队伍和专业群众工作队伍，用科学态度、先进理念、专业知识服务现代社会治理。

（八）推进社会治理现代化，必须始终坚持正确处理社会治理过程中的几个基本关系

习近平总书记指出，"社会治理是一门科学"[1]。这一重要论断深刻揭示了社会治理的内涵和社会治理现代化建设的方向。新中国的历史充分证明，要提高现代社会治理水平，必须把握社会治理的功能、目标和方法。社会治理的主要功能和目标是维护社会秩序、防范社会危机、化解社会矛盾、促进社会和谐、激发社会活力、发挥各方面积极性，推动社会全面进步，彰显社会公平正义，建设社会主义和谐社会。

新时代深入推进社会治理现代化，要进一步确立创新思维、辩证思维、底线思维，更加讲究科学方法，正确把握与处理社会治理过程中的一些基本关系。一是处理好治理与民生的关系。提高社会治理水平必须从源头上预防和减少社会矛盾。因此，更好保障和改善民生是提高社会治理水平的根本之计。必须注重解决好直接关系人民群众根本利益和现实利益的问题，使人民群众在经济发展的基础上不断增强获得感、幸福感、安全感，以更好实现天下大治。二是处理好维稳与维权的关系。一般来说，维权是维稳的基础，维稳的实质是维权，只有把人民群众合理合法的利益诉求解决好，才能真正实现社会的长期和谐稳定。三是处理好活力与秩序的关系。一个好的社会，既要充满活力，又要和谐有序。既不能管得太多，一潭死水，也不能放得太开，波涛汹涌，应务求实现社会有序运行与社会活力迸发相统一、相协调。四是处理好法治、德治、自治的关系，使法治、德治、自治密

---

[1]《习近平关于全面建成小康社会论述摘编》，中央文献出版社2016年版，第139页。

切联系、良性互动、相互促进。法治是社会现代化的根本保障和主要标志，必须全面加强社会法治建设，强化法治保障。道德是社会现代化的灵魂和根基，必须加强德治建设，弘扬社会正气。自治是社会基层运行的基本方式和依托，必须完善城乡基层社会自治制度，增强社会活力。只有正确认识和处理好这些基本关系，才能使社会治理现代化建设得以持续、健康、顺利发展，实现既定的任务和目标。

回顾新中国推进社会治理现代化的非凡历程，我们可以清晰地看到，尽管前进道路上有不少风雨、坎坷、曲折，但也取得了前所未有的巨大进步。同时，也应当看到，我们正处于世界百年未有之大变局，面临的国际国内环境愈益错综复杂。国外一些不愿看到中国由大变强的势力渗透加剧，给我国社会治理增加了新压力；全面深化改革和现代化建设已进入滚石上山、爬坡过坎的关键阶段，特别是传统社会向现代社会转变步伐加快，给社会治理提出了许多新挑战；以信息化为代表的现代科技迅猛发展，给社会治理增添新变量；许多社会矛盾和社会问题交织叠加，给社会治理增加了新难度；社会主要矛盾转化，人民群众向往更加美好的生活，给社会治理提出新要求。这些是社会治理理论研究者、实务工作者面临的重大课题，也为我们提供了施展才华、大有作为的广阔舞台。

（摘编自《光明日报》）

作者：魏礼群［国务院研究室原主任、党组书记，
北京师范大学社会管理研究院／社会学院院长］

杨雄：关于健全现代社会治理体系建设若干思考

"十三五"及"十四五"期间，是我们进入新时代，又面临"百年未有之大变局"的关键 10 年。2018 年 6 月，习近平总书记在中央外事工作会议上提出了纵观国际局势正处于"百年未有之大变局"的见解，高屋建瓴、未雨绸缪。同年 12 月的中央经济工作会议上再次指出"世界面临百年未有之变局，变局中危和机同生并存"[1]。领会、落实"百年未有之大变局"的深刻含义，是思想理论界开展"十四五"规划前期研究应遵循的指导思路。

一、未来 5 年健全现代社会治理体系面临风险与挑战

（一）健全现代社会治理体系必须加强"三个防止"

第一，防止贫富分化进一步扩大。在经济增长减缓时，由于流量（GDP）不足以支持"cover"存量（净财富），即靠涨工资已经无法追上物价（房价）上涨时，普通民众由于没有"上车本钱"，在一轮轮以"保增长"为目的的货币放水中无法受益，当富人资产保值增值时，穷人就相对变得更穷了。这将极大影响我们党执政的群众基础。

---

[1]《中央经济工作会议在北京举行》，《人民日报》2018 年 12 月 22 日。

第二，防止社会极端思潮出现。特别是当中等收入群体和较低收入群体的需求得不到有效满足时，公共事件的爆发就容易激发他们的愤怒情绪，将其关注点引至问题的负面，很可能会导致过激行为发生。公共事件则更易被民粹主义利用，从而激化社会矛盾。而极少数别有用心之人往往会利用公共事件进行炒作，甚至制造谣言误导民众，激化社会大众的非理性意识，催生负面情绪。

第三，防止经济下行压力、市场风险积累导致的社会矛盾。一段时期内，我们重经济政策而轻社会政策，追求经济效益而忽视社会发展，在社会保障方面的公共投入比例较小。在财政投入方面又存在社会保险效率低，缺乏精算，不可持续等问题。当前，民众较普遍地对未来预期不稳，这些都会大大增加治理成本。

（二）健全现代社会治理体系必须关注"三大变化"

第一，社会结构带来的变化：国家权力运行跟社会实际运行业已"脱嵌"。过去国家和社会是绑在一起的，但现在国家权力很大程度上跟社会权利的运行是"两张皮"，很多社会组织，既不想从政府那获得资助，也不想参与政府的事情。因此，怎样去识别不同社会群体的组织形式和形态，是今后社会治理面临的新挑战。

第二，政治空间带来的变化：传统管制结构已无法进入、识别网上"微群"政治空间。原来的管制结构是结构功能主义式的，上面是人大、政府、政协、党群四大系统，一竿子插到底，在外围还有妇联、工会等组织，每个人的生活都与他们有关，如过去考研究生都要开证明，但现在越来越多的人生活在新的政治空间，如网络空间等。这些领域跟公共安全高度相关，越来越多的风险来自未知领域。如何增强意识和能力去了解新型政治空间的运行情况，是我们未来社会管理和社会治理必须认真研究的课题。

第三，新技术革命带来的变化：社会治理、政府管理面临新挑战。一些地方政府在治理上"项目思维"太浓，而监管、治理能力又面临"本领恐慌"。我们不少干部靠主观意志和个人偏好进行管理，造成不少城市或多或少留着个人印记。针对新情况、新问题和新变化，用传统"严防死守"的思维和做法进行社会管理，一定会造成治理上的经济隐患与社会风险。未来我们尤其要防止形式主义、官僚主义而导致的"治理失败"风险（如 2019 年 3 月江苏盐城"响水事件"，就是一件典型的"治理失败"案例）。

二、健全现代社会治理体系须处理好几对矛盾关系

（一）必须坚持党的领导、人民当家作主、依法治国有机统一

从治理社会到社会治理，有一个培养发育过程。我们的公共社区精神、居民素质还未达到发达国家水平。未来基层社会治理更复杂，治理难度系数更高，必须注意提升政府治理和社会自我调节、居民自治良性互动。互动能级高低有三个衡量标准：一是政府"有形的手"、市场"无形的手"和居民"自治的手"形成有效合力；二是解决群众"急难愁盼"问题且群众获得感、安全感强；三是解决当前基层社会治理的绩效评价、干部正向激励问题。在强化以人民为中心执政理念的同时，要纠正一些地方的形式主义、"处处留痕迹""扰民式"的基层治理作风。

（二）必须处理好共治与自治的关系

一是正确处理好党建引领与多元共治的关系。多元共治是社会治

理的时代趋势，坚持党建引领，决不意味着让党组织大包大揽承担、解决社会治理中的所有问题，各级党组织要善于把为民执政的意图通过共商共建途径化为各类组织共治自治的措施，引导基层多元主体融入社会治理和服务。

二是行政推动是实现治理目标的有力保证。政府既要深化体制改革，又要强化主体责任，尽力为群众提供基本公共服务，又要主动开放公共资源；在保证"底线民生"供给的同时，不断提升做好"质量民生"工作自觉性；社区基层组织要充分依靠群众，做到重心下移，健全社区党组织领导的居民委员会、业主委员会和物业服务企业之间联动机制，共商区域发展、共同服务群众、共建美好家园。

三是正确处理好群众参与和基层协商民主关系。针对当前社区治理行政化问题，应有意识培养年富力强的群众积极参与社区议事，建议每个社区举办居民议事会。在民主决策方面，把联席会议、居民议事会、民主听证会等作用发挥好；在民主管理方面，加强现代化居委会建设，依法组织居民开展自治实践活动；在民主监督方面，推进政务公开、民主评议，将基层协商民主的有效做法和途径制度化、规范化、程序化。

（三）必须处理好秩序与活力的关系

习近平总书记指出，"社会治理是一门科学，管得太死，一潭死水不行；管得太松，波涛汹涌也不行。要讲究辩证法，处理好活力和秩序的关系"。[①] 一个地方社会治理好不好，要看当地是不是"经济

---

① 《习近平关于全面建成小康社会论述摘编》，中央文献出版社 2016 年版，第 139 页。

发展有质量、社会更安全、民众感受更公正"。俗话说"民意如流水"。因此，"十四五"期间社会治理的重点是解决好秩序与活力的关系。

新中国成立后，在计划经济时代，政府通过单位制、街居制和人民公社制度对人民实行全员的行政化管理，那时社会治理特点是秩序有余而活力不足。党的十一届三中全会后实行改革开放，我国从经济体制改革走向全面改革，社会活力得到极大释放，这时社会治理特征是活力有余而秩序不足。党的十六届四中全会以来，党中央提出加强和创新社会管理，党的十八届三中全会又提出创新社会治理体制，建立科学有效的社会治理体制，旨在让全社会充满活力，又要让全社会稳定有序。如何摆脱"一管就死、一放就乱"局面，走出一条"管而不死、活而不乱"之路，构建一个活力与秩序相统一的社会，需要做到以下三方面：其一，以巨大的政治勇气和智慧继续全面深化改革，建立公平的竞争机制和分配制度；其二，完善社会保障制度，努力改善民生，解除人们的后顾之忧，建立有效的激励机制；其三，准确预测、评估形势，建立利益均衡机制，用制度有效解决问题。

（四）必须处理好治理与管理的关系

时下健全社会治理体系，民间"众创"活力无疑会创造更加丰富的民间"软法"，促发更加多样、更加智慧共享的社会治理秩序。然而，这也会带来新的问题和挑战。如网约车、短租平台等智能互联网新业态，既展现了共享经济与智慧社会建设成就，又开启了前所未有的"众创"式制度变革与创新模式，包括植入嫁接的法律变革方式、众创试验的规则生产路径、技术正当性的诉求策略以及双向构建的秩序结构。这就需要按照新时代的治理要求，确立"共建共治共享"的治理理念，秉持包容普惠的基本原则，采取同步分享、增量赋权的制度变革策略。同时，也需要政府基于公益立场，对各种"互联网+"新业态、智慧经济新模式进行有效规制，抑制资本垄断和限制私人偏好，促进多元平衡、保障民生权益和维护社会公平。

社会管理是为了更好地服务，通过社会建设和管理让人民群众得到实惠。因此，社会管理要与社会建设、改善民生结合在一起。寓管理于服务是政府职能转变的关键。过去每年夏天，山东省济南市附近很多瓜农都要进城卖西瓜，随处摆摊、乱扔瓜皮，妨碍交通、影响市容。老办法就是"赶"，不许卖，追着到处跑。转变理念后，济南城管到郊区调研，了解西瓜产量，估算进城卖瓜的瓜农数量，然后到居委会研究哪些地方可以作为卖瓜的点儿，最后画出一个"西瓜地图"，送到瓜农手里，告诉他们在这些点儿是可以卖的，不仅不罚款，而且不要钱。一张"西瓜地图"既让瓜农安心卖瓜，也让城里人可以吃到新鲜西瓜，困扰管理者多年的难题得到了化解。从"为城市管理人民"向"为人民管理城市"转变，一个理念的转变绘就了干群关系的新面貌。

三、健全现代社会治理体系的基本思路与政策建议

（一）健全现代社会治理体系的基本思路

为回应对上述社会治理重难点问题的关切，笔者提出创新社会治理的思路具体包括以下四方面。

一是构建本土化的社会治理理论。在面对我国社会转型前所未有之大变局、西方普遍面临治理困境、人类社会其他社会治理形态无法

被照搬照抄的背景下，应对社会治理现实的需要，我们应扎根中国实践，梳理中国治理传统，认真调查研究，自觉创新社会治理理论。

二是社会治理创新须完善政府治理、推进多元"共建共治共享"体制形成。社会治理创新是一项系统工程，需要有效政府、活力社会、市场机制以及社会组织来平衡"看得见的手"和"看不见的手"。政府层面要真正做好"放管服"，包括进一步改善营商环境，提升公众对政府的信任。监管要以引导服务为主，依法推进，形成有利于群众和社会组织参与、促进公共服务均等化、维护社会和谐与活力的法规及政策体制机制。

三是在改善民生中提升社会治理质量与水平。现行的综合治理重在治标，核心还在解决民生问题。社会治理中出现的问题要在发展中解决，与政府阶段性重点工作创新融合，大力推进公共服务的有效均等供给。

四是注重新技术手段与传统文化、社会力量相结合。现代技术手段长于监测、预警与应急处置，传统文化重在自治、约束。要真正实现社会管理向社会治理的跨越，必须按照党的十九大精神"保护人民人身权、财产权、人格权"，实现包含大数据在内的智慧社区建设，以及现代信息技术与传统文化、民间自治力量的多元结合。

（二）健全现代社会治理体系的政策建议

第一，以"微中心建设"为抓手，促进都市圈高质量发展。

2019 年，国家发改委经国务院授权发布了《关于培育发展现代化都市圈的指导意见》，都市圈发展上升为国家战略。目前，中国都市圈的时代特征愈发明显，人口增长、就业通勤、空间扩张和产业联系均呈现都市圈化格局。2018 年，我国城镇化率达到 59.58%。依据反映城镇化过程的诺瑟姆曲线推算，当城镇化率进入 60%~70% 区间时，城镇化动力就会从数量驱动型转向结构分化型，城市群内的都市圈也将成为城镇化"主角"。中国都市圈与国际比较差距并不在核心区，主要在"微中心"和节点城市的差距上。以东京都市圈为例：50 万~100 万级（人口）城市 5 个，20 万~50 万级城市 18 个，5 万~20 万级城市 84 个，而北京都市圈的相应数字分别为 2 个、7 个和 8 个。目前，我国都市圈节点城市、"微中心"发展严重不足，跨城交通建设非常落后。如北京市郊铁路仅 290 公里，远低于东京 4476 公里、伦敦 3076 公里，而北京极端通勤平均需要 72 分钟，54% 集中在北三县。

"十四五"期间，一要将节点城市、"微中心"建设发展纳入都市圈空间规划体系和范畴，促进都市圈空间体系结构的集约化和合理化。二要以公共交通和社会服务设施建设为导向开发建设"微中心"，优化都市圈空间结构。三要完善基本公共服务共享机制，发展多层次、多制式无缝连接的综合交通系统，构建以城际铁路、市郊铁路和市域轨道为主体覆盖都市圈的综合交通网络。四要发挥政府引导作用，积极引入社会资本参与都市圈基础设施建设、公共服务供给、新区新城建设，降低政府负债风险，提升外围地区城镇化水平。

第二，打破行政管辖边界，尝试跨区域有效配置资源。

尽快构建跨区域生态环境保护共保共治，财税共摊均享，交通、公共服务共建共享的社会治理新格局。这涉及规划、土地、人口、生态、公共服务、基础设施等方面机制创新，也是"十四五"改革发展的重要方向。

一是实现跨区域治理从"末端治理"转为"源头联防"。可借鉴西欧莱茵河流域横向生态补偿的成功经验，加大京津冀、长三角江河湖林生态廊道和生态屏障建设力度，建立京津冀、长三角开发地区、受益地区与保护地区的横向生态补偿机制；加强环境风险"过程联控"和污染问题"后果联惩"，完善环境保护信息强制性披露、严惩重罚等制度，建立区域生态环境违法"黑名单"制度，落实联合惩戒措施。

二是探索实现跨区域财税治理分享机制。最早开始这一探索的是珠三角地区，广东省委、省政府甚至将分税制作为扶贫手段，以解决粤北和珠三角地区发展不平衡问题。"十四五"期间可借助长三角区域一体化，推动长三角地区投资市场相互开放，打破地方政府各自为政、封闭经营，让地区间财政转移不受行政更替的影响。在投资方面，应清除市场壁垒，将地方政府投资与税收分成挂钩。

三是创新实现跨区域合作治理。时下京津冀协同发展、长三角区域一体化正在协调推进。如某人驾车在江苏违法，未缴纳罚款，但不影响其在沪通过车辆年检，这导致长三角省市高速公路收费站附近部署很多警力，专门"捉拿"外地"违章车"，耗费警力，且仍有不少不走高速公路的"漏网之鱼"。对此，我们可借鉴欧盟的做法，打破各地行政边界约束，建设区域一体化交通网络，使大学生、老人、儿童、低保人员等弱势群体能够享受区域交通卡免费服务，从而使民众对区域一体化的支持、认同增强。

第三，保障常住人口的基本公共服务，积极促进农业人口城镇化。

时下，在一些特大城市，政府一方面希望人才落户，另一方面又在一定程度上控制人口规模，使实际落户需求和政策之间存在一定矛盾。现实中，越是容易落户的地方，可能越是人们不愿意去的地方。2018 年底，我国城镇人口年度增量构成中，大约 16% 为自然增长，即城镇人口生育带来的增长；5% 是农转非人口；26% 为农民工增长的贡献；最大的 53% 来自所谓"就地变更"，即行政区划变动导致的城镇化。国家统计局数据显示，2017 年末，全国大陆总人口中，城镇常住人口占总人口比重（常住人口城镇化率）为 58.52%，户籍人口城镇化率为 42.35%。常住人口城镇化率与户籍人口城镇化率有着 16% 的差距，意味着仍有 2 亿多人在城镇生活，却没有城镇户口。最新调查表明，80% 的进城务工人员表示并不愿进城入户。为此，"十四五"期间应进一步促进农业人口城镇化，保障常住人口的基本公共服务。

第四，将实现进一步对外开放作为健全社会治理体系的重要途径。

"十四五"期间中国开放的步伐不会停止。从减少企业经营壁垒、提升开放性、完善治理体系等视角观察，开放治理应聚焦以下三方面。

一是企业营商环境的国际化。按照 FTA（自由贸易协定）、WTO规则，营商环境国际化大体涉及：准入前国民待遇。要点不是一个企业和另一个企业享受同等国民待遇问题，而是能不能有生存权、出生权的问题；准入后不同企业应按照负面清单管理；知识产权保护、生态环境保护、劳动力权利保障等方面要求同等国民待遇，合理解决不同所有制、不同企业的"竞争中性"问题。在政府采购、银行贷款等方面，不同所有制之间处理同样事项，应遵循同样规则；取消各种补贴；加大开放准入领域，或者开放度不够的领域，如教育、卫生、文化、服务贸易、服务业、金融业等。

二是增加科技、人文国际学术交流，扩大开放。现在，我们的开放度还远不够。我们应加大开放力度，增加与世界各国多边的科技、人文学术交流，我国高校在国际化方面还有大幅度提升空间。

三是入境旅游、工作、学习的便利化。时下，外国人反映在中国生活、工作中还有诸多不便，如签证、上网、移动支付和英语标识等。目前，每年大约 3000 万外国人来中国旅游、参加商务交流，其数量尚不如日本每年入境人数。调查显示，对于大多数外国人来说，来到中国之后普遍对中国的好感大增，如果签证、上网、移动支付和英语标识等方面能有所改善，不但可以大幅度增加外汇收入，更可以提升中国国际形象，进一步增进高校、企业对外交流，进而提升整个国家创新能力。

总之，"十四五"期间，中国应该抓住机会，进一步提升经济的开放度，减少各种国际交流壁垒，提高营商环境的透明度。

第五，将"独生子女父母养老"提升至国策，制定中国版"百年安心计划"。

一是坚持党和政府在城市养老服务体系建设中的主导作用。明确政府在养老福利政策和基本养老服务方面的职责和任务，把加快发展养老服务体系建设列入保障和改善民生的重要议事日程。通过明确阶段性、刚性任务要求推进养老事业发展，以推动"十四五"规划编制和立法研究；强化民政在养老服务工作中的牵头作用，新一轮机构改革对民政开展养老服务带来全新机遇，明确了民政部门在养老服务方面的职责定位；建立民政牵头的工作推进体制，通过建立行业规范、提升服务标准、强化行业监管，发挥社会各方主体积极性，整合各方资源，集中力量解决大城市养老工作中遇到的各种问题。

二是针对独生子女父母，在政策规定的退休金基础上，上浮5%～10%。在政府财政支持下，适当提高农村独生子女老年父母的养老保险金。一孩生育政策虽已结束，但当它带来的红利逐渐消失的时候，所引起的人口结构失衡和社会加速老龄化问题也开始凸显。为此，必须做好长期还本付息的准备。在统一的国家政策基础上，政府还应特别关注失独父母的养老问题。对于生活不能自理的失独老人，政府应为其购买护理服务。

三是制定中国版的"百年安心计划"。"十四五"期间，应提高公共养老金保险费上限，设置养老金给付下限，确保养老金替代率维持在50％以上。上调国库负担比例。制定逐步上调领取养老金年龄的长期计划，引入"宏观经济指数调整率"，构建一个养老金账户的"财政自动平衡机制"。宏观经济指数调整率主要根据少子化、老龄化对公共养老金的影响分别计算后加总得出，即养老金支付水平的调整要依据标准工资和物价水平的上涨情况上调支付标准，根据参保对象减少以及人均预期寿命延长情况调整养老金支付上涨幅度。完善养老金征缴制度，提高养老金征缴水平，单位缴纳养老金比例要用更严格的制度来保证，维护全民的养老金账户，维护市场经济的公平竞争环境。

第六，把"健康生活"纳入社会公共政策，提升国民整体健康水平。

目前，由政府主导、部门协作、全社会参与的"健康中国"机制尚未建立，这也是党中央明确把健康融入所有政策的原因。当前，我国中风患者年轻化趋势很明显。据调查，近一半是 40~60 岁的人，甚至还有一些 30 多岁的年轻人。高血压、血脂异常、糖尿病、房颤以及很多生活方式和行为等可能引发的各类疾病，都开始年轻化。美国、日本以及北欧一些国家都已制定了健康法，日本甚至管到了腰围，如果一个单位腰围超标的人多了，就必须在 3~6 个月内减下去，否则要处罚这个单位。还有的国家规定，50 人以上企业，必须有一个职业卫生医师来负责健康问题，效果很明显。

为此，"十四五"规划应通过法律，把"健康生活"纳入社会公共政策。如一定规模的单位、企业必须设立健康联络员或健康管理员，以督促、提升国民整体健康水平，这既是回应人民对美好生活的向往，也是国家治理现代化的题中应有之义。

第七，加强党建引领，进一步健全社会治理体系的制度创新。

当代中国社会治理转型是一个多线程的并进模式，涉及三条基本主线：一是本土情境下多元治理结构的发展；二是涉及政府职能转变的过程与机制；三是围绕经济、技术发展形成的新空间治理网络与治理机制。这三条主线相互交织，构成了当代社会治理模式转型的总体图景。"十四五"期间要进一步加强党建对我国社会治理的创新引领。

一是以党建引领社会治理创新，为治理转型中公共性与公共空间培育提供制度保障。社会多方主体参与治理需要激励参与主体对公共问题的持续关注。"十四五"期间，党建的多层次引领功能应更注重"软体"的价值、人才、专业和项目引领，以实现活力迸发与"嵌入式"的柔性引领并进。

二是强化社会治理创新中的体制机制协同。"十四五"期间，在创新社会治理、加强基层建设实践中，应形成"市—区—街道—居民区"四级联动的党建工作联动体系，以保障不同层级社会治理创新形成制度合力；同时以区域化党建为依托，强化"条""块"协同，推动各类单位参与社区治理。

三是在多维空间延展党建治理网络，实现基层社会的有效治理。基层党建工作应注重形成全覆盖的党建工作网络，注重针对经济社会生活中不同性质的空间形成精准发力的工作路径，如在楼宇空间中，围绕公益、慈善、文化等现代组织关注的核心领域，形成宽松的党建网络；在流动空间，围绕公共服务递送等焦点问题形成动员网络，进一步对"溢出"传统行政治理网络的社会空间进行有效吸纳；在互联网空间，围绕议题设置、引导公众注意力分配等策略，构建开放、具有向心力的党建网络。

（摘编自《毛泽东邓小平理论研究》）

作者：杨雄［上海社会科学院社会学研究所所长］

吴忠民：积极推进新时代条件下的社会建设

中国共产党始终把人民对美好生活的向往作为奋斗目标。党的十九大作出中国特色社会主义进入新时代和社会主要矛盾发生变化的重大政治判断，这对改善民生领域的工作提出更高、全新的要求。

一、新时代社会建设的主要着力点

中国近年来的社会建设取得了不小的成就：中等收入群体得到有效发育；改善民生已经成为社会共识，特别是十几年来政府大幅度增加用于民生的公共投入，在底线民生方面取得了明显的成就，如精准扶贫政策的实施富有成效；社会治理愈益受到重视并取得明显进展，如社区治理、社会组织发育的成就较为明显。客观上看，在短时间内社会建设能够发展到这个地步，实属不易。

同时应当清醒看到，由于历史欠账较大以及缺乏经验等种种历史和现实的原因，中国的社会建设尚存在不少问题，难以适应新时代现代化建设进一步发展的要求。正如党的十九大报告指出的，改革开放以来"我国社会生产力水平总体上显著提高，社会生产能力在很多方面进入世界前列，更加突出的问题是发展不平衡不充分，这已经成为满足人民日益增长的美好生活需要的主要制约因素"。而且同经济建设成就相比，社会建设相对滞后，"民生领域还有不少短板，脱贫攻坚任务艰巨，城乡区域发展和收入分配差距依然较大，群众在就业、教育、医疗、居住、养老等方面面临不少难题"，民生工作还有不少不尽如人意的地方。社会建设发展的"不平衡不充分"现象表现在多个方面，其中，以下几个方面的问题需要着力解决。

第一，提高中等收入群体比重。

社会结构事关一个社会的基本力量配置。社会结构状况，不仅影响该社会现实和未来推动力量的强弱，而且还会影响社会的安全运行。在现代社会和市场经济条件下，公正合理的社会结构应当是以中等收入群体为主的"两头小、中间大"的橄榄型社会结构。这一结构反映出社会成员的实际能力与收入状况之间的合理对应，因为在一个社会当中，能力强者和能力弱者均占少数，而能力居中者占多数。同时，这样的社会结构对于社会的和谐与安定也是十分有利的。在多数发达国家，中等收入群体的比例一般在60%以上。

针对中国目前中等收入群体比例较小的问题，党的十九大报告在对2035年基本实现社会主义现代化的目标进行描述时，提出中等收入群体比例明显提高的目标要求。目前，中国中等收入群体比例到底有多大？投资银行瑞士信贷发布的《全球财富报告2015》认为："中国中等收入群体虽然仅占全国成年人口的11%，但按绝对值计算却是全球最多，达1.09亿名。"有学者认为："当前我国中等收入群体比例大致为23%~25%，规模约为3亿人。"还有学者认为："直到现在，根据各种定义测算的我国中等收入人群家庭或中产阶层家庭的比重，都在25%~30%。"虽然按照不同的测算方法，有关测算有不小的差别，但中国中等收入群体的比例偏低是一个共识。

影响中国中等收入群体发育的因素是多方面的，如居民收入增幅相对缓慢、财产性收入的来源渠道相对有限、完整的社会保障体系尚未建立等。其中，还有一个重要的瓶颈值得我们高度关注，这就是作为中等收入群体的"后备队伍"——农民工群体的社会经济处境不够乐观。2016 年底，全国农民工总量 28171 万，城镇就业人员为 41428 万。而农民工大多在城镇工作。这样看来，农民工总人数已远超过城镇就业总人数的一半。显然，农民工的具体状况，直接影响中等收入群体的发育。问题在于，目前农民工不仅收入偏低，而且"尽管他们所从事的是非农领域的职业，但由于他们来自农村，其社会身份没有被完全认可，其身份仍然是'农村居民'，社会身份与职业身份明显分离，因而享受不到同城市居民一样的市民待遇"。所以，妥善解决农民工收入待遇偏低及其"市民化"身份的问题，是中国中等收入群体正常发育的重要前提之一。扩大中等收入群体比重，是新时代提高人民收入水平的重要着力点之一，也是中国形成稳定的橄榄型社会结构的重要途径。

第二，改善民生尚有较大的努力空间。

一是一些部门和地方政府的主要考核指标应该与经济新常态相匹配。中国是一个后发国家，现代化是政府推动型的现代化模式。政府在现代化建设中扮演着极为重要的角色。进一步地看，在中国，政府制定干部考核指标对形成怎样的现代化建设结果有着十分重要的影响。在改革开放初期，中国亟须把经济发展上去，把"蛋糕"做大，否则改善民生无从谈起。发展经济的极端重要性，使不少地区过度看重经济考核指标，特别是过度看重 GDP 和财政收入这两个指标。这种做法具有一定的历史合理性，曾经有效地推动了经济的发展。但是，在"人民日益增长的美好生活需要和不平衡不充分的发展之间的矛盾"开始凸显的新的时代背景下，在新发展理念开始成为党的基本发展理念的条件下，需要将多方面的重要发展指标特别是民生指标考虑进去。正如习近平总书记指出的："要改进考核方法手段，既看发展又看基础，既看显绩又看潜绩，把民生改善、社会进步、生态效益等指标和实绩作为重要考核内容，再也不能简单以国内生产总值增长率来论英雄了。"① 但在一段时期内，一些部门和一些地方政府并没有将民生指标列为硬约束性考核指标，民生指标与经济发展指标没有形成相应的匹配。客观上，这就会使一些地区没有给予民生问题应有的重视。相应的，在民生建设领域还存在一些短板。

二是优化公共投入顺序。现代社会的公共投入一般以民众的基本需求为基本着眼点，以民生问题为优先。习近平总书记指出，"财政等公共资金配置使用要向民生领域倾斜"②。近年来政府大幅度加大了民生支出，在很大程度上矫正了以往公共投入优先顺序明显颠倒的状况。但由于积重难返等多方面的原因，中国公共投入的优先顺序仍然存在不尽合理之处。一方面，国家在基本民生方面公共投入的比例仍然偏低，在世界上属于后列国家。此外，政府的收入还包括大量土地方面的收入以及举债，而这些收入主要用于非民生支出；不同社会群体所享有的社会保障带有明显的"双轨制"的不平等色彩。如果把这两个因素考虑进去，中国用于民生的公共投入的比例实际上更低。另

① 《建设一支宏大高素质干部队伍　确保党始终成为坚强领导核心》，《人民日报》2013年6月30日。

② 《习近平在黑龙江考察调研时强调　深化改革开放优化发展环境　闯出老工业基地振兴发展新路》，新华网2016年5月25日。

一方面，不合理的公共投入比重过大，且位居世界前列。中国行政成本仍然偏高。对于行政成本的计算，"学术界比较认同的用一般公共服务支出、公共安全支出和外交支出（不包括对外援助）3 项相加对行政成本进行统计"。按照这种方式计算，"2007 年行政成本占财政支出的比例为 22.20%，此后整体来看该比例下降，下降幅度最大的是 2009 年降为 18.38%，2015 年行政成本占比为 13.2%"。应当承认，近年来中国在降低行政成本上的成效十分明显，但 13.2% 这个数字在世界各国中仍属偏高水准。更为重要的是，中国在"豪华型"的城镇化建设方面投入仍然过大。既然公共投入优先顺序错位问题仍然没有得到根本性解决，那么，民生状况的根本性好转也就存在很大的障碍。

三是缓解收入分配差距过大等社会不公现象。习近平总书记指出："在我国现有发展水平上，社会上还存在大量有违公平正义的现象。"[①] 在种种社会不公现象中，收入分配差距过大是一个十分引人瞩目的问题。收入分配差距过大问题，能够比较典型地反映出民生改善的"不充分"。其一，基尼系数居高不下。中国的基尼系数 2008 年为 0.491，2009 年为 0.490，2010 年为 0.481，2011 年为 0.477，2012 年为 0.474，2013 年为 0.473，2014 年为 0.469，2015 年为 0.462，2016 年为 0.465，收入分配差距过大的现象没有明显的改善。其二，富裕群体总财富占比过高。目前公布的基尼系数往往侧重居民的收入差距。实际上，还有一个问题更加重要，是一般的基尼系数反映不出的，这就是居民的财富差距。虽然基尼系数有缩小的趋向，但人们之

---

① 习近平：《切实把思想统一到党的十八届三中全会精神上来》，《人民日报》2014 年 1 月 1 日。

间的财富差距越来越大。据西南财经大学和中国人民银行的联合调查显示，截至 2011 年 8 月，资产最多的 10% 家庭占全部家庭总资产的比例高达 84.6%，其金融资产占家庭金融资产总额的比例是 61.01%，非金融资产占家庭非金融资产总额的比例更高达 88.7%。其三，国家收入占比相对较高。2001—2015 年，国家一般公共预算收入的年平均增长率为 17.6%，城镇居民人均可支配收入的年平均增长率为 9%，农村居民人均纯收入的年平均增长率为 7.9%。这说明，政府实际收入在国民收入分配中的比例相对较高，居民收入相对较低。另外，民众税负过重。2016 年全国一般公共预算收入 15.96 万亿元。如此看来，中国民众的人均宏观税负已经超过 1.1 万元。职工的"五险一金"已占到工资总额的 40%~50%。

第三，加强社会治理和创新治理方式。

一是充分发挥社会组织在治理中的作用。随着现代化进程的推进，社会的专业化以及职业化程度越来越高，社会的各种复杂成分或子单元如行业协会、社区组织、志愿者组织以及兴趣协会等越来越多，社会越来越从一个原本的同质性社会转变为一个异质性社会。在异质性社会当中，越来越多的子单元具有某种特定的专业功能。对于这样一个越来越专业化复杂化的异质性社会的有效治理，需要以政府为主导、多方社会力量包括社会组织、企业以及个人的共同参与，单靠一方的力量已经远远不够。其中，社会组织是一支重要力量。换言之，离开社会组织的参与，即意味着缺少专业化的支撑，因而有效的社会治理难以实现。中国社会组织自身的薄弱，使中国的社会组织在参与社会治理中难以发挥有效的作用，以致政府难免包揽过多的社会治理事务。而现代社会高度职业化以及极端复杂性的特点，政府没有精力也没有相关的专业技能去包揽社会治理的一切事务。如果非得包揽社会治理的一切事务，那么这样的社会治理不仅不专业、效率低，而且由于政府在一些领域是"越俎代庖"，因而也会"代人受过"，使政府的公信力程度不同地受到损害。因此，培育社会组织并使其在社会治理中发挥有效的作用，是社会治理方式创新的重要途径。

二是加强基层社会建设。在新的历史条件下，工业化、城镇化进程的快速推进，使中国的基层社会建设表现出某种不平衡不充分状况。在城市，整体布局大幅度改观，大量新建小区纷纷出现，社会流动速率迅速加快，但城市的基层社会治理相对效率偏低，城市居民相互间的关系往往缺乏必要的磨合和涵育，公共活动空间较小，公众参与意识偏弱等。在农村，农业生产收入增长相对缓慢，青壮年劳动力特别是"能人"的大量流出，村庄大规模的合并以及大规模的征地拆迁等种种问题，使农村社会出现某种"空心化"的现象。在这样的情形下，相对城市基层社会来说，农村的基层社会建设的不平衡不充分现象更加明显。比如，在原来带有亲情的邻里交往模式瓦解之后，没有相应的新的人际交往模式予以代替；农村居民的公共活动空间愈益缩小，共同体意识以及相应的参与意识十分薄弱；等等。

三是建立充分、健全的利益协商协调机制。利益问题是社会成员最为关注的事情。社会治理的关键在于协调人与人之间的利益关系。而协调利益关系的关键在于通过必要的利益协商以及相应的必要利益让渡，使社会矛盾相关方程度不同地实现互惠互利、合作共赢，增进社会矛盾相关方之间的相互信任感，减小整个社会为现代化建设所付出的成本和代价。而且，随着现代化进程的推进，社会各个群体合作共赢意识普遍增强，整个社会愈加看重利益协商协调问题。党的十九大报告指出，"有事好商量，众人的事情由众人商量"。反观中国目前的利益协调协商状况，存在两个明显不足：一是社会各个群体之间尚未形成有效协调协商的机制。"只能看到党和政府不断地进行利益整合，却很难看到不同利益主体之间平等地、理性地、制度化地进行沟通、协商、谈判、妥协。"二是面对众多的社会矛盾纠纷，一些部门和一些地方政府有时只是重视面上的"不出大乱子"。为此，容易采取行政强制和花钱买平安息事宁人两种做法，而没有注重从社会矛盾纠纷的利益源头、从利益协调的制度层面解决问题。行政强制做法的不利影响在于：现有的社会矛盾纠纷并没有从根源上得到解决，而是由显性的社会矛盾纠纷暂时变成隐性的社会矛盾纠纷，并且相关的社会矛盾纠纷还会持续积累，还会使公信力下降，加深政府与群众之间的矛盾。花钱买平安、息事宁人做法的不利后果在于，不仅相关的社会矛盾纠纷没有真正得以解决，而且会让一些不该受益者通过"小闹小解决、大闹大解决"的违法违规方式获益，从而产生一种劣币驱除良币的不良效应，从长远看严重损害社会的公正。

二、推进社会建设遵循的原则

　　社会建设是中国特色社会主义"五位一体"现代化建设的有机组成部分。只有解决好社会建设发展的不平衡不充分问题，才能有效推进中国特色社会主义现代化的整体发展，才能实现中华民族伟大复兴的中国梦。在推进社会建设过程中，应遵循下列原则。

　　第一，以经济的发展夯实社会建设进步的基础。马克思主义经典作家在谈论共享及民生等社会建设问题时，无一例外地把高度发达的物质条件作为最重要的前提条件。经济是基础，没有发达的经济，社会建设不可能持续推进。党的十九大报告指出，"发展是解决我国一切问题的基础和关键""坚持解放和发展社会生产力""坚持在发展中保障和改善民生"。蛋糕不做大，就谈不上分蛋糕的问题。而且，缺少以市场起决定性配置作用的经济基础，社会建设也就缺少诸如畅通社会流动、大力发展社会组织等现代社会的需求和目标。相应地，社会建设本身的内容也就不可能是全面的、持续的。

第二，维护和促进社会公正。对于"五位一体"的中国特色社会主义现代化建设而言，社会公正具有"定向""把控"的重大意义。习近平总书记指出，改革发展要"以促进社会公平正义、增进人民福祉为出发点和落脚点"[①]。对于社会建设来说，社会公正更是具有基础性的"定向"意义。党的十九大报告指出，要"在发展中补齐民生短板、促进社会公平正义"。具体来说，社会公正对社会建设的意义在于：只有基于社会公正，才能消除各种"利益藩篱"，才能使社会流动渠道保持畅通，才能促进中等收入群体的健康发展；只有基于社会公正，才能真正重视和改善民生；只有基于社会公正，才能形成社会各个群体之间的利益协调协商机制，才能形成社会多元共同治理的局面。

第三，以法治精神推动社会建设。在社会建设中，必然会遇到如何解决社会各个群体千差万别的利益诉求问题。但是，并非所有群体的利益诉求都是合理的，弱势群体的利益诉求也并非都是合理的。因此，应基于法治精神来协调社会各个群体之间的各种利益关

---

① 习近平:《切实把思想统一到党的十八届三中全会精神上来》,《人民日报》2014年1月1日。

系。否则，各种社会利益关系之间的协调难以进行。法治精神的要义在于客观、中立，一碗水端平，以维护每一个社会成员的基本权利为出发点。不管一个人来自哪个群体，无论是富裕者还是贫困者，无论是多数群体的成员还是少数群体的成员，只要属于基本权利，都应当得到一视同仁的保护。这是因为，在现代社会当中，每一个社会成员都是平等的，都是社会合作中不可缺少的一方。在这样的情形下，正如党的十九大报告所指出的，应当"树立宪法法律至上、法律面前人人平等的法治理念""任何组织和个人都不得有超越宪法法律的特权，绝不允许以言代法、以权压法、逐利违法、徇私枉法"。从长远看，唯有如此，才能真正有效地协调好社会各个群体之间的利益关系。

第四，循序渐进地推进社会建设。社会建设是一个过程，这个过程又是由不同的具体阶段组成的，这些阶段是前后衔接的。中国正处在全面建成小康社会的决胜阶段，之后的 30 年又分为两个具体阶段：从 2020 年到 2035 年"基本实现社会主义现代化"的第一个阶段和从 2035 年到本世纪中叶"建成富强民主文明和谐美丽的社会主义现代化强国"的第二个阶段。每一个阶段面临的具体国情有差别，因而社会建设的具体任务不尽相同。所以，应当循序渐进地推进社会建设，切不可脱离具体国情试图一蹴而就地完成社会建设的基本任务。以社会建设中的改善民生为例。说到底，改善民生能走多远，受制于一个国家经济和公共财力实力的具体状况，要与国家的经济状况和财政状况相适应。在一定时期，需要改变民生支出比例过小的状况，但如果走向另一个极端即用于民生支出的比例过大而且又持续较长的时间，则会出现不堪重负的严重问题，不仅会严重削弱经济发展的后续推动力，而且不利于社会的安全运行。因此，社会建设应当"既尽力而为，又量力而行，一件事情接着一件事情办，一年接着一年干"，并且，还应当合理"引导预期"。

（摘编自《中共党史研究》）

作者：吴忠民［中共中央党校（国家行政学院）教授，社会和生态文明教研部副主任］

▲

第十编

建设美丽中国与生态治理

▼

▶ 生态文明建设是关系中华民族永续发展的千年大计。必须践行绿水青山就是金山银山的理念，坚持节约资源和保护环境的基本国策，坚持节约优先、保护优先、自然恢复为主的方针，坚定走生产发展、生活富裕、生态良好的文明发展道路，建设美丽中国。

周宏春：改革开放 40 年来的生态文明建设

一、推进我国生态文明建设需要处理好的关系和避免的误区

必须掌握和运用辩证唯物主义方法，做到"四个统筹"，正确处理好理念与实践、重点突破与整体改善、当前与长远、国内与国际等关系，发挥能动性，把握主动权。

（一）生态文明建设需要处理好的关系

协调好人与自然关系，关乎中国特色社会主义事业的伟大胜利，关乎"两个一百年"奋斗目标的实现，关乎中华民族伟大复兴及人类命运共同体的构建。坚决摒弃以牺牲生态环境为代价换取一时一地经济增长的做法，让良好生态环境成为人民生活改善的增长点，成为经济社会持续健康发展的支撑点，成为展现我国良好形象的发力点。既要从历史观的维度把握中国共产党的立党之本、执政之基、力量之源，又要立足于当代中国发展的阶段性特征和新时代人民群众对美好生态环境的需求，体现强烈的宗旨意识，顺应人民群众的美好期待。

树牢理念与自觉践行的关系。推进生态文明建设，必须树立绿色发展理念，不断增强社会大众的生态文明意识。我们必须着力解决生态文明意识日渐觉醒而实际行动滞后乏力的问题。一方面，生态文明

理念不会自发形成，其树立与培育需要一个长期过程。我们必须加大生态文明理念宣传教育的广度、力度和深度，切实增强全民的节约意识、环保意识、生态意识，营造爱护生态的良好社会风尚，使生态文明理念真正成为社会成员的广泛共识和行为准则。另一方面，我们既要改变思维方式，又要改变行为方式；既要改变生产方式，又要改变生活方式；既要改变经济发展方式，又要改变社会发展方式。无论政府、社会、企业，还是个人，都要从长远着眼、从细节入手，落实保护环境人人有责的理念，以自觉的行动贯彻和体现生态文明观，身体力行推动人与自然和谐发展。

重点突破与整体推进的关系。推进生态文明建设，既要抓好突出的生态环境问题，又要注重生态文明建设的系统性、整体性，更要从中国特色社会主义事业"五位一体"总体布局和"四个全面"战略布局出发，把生态文明融入经济建设、政治建设、文化建设、社会建设的各方面和全过程，重点抓好空气、水、土壤污染的防治，优先解决影响群众健康的突出环境问题。把推进生态文明建设作为一项系统工程，统筹资源节约、生态修复与环境保护，统筹源头治理、过程严管与排污不达标严惩，统筹生态理念传播、制度构建、技术创新与资金投入，使各环节各要素构成一个严密整体。推动实现生态文明理念与经济、政治、文化、社会等领域建设的有机融合，真正让绿水青山成为金山银山。

当前建设与长远发展的关系。既要立足当前，又要着眼长远；既要短期谋划，又要长远安排；既要采取有力有效行动，解决紧迫的环境问题，又应坚持预防为主，防治污染。以新一轮能源结构调整和技术变革为契机推动能源技术革命，建立和完善长久管用、能调动各方积极性的生态文明制度体系。既要着眼全面建成小康社会目标，贯彻落实党的十九大报告提出的今后五年生态文明建设的阶段性任务，形成节约资源与保护环境的空间格局、产业格局、生产方式和生活方式，又要着眼建成社会主义现代化强国、实现中华民族伟大复兴的中国梦，筹划中长期生态文明建设的战略目标、原则和路径，努力建成人与自然和谐共生的现代化。要结合各地区各部门各单位实际，进一步将宏观战略细化深化分化优化，形成切实可行的生态文明建设的施工图路线图，确保生态文明建设目标如期实现。

国内治理与国际合作的关系。必须统筹国内国际两个大局，构建以政府为主导、企业为主体、社会组织和公众共同参与的国内环境治理体系。立足中国国情，着力解决国内的生态环境问题，坚定走生产发展、生活富裕、生态良好的生态文明发展道路，建设美丽中国；积极参与全球环境治理，将我国生态文明建设纳入全球视野，推动各国开展生态文明领域的交流合作，争取国际话语权，为应对全球性生态挑战、推动世界可持续发展作出贡献。我国作为负责任的发展中大国将积极参与全球生态治理，承担同自身国情、发展阶段、实际能力相符的国际责任，充分运用"一带一路"倡议等多边合作机制，在管理模式、先进技术、经验成果等方面与国际社会开展交流合作，共同探索全球生态文明建设之路。

（二）生态文明建设需要避免的误区

与此同时，我们应当清醒地认识到，生态文明建设是一项复杂的系统工程，是一个长期的建设过程，不能立竿见影，必须按照自然规律和经济规律办事，避免陷入误区。

误区一：生态好等于生态文明了。文明是社会进步状态，生态文明是指人与自然和谐的状态。人是生态文明的主体，人类社会文明决定环境状况。生态文明，不仅要有良好的生态环境，更要有物质文明和精神文明，而精神文明对生态环境保护尤为重要。世界银行的相关研究发现，世界上一些贫困地区的生态环境很好，但由于物质十分贫乏，人们不得不"砍柴烧"，导致水土流失和生态退化。反过来又加剧了贫困，形成"贫困—生态退化—贫困"的恶性循环。简单地说，环境好了，精神文明也要相应跟上，才是生态文明的本义。

误区二：生态文明必然与经济发展对立。一些人"只谈绿水青山，不谈金山银山"。换言之，只强调生态环境保护的重要性，忽视经济发展的基础性。生态文明建设并不是不要发展，而是要低消耗、高效益、高质量的发展。发展也不仅指经济发展，更不能简单地等同于 GDP 增长。资源节约、环境保护、科技创新、文化繁荣和社会进步等，都是发展的内涵。"绿水青山就是金山银山"是一个完整表述。"既要绿水青山，也要金山银山"，强调在发展中保护，在保护中发展。我们既不能以牺牲环境为代价谋求一时一地的发展，也不能只讲环境保护，守着"绿水青山"放弃发展。生活富裕但生态退化不是生态文明，山清水秀但贫穷落后也不是生态文明。要实事求是地平衡好经济发展与环境保护的关系，把握好"度"。

误区三："有了金山银山，也买不来绿水青山"。误以为"有了金山银山，也买不来绿水青山"，将此等同于"宁要绿水青山，不要金山银山"。"宁要绿水青山，不要金山银山"强调，破坏绿水青山的金山银山，宁可不要；以人体健康为代价的一时发展，宁可不要；损害国家长远利益的发展，宁可不要。但与"有了金山银山，也买不来绿水青山"的意思并不完全相同。其一，"宁要绿水青山，不要金山银山"有个前提条件。在"两山论"诞生地浙江省安吉县余村，经济发展有了一定基础；其二，对联合国评价认为"不适宜人生存的地方"，花"金山银山"买"绿水青山"是得不偿失的；其三，塞罕坝、库布其的治沙实践证明：只要人们付出劳动，"荒漠变绿洲"是可以实现的。因此，在强调"宁要绿水青山，不要金山银山"时，也不应该否认，绿水青山可以带来金山银山，金山银山也可以用来建设绿水青山。

误区四：生态文明建设等同于环保工作。生态文明建设有广义和狭义之分。广义的生态文明建设包括生态环境建设、生态经济建设、生态社会建设、生态文化建设等方面；狭义的生态文明建设包括国土空间优化、整治与可持续安全，资源节约、保护与可持续利用，环境保护、污染治理与环境质量持续改善，生态保育、修复与可持续承载等方面。由此可见，环境保护是狭义的生态文明建设的一部分。无疑，在环境形势较为严峻的情况，环境保护应摆在生态文明建设的重中之重，但不能把生态文明建设仅仅看作对环境保护工作的提升。否则，生态文明建设就可能与生态文明体系中的其他方面脱节。与之相关，生态文明建设绝非仅仅是生态环境部门的职责，而需要所有政府部门都担负起相应职责。空间优化、资源节约、环境保护、产业升级、绿色建筑、绿色交通、社会转型、科技创新、生态文化、绿色消费、绿色财税、绿色金融等，都是生态文明建设的重要内容。从这个意义上说，2018 年的国务院机构改革，为建立健全生态文明建设的领导体制和部门联动，创造了有利条件。

误区五：生态优先就是环保优先。资源、环境、生态是一体的，是从不同角度界定人类生存和发展所依赖的自然界。资源侧重于利用的目的，如经济资源、战略资源等；环境侧重于生存的目的，如宜居环境、优美环境等；生态侧重于生物与环境及其相互之间的关系，人是生物物种之一。生态优先，是生物优先、环境优先，还是生物与环境关系优先，存在多解性，认识上的模糊必然带来行动上的多样性。例如，一些地方以生态建设之名行开发破坏之实；一些地方花巨资在河流和湿地上建起"三面光"的人工水泥堤坝，破坏了动植物与水的联系；一些地方违背自然规律，用"大跃进"方式建设生态城市，大搞大树进城，指望"今天栽树、马上乘凉"；一些地方"一刀切"关停企业，不仅影响当地经济发展，更增加了就业压力和社会稳定的隐患。

所有这些，都与生态文明建设原则和重点南辕北辙。我们既不能走入"经济发展必然破坏生态环境、生态环境保护必然影响经济发展"的误区，也不能忘记环境惠民，把生态环境保护作为懒政、庸政和不作为的挡箭牌。

二、环境保护是当前我国生态文明建设的重中之重

环境保护工作仍任重道远，必须打好打赢污染防治攻坚战。习近平总书记在党的十九大报告中指出："十八大以来的五年，是党和国家发展进程中极不平凡的五年。"我国生态环境质量持续好转，出现了稳中向好趋势，但成效并不稳固。生态文明建设正处于压力叠加、负重前行的关键期，进入提供更多优质生态产品以满足人民日益增长的优美生态环境需要的攻坚期，也到了有条件有能力解决生态环境突出问题的窗口期。

推动形成绿色发展方式和生活方式。如果我们的发展方式、生活方式不绿色，打好污染防治攻坚战是很难的，甚至做不到。加快加大生态系统保护和修复力度，增强生态系统服务功能。生态系统服务功能高低对生态文明建设至关重要。要加快形成生态环境治理体系的现代化和治理能力的现代化。通过改革释放出更多动能和红利，来支撑保障污染防治攻坚战取得更大更好的成效。形成可持续的发展方式和生活方式，是生产发展、生活富裕、生态良好的文明发展之路，也是美丽中国建设之路，更是中国为全球生态安全作出的贡献。

打好打赢污染防治攻坚战。加快大气、水和土壤污染防治，着力整治大气污染特别是雾霾问题，能源结构、运输结构和用地结构的调整优化力度；推进重点流域和区域的水污染防治，保障饮用水安全，基本消灭黑臭水体；治理和修复土壤污染，突出重点区域、行业和污染物，强化土壤污染管控和修复；实施流域环境和近岸海域综合治理，统筹山水林田湖草系统治理，打好农业面源污染治理攻坚战；优化生态安全屏障体系，构建生态廊道和生物多样性保护网络，提升生态系统质量和稳定性，坚持人与自然和谐共生。

形成污染防治攻坚战的长效机制。打好污染防治攻坚战，中央先后制定出台了三个行动计划。2017年开始实施的大气重污染成因与治理攻关实施方案，在"2+26"城市大气污染防治中，环境保护部对涉及大气污染的所有举报第一时间向社会公开，对交地方办理的问题，紧盯不放，不解决问题不松手；初步建立政府、企业、社会各方努力、共同参与、共同支持的机制。打好污染防治攻坚战，关键是"对症下药"。只有按照党中央的要求，加快进度、加大力度、狠抓落实，使生态环境质量得到不断改善，人民群众的安全感、获得感、幸福感才能更强。

　　我们一定要以习近平新时代中国特色社会主义思想为指引，牢固树立"绿水青山就是金山银山"的理念，坚持人与自然和谐共生，坚持节约资源和环境保护的基本国策，把自然资源利用好，把生态环境治理好、保护好，维护大自然对人类的永续供养能力，给子孙后代留下更大的发展空间，坚持一切从实际出发，标本兼治、攻坚克难，实现生态环境质量的根本好转和建成美丽中国的目标，早日迈进生态文明新时代，实现中华民族永续发展。

（摘编自《中国发展观察》）

作者：周宏春［国务院发展研究中心研究员］

马中：中国生态环境保护管理体制改革思路与举措

当前，我国生态环境形势依然严峻，旧的生态环境问题尚未得到解决，新的生态环境问题又不断出现，呈现出明显的结构型、压缩型、复合型特征，环境质量与群众期待还有不小差距。这迫切要求深化生态环境保护管理体制改革，为解决生态环境领域的深层次矛盾和问题提供体制保障。

一、生态环境保护管理体制改革的必要性

1989 年颁布的《中华人民共和国环境保护法》以法律形式确定了环境保护管理体制。其主要特征是二级多元管理。在国家一级，国务院环境保护行政主管部门对全国环境保护工作实施统一监督管理，同时，国家海洋行政主管部门、港务监督、渔政渔港监督、军队环境保护部门和各级公安、交通、铁道、民航管理部门也对环境污染防治实施监督管理。在地方一级，县级以上人民政府环境保护行政主管部门对本辖区的环境保护工作实施统一监督管理，同时县级以上人民政府的土地、矿产、林业、农业、水利行政主管部门也对资源保护实施监督管理。

2014 年修订的环境保护法基本维持了我国环境保护管理体制，

再次肯定了国家和地方两级政府的环境保护主管部门对环境保护工作的统一监管，同时也再次明确地方政府（除环境保护主管部门外）有关部门对环境保护工作实施监督管理。

正是由于这一"二级多元"的管理体制，长期以来，我国环境保护管理的职能、机构、能力不统一不健全，存在缺、分、弱、乱的状况，实际上，并没有真正实现环境保护法提出的"环境保护工作实施统一监督管理"的要求。

一是中国的地质环境保护基本处于没有监督管理的状态。国土资源部门具有"监督，监测防止地下水的过量开采与污染，保护地质环境"的职能。监督防止地下水污染的职责是独立于统一监管之外的。地质环境是不同于水、气和土壤环境并且同生物圈基本隔绝的第四类环境介质。我国利用地质环境处置工业污水、固体废物和放射性废物已经有多年的历史。虽然 2003 年制定了放射性污染防治法，但只是针对放射性污染物的地质环境处置，对其他污染物的地质环境处置并没有约束力。地质环境保护的监督管理在法律和管理体制上基本是空白，这对地下水的保护造成了严重威胁。

二是海洋环境保护被分割。海洋环境和陆地环境在生态系统和环境影响上存在紧密联系，但由于海洋环境保护法的制定晚于环境保护法，两部法律被有关主管部门认为是平行法而非上下位法。在环境保护法中，海洋主管部门是和港务、渔政同级的负责监督管理的行业部门。而且海洋环境保护法把监督管理的职能同时授予环保部门和海洋部门，使"统一监督管理"形同虚设，在事实上形成了两套并行的海洋环境保护管理体制。

三是气候变化没有纳入环境保护统一监管的范围。气候变化是重要的环境保护问题，与当地环境保护紧密相关。气候变化直接影响环境和生态状况，控制气候变化也与当地的污染排放有协同效应。特别是在我国，当地减排往往具有更大的全球边际效应。但气候变化尚没有成为环境保护行政主管部门的主要职能。

四是自然保护区的环境保护没有得到有效监管。占国土面积15%以上的各类自然保护区，面积已经达到147万平方公里，是我国生态环境安全的底线和保障。随着工业化和城市化的扩张，以及农业、农村面源污染的加剧，自然保护区的环境质量受到严重影响。但对自然保护区的环境质量，环保部门甚至没有掌握基本的信息，更谈不上监管。虽然自然保护区的管理由多个部门和地方政府负责，但对于保护区环境保护的监管应成为环境保护行政主管部门的职责。

五是编制水功能区划、排污口设置管理、流域水环境保护职责也独立于统一监管之外，长期以来一直由水利部门行使管理职能。

六是监督指导农业面源污染治理的职责一直由农业部门负责，以致形成了我国污染治理的城乡二元结构。

造成上述职能配置混乱的主要原因是公共管理思想和认识的落后，没有认识到生态环境保护是关系国家长期发展安全的公共利益，环保部门是代表国家行使统一监管生态环境保护的职责。其他政府部门，特别是负责自然资源开发管理的国土、水利、林业、农业、建设、海洋行政主管部门，是代表国家分别行使管理各类自然资源的责任。把环境保护的监督管理职责交给资源开发管理部门负责，必然会造成部门利益和国家利益的冲突，导致监管生态环境保护的职能错配，国家的生态环境利益受到损害。

同时，环境保护立法体系的定位失当也是重要原因。其一，相关法律位阶不清。通常认为，环境保护法为上位法，但下位法的构成出现了混乱。海洋环境保护法制定于环境保护法之后，海洋部门认为两法是同位法而非上下位法，两法又都规定了海洋部门具有监督管理的责任，因此造成了陆地环境和海洋环境分而治之的法律依据。其二，立法目标定位混乱。海洋环境保护法是根据保护环境要素立法，水污染防治法和大气污染防治法是根据控制污染某种环境要素的行为立法，固体废物法和放射性污染防治法又是根据控制特定的污染物立法。以防治污染立法的做法不能从根本上保护环境，也会给管理体制造成混乱，导致环保部门和其他部门的职能定位交叉、错位和重叠。因此，改变目前依据污染防治立法的做法，根据保护环境要素立法，包括水环境保护法、大气环境保护法、土壤环境保护法、地质环境保护法、海洋环境保护法、自然保护区法等，法律应明确规定生态环境行政主管部门统一监管生态环境保护的职能，包括监管地方和行政主管部门生态环境保护的职能。在国务院行政法规和部门规章层面，要根据法律制定控制污染和保护生态环境的执行细则。

二、改革和加强中国生态环境保护管理体制

（一）改革的总体目标

统一行使国家生态环境保护工作的监督管理，加强国家生态环境保护决策的权威性，提高生态环境保护监督管理的效果和效率，明确相关行政主管部门、行业主管部门保护生态环境和防治污染的职责，强化各级地方政府的责任。

（二）改革的基本思路

一是整体推进。生态环境管理体制改革的主要任务是优化职能配置和健全机构设置。职能优化是体制改革的核心。然而，体制是由制度决定的，体制改革要有完善的法律和政策制度支持。同时，体制、职能要具备高效的运行机制、强大的管理和执行能力。只有制度、体制和机制作为一个整体全面改进和加强，环境保护管理体制改革才有可能实现。因此，推进环境保护管理体制改革，不应仅仅局限于机构和职能领域，而应将上述三个方面综合考虑，整体推进。

二是因时制宜。我国行政体制改革的进程、依法行政的进程和法治建设的进程共同决定了生态环境保护管理体制改革的可能性和可行性。

三是从易到难。我国生态环境保护管理体制的改革任务繁杂，但改革的成本和可能性却存在很大差异。应从总体上分析和把握改革进程，审时度势，循序渐进，分清问题的轻重缓急和繁简难易，先从最容易实现的做起，有步骤地推进改革，确保改革取得成功。

四是反求诸己。体制改革涉及诸多部门，需要调整各种利益关系。改革不是只针对其他部门和外部关系，同样也包括环保部门内部的改革。从某种意义上说，生态环境部门内部的体制改革应该率先垂范，特别是内部机构的重组和职能的优化、国家和地方部门的关系改进、区域分局职能的加强、信息资源的共享和使用、人力资源的结构调整和质量提升等都是主要依托环保部门自身的力量就可以完成的改革。因此，生态环境部门应反求诸己，从自己做起，以实际行动加速推动改革进程。

（三）改革进程

一是建立生态环境行政主管部门统一监督管理生态环境保护工作、其他部门和地方政府负责实施生态环境保护和污染防治工作的生态环境保护管理体制。生态环境保护管理体制的机构设置和职能确立必须有国家法律和国务院的行政授权。通过进一步改革和完善相关法律和法规，明确规定生态环境行政主管部门具有统一监督管理生态环境保护工作的职能、其他行政主管部门承担防治污染和保护环境的责任，并接受生态环境主管部门的监督和管理。地方政府的生态环境部门负责本地区生态环境保护工作的统一监督管理，并接受上级生态环境保护行政主管部门的监督。

二是改进运行机制和加强能力建设。特别是加强和完善环境保护的资金机制、优化人力资源结构和提升人力资源质量、改进环境保护信息机制。其一，生态环境是最普惠的公共服务，生态环境保护资金是公共财政的重要构成，我国目前公共财政支出中用于生态环境保护的资金不足，增长率却最高，这表明国家对于生态环境保护日益重视。生态环境保护管理体制改革应抓住这一重大机遇，争取更多财政资金支持，建立和健全生态环境保护资金机制。其二，中国从事生态环境保护管理工作的人员总量不少，但结构不合理，大多数基层部门人力资源质量不高。国家和省级生态环保部门人力资源质量高但数量不足。可取消一部分县生态环保局的设置，把这些工作人员充实到市级和省级生态环境局以及区域机构，以此解决目前存在的人员紧张的问题。其三，信息缺乏、不对称和不准确直接影响生态环境保护决策的准确性、及时性，影响污染防治的执行效果。因此，建立和加强生态环境保护的信息机制是目前亟待改进的重点领域之一。结合政府推进的政务公开和信息公开的大背景，建议强化信息的管理、分析和使用。

三是由生态环境部统一监督管理自然保护区、国家公园、风景名胜区、地质公园、森林公园、湿地公园的生态环境保护。

四是由生态环境部统一监督管理地质环境保护工作。长期以来，由于地质环境的特殊性质，它和其他三类环境介质基本没有物质流动关系，地质环境保护一直处于没有统一监管的状态。但已经出现大量利用地质环境处置、处理污染物的行为，这些行为有可能污染地下水，破坏地质矿产资源。

五是将农业农村部组织渔业水域生态环境及水生野生动植物保护的职能调入自然资源部，生态环境部负责渔业水域生态环境保护的监管。

六是修改相关立法。其一，根据环境要素立法，改革现行生态环境保护法律体系。在我国的生态环境保护法律体系中，应明确环境保护法为上位法，改变现行生态环境保护法律主要依据污染防治立法的做法，下位法应为环境要素保护法，包括水环境保护法、大气环境保护法、土壤环境保护法、地质环境保护法、海洋环境保护法、自然保护区法。法律应明确规定生态环境行政主管部门的职责和其他相关行政主管部门的职责。每部法律应有明确具体的实施细则，以及生态环境部门和其他部门制定的行政规章。其二，增设关于地质环境保护的法律和条款。建议在环境保护法中设置关于地质环境保护的条款。制定关于地质环境保护的专项法律。2003 年制定的放射性污染防治法规定了利用地质环境处置放射性废物的法律要求，但对于利用地质环境处理、处置其他污染物没有法律效力。结合放射性污染防治法，建议制定地质环境保护法，并定位为环境要素法，由生态环境部负责地质环境保护的监督和管理。在制定法律之前，通过国务院"三定"规定确定生态环境部监管地质环境保护的职能。其三，修改现行海洋环境保护法，使之成为环境保护法的下位法，明确生态环境主管部门具有监管海洋生态环境保护的职能。

（摘编自《中国机构改革与管理》）

作者：马中 ［中国人民大学环境学院院长］

吴舜泽、郭红燕、李晓：完善环境治理体系　助力污染防治攻坚战

一、中国环境治理体系建设发展方向

党的十八大以来，生态文明建设和环境保护被摆到更加突出的战略位置，党中央、国务院提出实行最严格的环境保护制度，着力推动环境质量改善。《中华人民共和国环境保护法》和《生态文明体制改革总体方案》等文件的出台，进一步明确了环境治理体系的框架和内容，生态环保工作的核心和思路、治理格局、治理方式和手段等都发生了深刻变化，环境治理体系不断完善。

（一）生态环保工作核心和思路更清晰：从总量为主向质量核心、兼顾总量、防范风险转变

2015 年之前，我国主要基于总量控制思路推动环保工作。总量控制是当时的核心环境管理手段，在控制污染及遏制环境质量恶化方面发挥了重要作用。但随着工业化城市化进程的持续加速，污染新增量较大，加上总量控制手段并不能覆盖所有污染源排放的污染物，环境治理效果较为有限，难以带动环境质量全面改善，环保工作遭遇瓶颈。

基于此，"十三五"时期，国家优化和调整了生态环保工作思路，提出"以提高环境质量为核心"，统筹部署生态环境保护总体工作，同时注重环境质量改善与总量减排、生态保护、环境风险防控等工作的系统联动。以质量为核心工作思路的转变，直接带动后期环保目标指标的科学设定、机构改革以及中央环保督察、排污许可制度实施等在内的一系列行动举措，生态环保工作力度空前，成效显著。

（二）环境治理格局更合理：从小环保到"管生产、管发展、管行业的必须管环保"的大环保格局转变

多年来，环境部门一直是小马拉大车。尽管环境保护法规定地方各级人民政府应当对本辖区的环境质量负责，但由于责任不量化，考核问责机制不明确等，导致地方政府并没有真正担负起相应责任。

党的十八大以来，国家采取多项举措压实党委、政府及其有关部门的责任，初步形成了齐抓共管、各负其责、政策协同的大环保格局。具体包括：一是通过签订责任书等方式落实地方党委、政府及其有关部门的责任，并把地方政府在五年或一年的责任量化到一个断面或一个点位上，保证环境质量目标指标的完成；二是开展省以下环保机构监测监察执法垂直管理制度改革，通过上收环境质量监测事权，避免地方对环境监测质量数据的干扰；三是建立中央环保督察制度，成立生态环境部区域环境督察局，通过环境督察、监督检查、环境监察等方式，强化考核问责。目前，多地成立了生态环保委员会，制定环境保护责任清单，明确了党委、政府及其有关部门的环保责任，使"党政同责""一岗双责"从理念层级变为实操性的责任规定，推动了一批老大难问题和群众反映强烈问题的解决。

（三）环境治理单元更科学：从行政区域为主到适度兼顾区域流域环境单元转变

我国环境保护责任体系过分强调以行政区划为主导，环境保护法规定地方各级人民政府对辖区环境质量负责，但尚未明确规定区域性、流域性问题防治的主体责任，没有规定地方各级人民政府对周边区域、流域应负的应尽环境职责。这导致区域联防联控、流域统筹治理这类治理体系建设面临较大的体制障碍。

针对这些问题，国家进行了一些调整和探索。一方面，不断创新调整重点流域的水污染防治工作。与之前规划相比，《重点流域水污染防治规划（2016—2020 年）》新增了流域边界与全国水资源一级区及行政区划边界统筹衔接相关内容，同时提出探索建立将流域生态环境保护与领导干部自然资源离任审计、中央生态环保督察、生态补偿等生态文明体制改革制度相衔接的工作机制，落实地方政府、部门、企业主体责任。另一方面，不断建立完善污染防治区域联动机制。《生态文明体制改革总体方案》提出，要完善京津冀、长三角、珠三角等重点区域大气污染防治联防联控协作机制，重点在推进区域环保机构和按流域设置环境监管机制试点工作，使不同利益主体和区域流域治理的统筹成为可能。

（四）环境治理手段更综合有效：从行政执法向执法、司法、社会信用、经济市场手段综合运用转变

以行政执法为主的环境管理模式成本高，但效果并不理想，不足以促进企业依法全面达标排放，推动形成守法新常态。有鉴于此，我国已经从行政、经济、法治、社会信用手段及其综合运用方面入手，进一步出台和完善相关环境政策制度：一是注重发挥市场经济型环境

政策的作用。出台了生态补偿、绿色信贷、上市公司环境信息披露、环境污染责任保险、排污权交易、环境税等一系列政策，结合政府和社会资本合作（PPP）等手段推进环境治理与保护。二是开展环保领域失信联合惩戒。2016 年 8 月，生态环境部会同发改委、人民银行等 31 个部门联合印发《关于对环境保护领域失信生产经营单位及其有关人员开展联合惩戒的合作备忘录》，开展联合惩戒。生态环境部定期汇总惩戒对象的相关信息，并提供给各有关部门，同时向社会公布。政策的反向约束作用得到充分发挥，倒逼企业规范自身环境行为。三是打组合拳，综合运用行政、经济、法治、科技等多种手段，健全监管体系、投入机制和法治保障，生态环境治理能力得到进一步提升。

（五）环境治理施策更有针对性：从全面平推向突出重点、差异化施策转变

"十三五"时期，在考虑区域差异、流域和行业差异的基础上，环境治理更加注重突出重点、差异化施策。主要表现为：一是通过设定不同生态环保目标指标，精准提升重点区域、重点城市环境质量。在保留"十二五"期间控制的主要污染物排放总量基础上，增加重点地区重点行业挥发性有机物、重点地区总氮、重点地区总磷等区域性污染物排放总量预期性指标，突出环境质量改善的针对性。二是以生态空间管控引导构建绿色发展布局，划定并严守生态保护红线，根据区域差异性实施差别化的精细化管控，推行"三线一单"，分类推进环境保护工作。三是分区域、分流域、分阶段制定环境管理目标，将环境质量不降级、反退化作为刚性约束，实施环境质量改善的清单式管理。用三个五年规划左右的时间，推动珠三角、长三角、京津冀三大片区大气环境质量递进式达标；基于 1784 个单元，针对七大流域分别提出水环境质量针对性目标和措施，全国筛选 343 个单元优先治理改善；对农业用地、建设用地分别提出土壤环境污染防治管控措施，实施分类保护防治。

二、污染防治攻坚战背景下环境治理面临的新问题新挑战

近年来，特别是党的十八大以来，公众环境保护意识不断加强，绿色发展理念不断深入人心，环境污染治理力度不断加大，生态环境质量呈现出稳中向好的良好局面。但在污染防治攻坚战背景下，环境治理面临一些新问题新挑战。主要表现在以下三方面。

（一）现阶段生态环保工作比以往更为复杂艰巨，治理效果难以满足公众需求和期待，需要社会深度参与来推动或化解

环境问题是全社会关注的焦点之一，也是全面建成小康社会能否得到人民认可的一个关键。生态环境保护工作的目的不仅是确保生态环境质量得到改善，增加优质生态产品供给，还要满足人民群众对良好生态环境的新期待，让人民群众有获得感、幸福感和安全感。

但是，环境治理是一个长期、复杂、艰巨的工作，环境问题积重难返，多年来高速发展造成的环境问题短期内很难解决，环境质量改善很难一蹴而就，尤其难以满足人民群众的强烈预期。特别是，考虑到中国发展历程背景、资源环境禀赋、治理进程等因素，2020 年我国环境质量不可能全面达标，但具备明显好转的客观可能。如何在生态环境质量未全面达标的情况下尽可能增加社会公众的环境满意度？这是一个理论和实践上都需要研究探索的问题。国际经验表明，让社会公众深度参与环境治理进程，从前期的政策及方案计划制定到实施

过程再到后期治理效果评估，全过程参与环境治理工作，有利于发挥其作用并提高其满意度。通过参与和监督以及与政府相关部门沟通交流互动，能够了解和理解政府在开展环境治理中面临的重点、难点和挑战，合理调整自身环境预期，提升对政府的信任度，从而提升满意度、获得感。

（二）现阶段部分环境问题与公众利益和感受密切相关，社会关注度高，公众参与愿望强烈

"十三五"时期，我国生态环保工作聚焦环境质量提升、改善民生，其中一项重要工作就是解决人民群众反映强烈的突出环境问题，如雾霾天气多发、城市水体黑臭问题、"垃圾围城"、土壤污染、危废处置以及农村环境污染等。这些问题直接关系社会公众利益，公众最关心，反映也最强烈，参与治理的动机和意愿也很强。比如，城市黑臭水体是城市的主要顽疾之一，就存在于居民的房前屋后，看得见、摸得着、闻得到，不仅带来了极差的感官体验，也极大地影响了群众的日常生产生活，公众对黑臭水体治理的需求极为迫切，参与治理的愿望也较为强烈。黑臭水体治理，体现了治理重点向公众需求倾斜，如何治理和治理成效要听取公众意见。问需于民，问计于民，问绩于民，就是环境社会治理的一个很好实践。鼓励和引导公众参与环境治理，既有利于充分尊重群众的意愿，也有利于找准人民群众利益诉求点，进一步优化完善政策及治理方案，推动政策措施顺利落地和实施。

（三）现阶段部分环境政策的实施，直接作用或影响家庭和个人，社会参与的缺失不利于环境政策的实施，甚至引发矛盾纠纷

大部分环境政策规制和作用的对象是企业或排污单位，如生态环境法律法规标准、排污许可证制度、绿色金融、环境税、企业环境信用评价等，或是强制规定企业不可违反某些环境标准和法律法规，或是通过市场和经济手段改善企业环境行为。但也有一些环境政策，如"煤改气""煤改电"政策、机动车排放控制、重污染天气应急、农村污染控制、散乱污企业整治，会直接触及公众个人和家庭，个人和家庭是此类政策的利益相关方之一。

如果不能让公众从政策制定的前期就深度参与，政策在后期实施过程中很可能达不到预期效果，甚至会引发矛盾和纠纷。如"双替代"工作，关系北方地区广大群众温暖过冬，关系雾霾天能不能减少，是改善环境质量、提高群众生活品质的一项惠民工程，但是群众对"煤改气""煤改电"之后的相关费用及补贴问题、操作性、舒适性等存在不同程度的担心和顾虑。如果让其从政策方案制定的前端就参与进去，很多问题就会迎刃而解，不仅可以充分考虑群众想法和意愿，争取群众的拥护和支持，还能让其在了解和理解基础上提高主动性，积极配合，确保工作顺利推进。

三、以环境社会治理高水平发展助推污染防治攻坚战

良好环境质量已经成为环境民生需求热点，要有效应对和化解污染防治攻坚战背景下环境治理面临的新问题新挑战，亟须推动环境社会治理，引导社会深度参与环境质量改善进程，增强认同感和获得感。在当前污染防治攻坚战背景下，社会深度参与应该是：政府在充分听取市场和社会意见的基础上制定政策；市场和社会力量既享有参与政策制定的权利，也负有协助政府执行政策的义务。

在推动环境社会治理过程中，下一步需重点关注两个方面：

第一，明确政府、企业、社会公众的权利和责任。政府部门要意识到推动社会深度参与的实质在于本身，亟须转变自身角色定位，做实环境保护的监管主体，从包揽环境治理转向引入同盟军、强化共治；企业作为环境治理主体，应强化主体意识，公开关键实质性环境信息，为社会监督、参与和推动企业环境改善提供平台和条件，增强企业外部驱动力；社会公众是行动者、参与者和监督者，需要强化对自身权利和责任意识的认识，形成正确的环境权益观，并积极有序地参与环境治理。

第二，实现环境社会治理的手段方式与目的目标的有效衔接。要注意公众参与、信息公开的目的导向，推动实现实质性治理。一是要落实到以人民为中心、公共服务、环境权益、幸福感满意度、参与式决策治理等目的导向上；二是要落实到施政行为方式优化的目标导向上，注重过程性规划而不是结果性规划，虽然实践效率不一定最优，但一定是最稳定、大家最能遵守的方案。

（摘编自《环境与可持续发展》）

作者：**吴舜泽**［环境保护部环境规划院副院长］
郭红燕［环境保护部环境与经济政策研究中心副研究员］
李晓［中国社会科学院研究生院］

▲

第十一编

推动构建人类命运共同体与全球治理

▼

▶ 高举构建人类命运共同体旗帜，秉持共商共建共享的全球治理观，倡导多边主义和国际关系民主化，推动全球经济治理机制变革。推动在共同但有区别的责任、公平、各自能力等原则基础上开展应对气候变化国际合作。维护联合国在全球治理中的核心地位，支持上海合作组织、金砖国家、二十国集团等平台机制化建设，推动构建更加公正合理的国际治理体系。

黄平：人类命运共同体为全球治理提供"中国方案"

从百年未有的世界大变局和民族复兴的战略全局着眼，习近平主席提出了构建人类命运共同体的重要思想。构建人类命运共同体，是当代中国对促进世界和平发展和全球治理提供的中国方案。2018年，"推动构建人类命运共同体"载入宪法。这一凝聚着东方智慧的理念被赋予全新含义，表达了中国将携手世界各国为之奋斗的坚定意志，实现了中国共产党"为人类进步事业而奋斗"的庄严承诺。

一、中国坚持走和平发展道路

和平的国际环境，有利于实现"两个一百年"奋斗目标，有利于实现中华民族伟大复兴的中国梦。和平与发展，是一个铜板的两面：一方面，没有发展为基础和动力，中国和世界都不可能实现持久和平；另一方面，如果没有和平，中国和世界也不可能实现可持续发展。这也是为什么中国要坚定不渝地走和平发展道路的深刻道理之所在——和平，保证发展；发展，促进和平。

回顾新中国成立以来走过的历程，我们深刻认识到：只有坚定不渝地走和平发展道路，才能切实推进人民幸福和民族复兴的伟大进程，也才能为世界的和平与繁荣作出中国应有的贡献，为消弭全球治理赤字提供中国方案。

从新中国成立以来的历史脉络看，中国坚持走和平发展道路，既一以贯之，又来之不易。新中国成立初期，我们走上了谋和平、求发展的道路。当时国际上"冷战"已经拉开铁幕，我们百废待兴，以美国为首的"联合国军"打到了鸭绿江边，我们才被迫作出了保家卫国的重大决定，"以战促和"于1953年签署了停战协议。新中国代表团1955年出席亚非会议（万隆会议）时，经过周恩来与各国代表的平等对话，中国所倡导的和平共处五项原则获得了普遍认同，其精神被写入了《关于促进世界和平与合作的宣言》。和平共处五项原则不仅成为中国奉行独立自主和平外交政策的基础，而且也被世界上绝大多数国家接受，成为处理国际关系的准则和维护世界和平的基础。

改革开放之初，我们明确提出和平与发展是当今世界的两大主题，并由此提出中国可以在一个相对和平的国际环境下，坚持以经济建设为中心、致力于发展生产力和提高人民生活水平的发展战略。"冷战"结束后，中国更加积极主动顺应时代发展的潮流，通过进一步深化改革和对外开放，实现了中国人民从站起来到富起来的历史飞跃。以这么短的时间和这么小的代价，在这么大的人口规模和这么差的基础上，中国取得了如此大的成就，这是人类历史上第一例。

中国特色社会主义进入新时代，随着中国经济社会的快速发展和综合国力的显著提升，以习近平同志为核心的党中央再次明确提出，要始终坚定不渝地走和平发展道路，引领中国从富起来走向强起来。党的十九大报告强调"坚持和平发展道路，推动构建人类命运共同体"。和平发展道路，是一条和平与发展相互依存、内政与外交有机统一、本国利益与人类利益交互结合的新型发展道路；构建新型国际关系和人类命运共同体，是国际关系史和国际关系理论上的一大创举，也是人类社会发展史上的一大进步和社会发展理论的一大创新。

从新中国成立初期提出和平共处五项原则，到改革开放之初判断和平与发展是当今世界的两大主题，再到强调并重申中国坚定不渝走和平发展道路，推动构建人类命运共同体，其基本原则和价值取向不仅从来没有动摇过，而且一步一步在继承中发展，在发展中创新。

这，既是历史的选择，也是现实的选择，更是价值的选择。

历史的选择。纵观世界近代历史，西方列强总是试图通过依靠武力对外侵略扩张，并按照"丛林法则"与"零和游戏"实现自身利益的最大化。1840年后的中国饱尝被侵略被掠夺之苦，"百年魔怪舞翩跹"。1949年新中国成立以后，中国确立和践行了独立自主的和平外交政策，从提出和平共处五项原则到向世界作出永不称霸、永不扩张、永远不搞势力范围的庄严承诺，从提出走和平发展道路再到明确提出构建人类命运共同体，中国成为维护世界和平的中坚力量和国际治理体系改革的重要推手。这既是从近代以来我们受人欺负甚至任人宰割的惨痛历史中得到的深刻教训，也是历史给予我们的世界定位。

现实的选择。中国坚定不移地走和平发展道路，与各国一起构建人类命运共同体，也是基于我国的现实国情，根据中国的国家根本利益提出来的。新中国成立之初，我们底子薄、基础差，资源分布也很不均衡，和平的外部环境是我们聚焦国内发展的必要条件。经过40多年的改革开放，我们虽然从富起来走向强起来，但与各国携手共同推进国际治理体系的改革，进而构建人类命运共同体，仍然是并将始终是人间正道。

价值的选择。中国不仅是最大的社会主义国家，也是当今世界最大的发展中国家，还是延续了几千年历史的文明古国。中国人向来讲究"和而不同"、追求"天下大同"，"丛林法则""零和游戏"不是我们的价值选项。从新中国发展历程看，我们始终坚持国家不分大小一律平等，从中华文明的历史沿革看，侵略、掠夺、欺凌他人，从来不是我们的文化血脉和历史基因，我们坚持的是"己所不欲、勿施于人"。这背后的价值追求，既是"多元一体、和而不同"，更是"美人之美、美美与共"。

二、中国的发展带给世界的是机遇

毛泽东提出"中国应当对于人类有较大的贡献"[1]。新中国成立以来，我们既是这样说的，也是这样做的。我们不仅没有侵占别国一寸土地，也从来没有以殖民和掠夺方式来开展对外经贸交往。在以习近平同志为核心的党中央领导下，中国更是积极作为、敢于担当，甚至迎难而上、主动担当，为推动人类社会的发展进步、探索建设更加美好的新世界治理秩序与治理体系砥砺奋斗、不懈探索。

世界近代以来的历史充满了战争、侵略、掠夺以及不平等规则和不公正交易，背后是丛林法则、零和游戏，是强者更强、赢者通吃。两次世界大战后，人们痛定思痛，于是才有了联合国这样的国际性组织和联合国制度下的世界秩序，也形成了战后新的国际关系格局。即使如此，也没能阻止持续了近半个世纪的"冷战"。而且，世界几乎没有停止过局部战争和地区冲突。其他的国际机构和国际秩序，一方面它们很多继续在发挥作用，另一方面也大多需要改革和改善。

---

[1] 《毛泽东文集》第七卷，人民出版社1999年版，第156—157页。

对于世界上很多国家和地区来说，发展都是第一要务，和平都是第一保障。而中国这样的大国，曾经长期处于内忧外患、"一穷二白"，新中国成立之初底子很薄、基础很差，发展归根到底靠本国自身的艰苦努力和人民的艰苦奋斗。即使走到今天，我们也仍然是发展中国家，也仍然处在社会主义的初级阶段。所以，我们在积极主张各国根据自身禀赋特点，制定适合本国国情的发展战略的同时，一方面力所能及地提供我们的帮助，"欢迎各国人民搭乘中国发展的'快车''便车'"，让中国发展成果更多惠及各国人民；另一方面积极推动国际治理体系的维护和改善，为世界经济全面可持续增长提供新动力，为持久的世界和平提供新保障。

习近平总书记指出："中国共产党是为中国人民谋幸福的政党，也是为人类进步事业而奋斗的政党。中国共产党始终把为人类作出新的更大的贡献作为自己的使命。"[1]坚持和发展中国特色社会主义所展现的中国方案，客观上给世界上那些既希望加快发展又希望保持自身独立性的国家和民族提供了新的可参照的发展路径选择。今天，中国正日益走近世界舞台中央，并以他人乃至我们自己以前也没有想到的速度、规模和方式，不断为人类的和平与发展作出更大贡献。从现在起，经过第一个百年奋斗目标到2035再到本世纪中叶，当我们走向实现"两个一百年"奋斗目标、实现中华民族伟大复兴中国梦的时候，中国对全人类的贡献还将在世界上更加彰显。

---

[1] 习近平：《决胜全面建成小康社会 夺取新时代中国特色社会主义伟大胜利——在中国共产党第十九次全国代表大会上的报告》（2017年10月18日），《人民日报》2017年10月28日。

三、全球治理的"中国方案"

党的十八大以来，在以习近平同志为核心的党中央坚强领导下，我们冷静应对国际形势发生的复杂深刻变化，妥善处理各种风险、化解各种危机，坚定维护国家根本利益，深入拓展友好合作，积极展现大国担当，敢于坚持原则，坚决反对和抵制霸凌主义，开创了中国特色大国外交新局面。

面对不断蔓延的保护主义、单边主义，中国高举和平、合作的大旗，坚定捍卫多边主义和自由贸易，推动全球治理体系朝着更加公正更加合理的方向发展，成为世界乱象中的中流砥柱。在各个不同的重要国际场合，中国都旗帜鲜明地反对各种保护主义和单边主义，呼吁坚定维护以联合国宪章宗旨和原则为核心的国际秩序和国际体系，引导有关会晤形成一系列具有开创性、引领性、机制性的成果，体现了中国作为负责任大国的世界担当，为充满不确定性的国际变局注入了正能量，带来了新希望。

今天的世界的确面临各种问题和严重挑战，特别是经济全球化遭遇逆风，世界经济长期低迷，发展鸿沟日益突出，分配不公随处可见，地区冲突频繁发生，恐怖主义、极端主义等全球性挑战此起彼伏，民粹主义、保守主义等各种社会政治思潮交锋激荡。人们甚至在问，这世界究竟怎么了？我们究竟应该怎么办？国际上很多人对未来不确定性的增强感到迷茫、彷徨，对各种风险和危机感到痛苦和无助。在此背景下，习近平主席提出的构建新型国际关系和构建人类命运共同体理念，切实回应了世界的共同关切和普遍担忧，实际上提出了中国的全球观、治理观、义利观，其要义是"要发展不要贫穷、要和平不要战争、要合作不要对抗、要共赢不要独霸"。中国敢于直面当今世界面临的种种难题、挑战、危机和风险，敢于回答人们心中的各种困惑与迷茫，这为世界的发展和人类的未来朝着正确方向前行提供了大智慧、新思想。

我们坚持相互尊重、平等协商，坚持以对话解决争端、以协商化解分歧，主张通过合作与协作，统筹应对各种非传统安全威胁，坚决反对一切形式的恐怖主义和霸权主义。

我们坚持同舟共济、互利共赢，积极促进贸易和投资自由化便利化，推动经济全球化朝着更加开放、包容、普惠、平衡、共赢的方向发展，坚决反对各种形式的贸易保护主义和霸凌行径，坚决反对单边主义，积极维护多边主义，推进改革多边治理体系。

我们坚持尊重世界文明多样性，以文明交流超越文明隔阂、文明互鉴超越文明冲突、文明共存超越文明优越，最终实现和而不同、多元一体。文化与文明只能共生共存、彼此互补，而不能带着偏见乃至傲慢，人为地判定谁优谁劣、孰高孰低。

我们坚持环境友好，积极主张和坚持通过合作，共同应对环境污染、生态保护和气候变化，保护好人类赖以生存的共同家园，还自然以宁静、和谐、美丽，还社会以平和、信任、友谊。

中国不仅积极倡导构建人类命运共同体，而且身体力行、率先垂范。一个生动实例，就是我们主动倡议"一带一路"并积极推动各种相关具体项目落地生根、开花结果。"一带一路"建设正逐步实现着与各国政策和发展战略的对接，深化着彼此的务实合作，使各国和民众在合作中进一步拉近彼此距离，正在开辟互利合作共赢的新天地、新方式、新路径，从而为国际关系逐步从利益共同体、责任共同体走向命运共同体，展示了一个鲜活的事例、开启了一条崭新的道路。

当今中国已经从站起来走向富起来、强起来，尽管有人不愿意看见中国发展壮大，有的甚至想对我们搞"新冷战"，但是中华民族伟大复兴已是时代之势，时势不可违、大势不可当。前进的路上还会有许多我们能想到和还没想到的"陷阱"、风险，可能还会出现各种"黑天鹅""灰犀牛"，还一定会有许多新的伟大斗争。习近平主席提出人类命运共同体思想和构建新型国际关系的重要理念，既是对我国外交优良传统的继承发展，对党的十八大以来我国外交实践的提炼升华，也是对当今世界出现的失序、失范和一些地区出现的失控、失值提出的一种新的解决之道，为我们克服"国强必霸"的旧逻辑、超越"修昔底德陷阱"的旧思维，提供了重要的理论依据和实践遵循。

在中国共产党的坚强领导下，在实现中华民族伟大复兴中国梦的历史进程中，中国人民将与世界各国人民一道，共建人类命运共同体。"大家一起发展才是真发展，可持续发展才是好发展""坚持你好我好大家好的理念""发展成果应该由各国共同分享"……随着中国稳健前行，如此崭新理念带来的美好愿景必将实现。

（摘编自《红旗文稿》）

作者：黄平 ［中国社会科学院习近平新时代中国特色社会主义思想研究中心特约研究员］

钱乘旦：文明的多样性与现代化的未来

几百万年前人类就开始脱离动物界，然而人类进入文明的时间，只占人类全部历史的千分之一多一点。文明之所以形成如此晚，是因为它需要诸多条件，其中最重要的条件之一，是原始状态中各种不同的人群（如部落、血亲集团）之间相互的交流，迫使他们改变原有的生存状态，从而突破血亲的纽带，形成地域性的社会组织，也就是早期国家。最古老的文明出现在大河流域，如底格里斯河和幼发拉底河、尼罗河、印度河、黄河等。这里除了"水源"这个因素，"交往"的重要性常常被忽视：河流是远古人类最便捷、也是最容易利用的交往通道，住在水边的先民们，最容易与其他人群进行交往，包括物资交换、掠夺、征服与反征服、技术与器具的交流等，因此也经常受到改变自己的压力，以应对种种变化。文明就是在这个过程中产生的——水给人类带来文明，老子说："上善若水！"住在水边的人最容易产生文明，水把星星点点散布在各处的早期文明幼芽连接在一起，形成了文明成长的中心。

欧洲最早的文明也出现在水边，只不过那片水是海而不是河。和其他地区的早期文明有一点不同，古希腊文明以城邦为最显著特点。城邦这种早期的国家形态，在世界其他地方也曾出现过，如在两河流域下游。不过希腊却被城邦制度"固化"了，长期不变化，长期不发展，几百个城邦组成"希腊世界"，相互间有永远打不完的仗。在世界其他地方，像波斯、埃及、两河流域乃至中国，最终都向地域国家或"帝国"发展，这是古代世界的共同现象，最终发展出许多地区性的强大国家。但古代希腊没有出现这种情况，结果，辉煌无比的古希腊文明在历史的长河中只如同流星般一闪而过，很快就在茫茫的黑暗中湮没了。古希腊的情况很特别，在古代世界不是普遍现象；可是近代以后却有人把这种独特的现象说成是"普世"的，历史由此被修改了。

　　古希腊的另一项遗产是城邦民主制，它也被后来的人们重新装饰，并且被说成"普世"的价值。我在这里并不想讨论"普世价值"是否存在，我只想指出一些人所共知的事实：在"希腊世界"的数百个城邦中，伯里克利时期的雅典民主是一个特例，在雅典自己的历史上，它也只存在了80年左右；至于在其他希腊城邦，则存在着不同的政治制度，如斯巴达。而且，伯罗奔尼撒战争后，人们普遍认为是雅典的制度造成了雅典的失败，因为城邦的力量被分解了，无法发挥有效的作用。修昔底德作为雅典的爱国者对此痛心疾首，他的《伯罗奔尼撒战争史》总结了这个教训。亚里士多德对希腊城邦民主制的负面评价影响了整个欧洲的政治观念，在此后两千年时间里"民主"被视为贬义词。值得注意的是，古代罗马，作为古希腊文明的直接继承者，在诸多方面都体现了古代的希腊传统，但在政治领域却有明显的背离：其一，它是以希腊那样的城邦开始的，后来却发展成帝国，变成一个庞大的权力集中的国家；其二，在罗马国家发展的历史上，出现过迄今为止人类所知道的几乎各种政治制度，却唯独没有"民主制"。很明显，罗马修正了希腊的实践，它的发展更符合古代世界的共同走向，因此，罗马比希腊更"普世"。

我指出这些事实，只是想说明：文明从一开始就是多种多样的，每一种文明都有它特定的时空背景。历史证明，古代文明充满了多样性。人们一般说，两河流域是人类最早的文明发源地，文字、宗教、社会分化和国家架构等都最早发生在这里。就国家而言，这里曾出现过一批地区性的霸权国家，巴比伦、亚述等都曾大名鼎鼎。不过，两河流域既没有发展出像希腊那样的城邦世界，也没有组建成像罗马那样的大帝国。古代两河流域战乱不断，不同的种群进进出出，带来不同的文化。尽管"肥沃新月区"很早就出现了发达的农业，但政治与文化领域始终不能统一；直至伊斯兰教兴起后，它才成为世界性的经济、政治和文化中心。

埃及的情况恰恰相反。埃及在公元前3000年就完成了上、下尼罗河的统一，法老作为神和太阳的子孙牢牢地控制着国家，实行神权加王权统治。这样的制度，在"荷马时代"刚降临希腊半岛时，已经在尼罗河流域静静地流淌了两千年。如果意识到耶稣纪元迄今为止也只是两千年多一点（美国建国只有两百年多一点），就能明白古代埃及文明有多么强的生命力！但这样一个古老的文明后来被罗马摧毁了。有趣的是，凯撒征服埃及后，罗马共和国也变成了罗马帝国，这让现代的普世主义者有一点难堪，因为按照普世主义的说法，应该是帝国在前、共和国在后。

印度的情况又和埃及不同。印度河流域曾经有过远古文明，雅利安人到来后，消灭了原有的古老文明，带来了种姓制。在印度漫长的历史上，小国林立，王政盛行，小国之间长期攻伐，无休无止地争霸夺权。可是在种姓制的严格控制下，印度社会却出奇的稳定，时钟在这里几乎停摆。印度历史上出现过几个强大的王朝，但通常只是过眼烟云。政治的分裂和社会的超常稳定是古代印度的显著特点，直到18世纪英国人到来，才把整个印度变成它的殖民地。

波斯是又一个古代文明地，20世纪，巴列维国王曾经非常自豪地说，古代伊朗是第一个学会在一片广大地域中建立并管理一个帝国的国家，它的经验为后来的帝国所借鉴。这个说法应该不错。不过，波斯却在希波战争中被打败，希腊人说这是自由战胜了奴役（希腊人忘记自己实行的奴隶制了）。可是后来希腊又被马其顿打败了，在希腊人眼里，马其顿却是"不自由"的。让人难以置信的是，被马其顿打败后，希腊人就跟着亚历山大进行东征，在东至印度边界、西至突尼斯的广阔土地上实行"东方式"的统治，也就是被希腊人嗤之以鼻的"东方专制主义"。这一段历史十分吊诡，再一次证明了文明的多样性：文明并不像普世主义者认定的那样，由一种固定的价值在指导。

在西方人眼里，最神秘、最难以理解的是古代中国。中华文明有多重起源，黄河不是唯一的摇篮。在5000多年前，从黄土高原到东海之滨的广阔土地上，已经形成众多的"酋邦"；这些"酋邦"渐渐融合，最终向统一国家方向发展。4000多年前，夏已经是一个庞大的地域性国家。3500年前，商帝国用文字记录了自己的存在。当欧洲尚处在荷马时代时，周天子已经用分封制规范了土地的分配形式和社会的等级秩序，而类似的制度，要到西罗马帝国崩溃后，才在欧洲的法兰克王国逐步形成。我向学生讲述西欧的封建制度时，学生们常常问：西周的分封制是不是很像西欧的封建制？我说应该这样问：西欧的封建制是不是很像西周的分封制？终究，西周的分封制比西欧的封建制要早1000多年！西周分封制造成社会的严重解体，持久的动乱延续了数百年——正如同在西罗马帝国解体、封建制形成后，西欧也经历了数百年动乱。有过这一段经历后，秦始皇在公元前 3 世纪统一中国，统一从此成为中华古典文明中最珍贵的遗产，它保证了中华文明的延绵不断，保证了国家的永续长存。在世界所有文明中，中华文明是唯一自远古至今日未曾中断的文明，政治统一是它的保障。

除了政治统一这个因素，还有一种强大的思想黏合剂，那就是孔子的学说。孔子生于轴心时代，它所生活的中国正处在严重的动荡与分裂中，他希望结束动荡，回归秩序，因而设计了一套关于秩序的学说，将人和自然都置于其中。这套学说承前启后，成为中华古典文明之集大成：崇尚和平、反对战争，倡导公德、拒斥私利。几千年来，它一直是中华文明的精神载体，保证了中华文明的生生不息。

文明需要载体，没有载体，就没有文明。在我看来，文明须有两个载体，一是政治的载体即国家，二是精神的载体即意识形态。轴心时代之所以伟大，是它产生了人类多种文明的精神载体，后来各种文明的发展，多少都表现为轴心时代精神产物的继承与变异。轴心时代的伟大智者们：孔子、释迦牟尼、亚里士多德、犹太教的先知，还有其他人，他们的学说或宗教，承载了文明的生存力。而中华文明的特殊之处，就在于孔子的学说（精神载体）与帝国的结构（政治载体）高度结合，形成了思想与国家的完美对接。在中国几千年历史上，社会稳定和经济繁荣有直接的联系：凡是社会稳定，经济就繁荣；凡是社会动乱，生灵就涂炭。孔子学说之所以成为中华古典文明的核心价值体系，有其深刻的社会学根源。

相比之下，西欧的情况不是这样，思想与国家未能理想对接，对后来的发展造成不利影响。公元前 3 世纪至公元 3 世纪，汉帝国和罗马曾分别称雄世界东、西方，它们势均力敌，经济与社会发展水平旗鼓相当，是当时的"超级大国"。但从 4 世纪起，东、西两大帝国都陷于混乱，经受了长时期的"蛮族入侵"。7 世纪，唐帝国在东方崛起，把中华文明推进到一个新的高峰；欧洲却进入封建时代，这个时代的最大特点是国家政权与意识形态分离，所谓"凯撒与上帝各管一摊"。尽管我们知道欧洲中世纪并不"黑暗"，仍然充满生机，但与世界其他地区相比，它落伍了。这以后，东、西方文明拉开距离，"东方"几个文明不断放出异彩，包括印度、阿拉伯、奥斯曼甚至拜占庭。中华帝国则一枝独秀，按照美国加州学派的估算，在 18 世纪之前的 1000 多年时间里，中国的 GDP 总量始终世界第一；东方"先进"、西方"落后"的态势长期不变。

为什么在这 1000 多年的时间里，东方始终"先进"、西方一直"落后"？原因其实很简单，那就是西欧的封建制度使社会高度碎片化，缺少凝聚力，处在无穷无尽的动荡中。前面说过，类似的情况在中国周朝就出现过，结果是春秋战国 500 年的动乱；秦汉以后，中国改变了这种状况，它的稳定与繁荣就一直保持下来。因此，西方想要摆脱中世纪的落后，就需要整合社会，重新建立统一的国家；这一次，他们创造出一种新的国家形态，即现代民族国家。这种国家与世界上曾经出现过的所有其他国家形态都不同，它以民族共同体为政治支撑点，以民族认同感为思想支撑点，在这种国家的扶持下，西方开始了它在近代的崛起。

有一个现象特别值得注意，那就是，欧洲早期的民族国家是从专制制度起步的，西方的崛起正是从这里开始。专制王权把西欧各国从封建分裂状态中拉出来，构造了早期的民族共同体。这个现象在西欧所有国家中都曾出现过，尽管现在有些人很不愿意提起这段往事，不愿意说，专制统治也曾经在西方"普世"过。但历史终究是历史，抹杀是不可能的。人类文明从来就有多样性，它是以时空的规定性为转移的。

这样，在 1500 年前后，人类进入一个新的时代，它以西方的崛起为标志，反转了东方"先进"、西方"落后"的布局。一种新的文明在西方兴起，伴随着个性的张扬、商业的兴起、市场的躁动和工业的成长。资本主义挟带永无止境的追求欲，在整个世界无限制地扩张。一种新的意识形态主宰社会，在这个社会中，资本是中轴，工业和商业围绕它旋转，崇拜上帝变成了崇拜金钱，科学和技术是它的工具。从那个时候起，西方就成了世界的牵引机，整个世界都被它拉着走。"西方中心论"就是从那个时候开始的，"普世"之说也由此而来。普世主义的真正含义是将西方等同于世界，由此一来，文明的多样性就不复存在了。这样一种叙事方法在黑格尔那里就清楚地呈现了，他说，文明的太阳从东方升起，在西方落下，却升华成人类精神的万丈光芒！

从大航海时代起，西方就开始了抢夺殖民地的过程。当资本主义携带着工业生产力、伴随着殖民扩张的力量冲向世界时，全世界都无法抵挡。经过几百年的冲击，到 19 世纪末，世界已经被瓜分完毕，西方的霸权终成定局。人类文明自古以来多种并存的局面似乎走到了尽头，一种"文明优越论"悄然而生，它将西方文明视为"先进"，将其他文明都斥为"落后"，并且预言：西方文明将一统地球。

事实上，一直到殖民扩张开始时，世界上各种文明基本上处于相互平等的状态，尽管有些文明相互间交往并不多，甚至没有交往，但总体上它们是共生共存的，并没有高下之分。当资本主义的触角伸向整个世界时，西方的优势越来越明显。在这个过程中，一些边远的文明（如印第安文明、西非古文明）被消灭，而人类古老的文明核心区，如西亚、北非、印度和中国，则一一落入西方的统治之下。文明间的平等关系被打破了，众多文明面临着生死抉择。

汤因比曾说，挑战与应战是文明生存的机制，决定着文明的消失与延续。且不论这种理论正确与否，我们看到的事实是：恰恰在西方霸权登峰造极、众多文明存亡危殆时，一个全球性的运动形成了，这个运动叫"现代化"。文明复兴的过程正是从这里开始的，复兴的工具恰恰是"现代化"。

其实，"现代化"是从西欧开始的，现代民族国家是这个过程的起点。按照经典现代化理论，这是一个全方位的过程，涉及社会的方方面面。我们在历史教科书上看到的那些事件：文艺复兴、宗教改革、大航海运动、科学和技术革命、政治变革、社会变动……所有这些，都属于西方"现代化"。今天，西方已经普遍完成了现代化，现代西方国家都是现代化国家。但文明的多样性没有消失，相反，它变得更加丰富多彩了，即使在"西方"国家范围内，情况也是这样。

首先，现代化的道路是不同的，我们知道英国用和平渐进的方式自我改变，法国则长期采用革命的暴力，德国走上了另一条路，这使它在很长时间里被视为"另类"。美国的情况又有不同，它曾经是英国殖民地，需要先独立才能再发展。在工业革命中，英国是典型的自由放任，法国则开始有所偏离，德国再次表现为"另类"，它用国家力量推动经济快速增长。美国依照英国的模式走自由放任的路，可是在20世纪，它在所有发达资本主义国家中第一个实行大规模的国家干预。

其次，各国的制度是不同的，就拿人们最关心的政治制度来说，英国的君主制相当特别，英国人对君主的热衷也同样特别；议会制与总统制的区别是非常明显的，这就使英、美之间的差异更加显眼。至于选举的方法，英国人采用"领先者获胜"，美国人发明"选举人制度"，可是两者都背离"少数服从多数"的原则，而这个原则据说是民主制度的出发点。说到"三权分立"，真正在制度上设计为"三权分立"的只有美国一个国家，因此，把美国的制度说成为"普世"，就如同把伯里克利的雅典说成"普世"一样。

经济和社会制度就更不同了，比如，欧洲国家喜欢福利制度，北欧国家尤其如此；美国却把福利看作懒惰的温床，因此当奥巴马进行医保改革时，他被斥责为"社会主义者"。市场与政府的关系也是因"国"而异的，由此我们发现：凯恩斯是由怀抱福利理想的英国制造的，弗里德曼则由个人主义当道的美国生产。

最后，西方国家在它们发展的过程中不断变换道路与制度，比如，英国从自由放任转向福利社会，法国从革命道路转向改革；美国改变种族歧视的政策，至少在法律上承认了种族平等。这些都说明即使在同一个国家内，也会有不同的社会形态，文明的多样性是一种常态。

西方国家尚且如此，那么当现代化的浪潮冲向非西方地区时，现代化的多样性就更加明显了。我们看到在世界现代化的过程中，每一个国家都有它的特点；我们看到不同国家有不同的现代化模式，如拉美模式、东亚模式、阿拉伯模式、苏联模式，当然还有中国模式。我们看到这样一些人和这样一些事：甘地发动非暴力运动，凯末尔领导土耳其革命，纳赛尔提倡阿拉伯社会主义，曼德拉反抗南非种族隔离制……这些人都在自己国家的现代化过程中发挥过独特的作用，为国家的现代化注入了鲜明的特色。可是所有这些成功又都是不可复制的，我们很难想象甘地的策略在法国殖民统治下的阿尔及利亚可以奏效，也很难想象曼德拉的办法能够拯救濒临覆灭的土耳其。美国革命不可能衍生出拿破仑，正如同印度国大党无法在埃及立足。南美的现代化模式，即军队和文官交替执政下的进口替代和出口导向，是不可能在新加坡复制的，于是新加坡就出了李光耀。竞争性的政党选举模式强加给部落传统强大的非洲社会，结果造成部落之间的严重对抗；"阿拉伯之春"演变成"阿拉伯之冰"。如此惨痛的流血教训，难道仍不能引起人们的警惕？

文明的形式是多种多样的：同样是选举政治，印度把种姓制度融入了现代政党；日本曾是自民党独大，门阀政治世代相传。同样是市场经济，中国的社会主义市场经济令整个世界大惑不解；而美国那种以美元霸权为基础的市场经济，有几个国家可以复制呢？所以，多样性是成功的保证，每一个国家根据自己的国情寻找自身发展的道路，恰恰是现代文明的特征。

可是，普世主义只承认单一性，不承认文明发展的多样性。福山说，历史终结了，人类走到了历史的尽头。这个逻辑在黑格尔那里就有了，不同的是：在黑格尔那里，尽头是普鲁士；在福山这里，尽头是美国。可是连美国自己都还没有走到历史的尽头，它还在不停地变，人类又如何走到了尽头？

有一个现象特别值得注意：在20世纪现代化进程中成就最大、最引人注目的，几乎都是人类古老文明的核心区：埃及、伊朗、土耳其、印度、俄罗斯、中国、墨西哥、巴西……它们的发展成就斐然。亨廷顿显然注意到这个现象，因此他不认为历史会因为冷战的结束而终结，相反，他认为古老的文明正在复苏，因而提出了"文明冲突"论。

但是，文明的多样性是不是意味着必定冲突、冲突又意味着你死我活呢？为什么不能如中国古代哲人所领悟的那样，"一生二、二生三、三生万物"，或者如中国谚语所指出的那样"和气生财""和为贵"？在中国人看来，"海纳百川，有容乃大"，现代世界容得下多种多样的现代文明。经过100多年的现代化努力，古老的文明获得了新生，它们恢复了信心，找到了自我，曾经被西方霸权扭曲的文明之间的不平等关系，现在被扭转。亨廷顿说，这是"文明的冲突"。我说，这是"文明的回归"。"回归"意味着文明的多样性再次呈现，文明间的关系重新平等；"回归"也意味着人们更多地思考古老文明的现代意义，用传统的智慧去解决现代问题，如人与自然的关系、道德与利益的关系、个体与群体的关系、自由与约束的关系等。

现代化把我们带进一个新的轴心时代。多年来我一直在困惑：现代化有没有终点？21世纪的现实让我意识到：当文明的多样性再次呈现、文明之间恢复平等时，"现代化"作为一个历史阶段就结束了，我们将面临一个新时代。在这个时代中，文明将共存，人类将共荣，那不仅是理想，也是我们共同的责任，毕竟人类生存在同一个星球上，只有共荣才能共存。人类的文明从来就是百花齐放的，尊重别人，就是尊重自己。

（摘编自《北京大学学报》）

作者：钱乘旦［著名历史学家，历史学教授，
北京大学区域与国别研究院院长］

欧阳向英、李燕：当代中国的全球治理观

2008 年国际金融危机以来，世界经济长期低迷，贫富差距、南北差距问题更加突出，表明世界经济仍未走出危机。究其根源，是经济领域三大突出矛盾没有得到有效解决。这三大突出矛盾是：世界经济下行，全球治理缺位，全球发展不平衡。近年来，在多个国际场合，中国提出新的全球治理观，旨在改变全球治理原有的动力、模式和方法，为世界经济的良性发展开出"药方"。

中国参与全球治理，其原则、主张和途径等是逐渐清晰的，体现了负责任大国的历史使命和担当。2015 年 10 月 12 日，中共中央政治局专门就"全球治理格局和全球治理体制"进行集体学习。习近平总书记发表重要讲话，系统阐明了中国引领全球治理体制改革的新理念。他强调，中国参与全球治理的根本目的，就是服从服务于实现"两个一百年"奋斗目标、实现中华民族伟大复兴的中国梦。要审时度势，努力抓住机遇，妥善应对挑战，统筹国内国际两个大局，推动全球治理体制向着更加公正合理方向发展，为中国发展和世界和平创造更加有利的条件。2016 年 9 月 3 日，习近平主席出席二十国集团工商峰会开幕式并发表主旨演讲，呼吁二十国集团成员应立即行动，共同完善全球经济治理。2017 年，习近平主席出席达沃斯经济论坛

开幕式发表主旨演讲，其中关于全球治理的新主张引起世界舆论高度关注。习近平主席提出："我们一要坚持创新驱动，打造富有活力的增长模式。二要坚持协同联动，打造开放共赢的合作模式。三要坚持与时俱进，打造公正合理的治理模式。四要坚持公平包容，打造平衡普惠的发展模式。"①在 2017 年金砖国家领导人厦门峰会上，习近平主席指出："应该深化在重大问题上的沟通和协调，推动建立更加公正合理的国际秩序；应该发挥建设性作用，捍卫国际关系基本准则，维护国际公平正义；应该合作应对各种全球性挑战，推动开放、包容、普惠、平衡、共赢的经济全球化，加快全球经济治理改革，提高新兴市场国家和发展中国家代表性和发言权，为各国发展创造良好外部环境。"②2018 年，在南非约翰内斯堡举行的金砖国家工商论坛上，习近平主席准确把握未来 10 年全球治理体系深刻重塑的大势，明确提出"坚持多边主义，完善全球治理"的主张，为金砖国家积极参与推动全球治理变革、构建新型国际关系指明了方向，彰显了中国作为现行国际体系参与者、建设者、贡献者的责任担当。2019 年，在中法全球治理论坛闭幕式上，习近平主席指出，我们要坚持共商共建共享的全球治理观，坚持全球事务由各国人民商量着办，积极推进全球治理规则民主化。习近平主席关于全球治理的重要论述是习近平新时代中国特色社会主义思想的有机组成部分，在我国对外交往中起着重要的指导作用。

---

① 习近平：《共担时代责任 共促全球发展——在世界经济论坛 2017 年年会开幕式上的主旨演讲》(2017 年 1 月 17 日)，《人民日报海外版》2017 年 1 月 18 日。

② 习近平：《习近平在出席金砖国家领导人厦门会晤时的讲话》，人民出版社 2017 年版，第 29—30 页。

一、全球治理提出的背景

20世纪下半叶全球化进入快速发展时期。经济全球化给世界经济带来的首要变化是生产跨国化，产品的设计、加工、组装等生产过程通过分布全球的网络来完成，这也使世界经济在生产领域呈现分散化和碎片化状态。全球生产的管理控制在跨国资本手中，且基本上都被西方跨国资本与跨国公司所掌握。跨国资本通过相互直接投资、国际并购等手段，将金融资本的触角伸向世界每个角落，从而在经济上掌控世界。世界经济面临分化、分裂和不可持续的局面，美欧民粹主义与贸易保护主义相结合严重威胁世界经济开放、包容和可持续发展，世界经济处于最危险的时刻。

一是世界经济下行，全球增长动能不足，难以支撑世界经济持续稳定增长。2001—2008年，世界经济年均增速为5.3%。2009—2015年，该数字是3.3%，同比下降了37%。2016年世界经济增速更降到3.08%。世界经济低迷具体体现在：投资低迷，发达国家无论是国内投资还是对外直接投资都明显降低；贸易低迷，2008—2016年全球贸易增长速度大幅下滑，且落后于全球GDP增长速度；油价低迷，石油需求锐减，全球油价"跳水般"下跌；物价低迷，大部分国家通货膨胀率低于2%，全球通货紧缩压力增强；利率水平低迷，全球利率水平从危机前的8%狂跌到-1.5%。概括来说，现阶段世界经济增长的基本格局可归纳为"三低"，即低增长、低通胀、低利率，这是资本主义时代前所未有的低增长格局。2017年世界经济增速出现了回暖势头，但本质上，这种复苏增长不完全由科技革命和产业变革带来。全球经济可能已经面临长期停滞风险。世界经济新一轮发展周期的核心亟待新动力，亟待真正具有革命意义的科技创新、产业创新等新的发展引擎。

二是全球经济治理滞后，难以适应世界经济新变化。在全球经济放缓的大势下，原有的全球经济结构发生改变，全球经济秩序也被破坏。全球经济放缓中，不同经济体放缓速度有快有慢，以三个层次拉开了距离：第一层次是继续维持中高速增长的新兴市场国家和发展中国家，经济减速趋势较为平缓；第二层次是以欧美主要国家为代表的发达经济体，经济减速趋势较为明显；第三层次是经济陷入衰退的一些国家和地区，如巴西。三个"梯队"之间经济增长速度相差悬殊，凸显出发达经济体与新兴经济体之间经济增长放缓速度不均衡所产生的矛盾。新兴经济体高速增长要求全球治理结构转变。

全球产业布局在不断调整，新的产业链、价值链、供应链日益形成，而贸易和投资规则未能跟上新形势，机制封闭化、规则碎片化十分突出。在近20年的时间里，全球金融体系高度活跃，资本运动犹如脱缰野马，经济体系严重失序。发达国家掌控全球金融资源，少有监管与制衡，世界金融链条形成系统性风险。同时，全球金融一体化发展速度远超过经济一体化进程，一旦出现危机便会迅速波及全球，引起汇率、利率、大宗商品物价的剧烈波动和资本流动的激烈变化，并通过国际货币体系实现间接的风险外溢。全球金融市场需要增强抗风险能力，而全球金融治理机制未能适应新需求，难以有效化解国际金融市场频繁动荡、资产泡沫积聚等问题。为挽救困局，各国政策交织难解，紧缩和量宽政策配置混乱，内生与外在增长动能相互冲突，世界市场在贸易保护主义中被分化切割，全球经济体系陷入无序。

在现有的全球治理机制中，发达国家掌握着主要话语权。正如习近平主席所指出的："过去数十年，国际经济力量对比深刻演变，而全球治理体系未能反映新格局，代表性和包容性很不够。"①尽管近几十年来，国际经济力量格局发生了重大改变，新兴市场国家和发展中国家对全球经济增长的贡献率已经达到 80%，但这种变化在现有全球治理机制中并没有得到及时的反映，全球治理结构不能很好地代表广大发展中国家的利益与诉求。发展中国家群体性崛起，必然呼吁全球治理体系进行相应的调整和变革，在国际利益分配格局中取得更优位势。

三是全球发展失衡，难以满足人们对美好生活的期待。第二次世界大战后，大量军用技术转为民用，电子信息技术、喷气式飞机、计算机、原子能、航天等技术的快速发展重塑了世界产业发展的格局，国与国之间过去的贸易关系转变成以"跨国制造"为核心的经济联合体。这种模式在世界经济体系下创造了史无前例的巨大财富，但财富只是流到了少数国家和极少数人手中，这些受益群体主导了现今世界经济的秩序和格局。在经济全球化进程驱动下，从资本主义市场经济产生以来所形成的"核心—边缘"的单极化全球经济地理结构正发生变化。20 世纪 90 年代后，中国经济年均增长率达 9.7%，远高于世界平均水平，成为辐射亚太乃至世界经济的重要增长极，世界经济呈现出多极化发展态势。同时，国际贸易格局也发生了改变。在全球货物贸易领域，发达经济体持续贸易逆差，发展中经济体持续贸易顺差，反映出当前全球贸易失衡的重要特征。以中国为代表的发展中经济体出现的货物贸易持续顺差，很大程度上要归因于全球制造业中心开始从发达国家向发展中国家和地区扩散的现实。伴随经济全球化进程的

---

① 习近平：《习近平主席在出席世界经济论坛 2017 年年会和访问联合国日内瓦总部时的演讲》，人民出版社 2017 年版，第 6 页。

加快，国际资本流动规模不断扩大，国际投资格局也发生改变，发展中国家对国际投资的吸引力增强。原有的全球经济体系均衡被打破，不同经济体之间呈现不均衡发展态势。

西方发达国家利用自身领先发展的优势获得的不平等贸易条件占有落后国家更多经济利益和资源的商业、政治、科技以及文化活动仍在持续，推动世界经济发展水平两极分化，富者愈富，贫者愈贫，发展差距日益拉大。各民族国家、民族资本、民族居民之间在利益上存在相互依存的关系，但又存在深刻的利益矛盾与冲突。民族资本的利益矛盾加深了民族矛盾、种族矛盾、社会矛盾，特别是大国利益博弈可能激化大国矛盾，甚至引起国家安全严重缺乏信任，引起激烈冲突。国家之间、民族之间、阶层之间财富分配不公，发展机会不等，只有少数人从繁荣之中受益，享受过度财富，大多数人受穷，必然导致社会矛盾、民族冲突、地区战争以及民粹主义在世界多国兴起。欧美发达经济体自我封闭和日渐兴起的贸易保护主义使世界经济发展遭遇严重打击，对经济发展落后国家的损害更加严重：削弱其发展能力，加重其人民的苦难。许多经济落后国家一定程度上被阻挡和隔离在欧美自我保护的大市场之外，难以参与全球经济资源均衡配置，结构日益失衡，进出口贸易和国际经济合作缺乏竞争优势，国际收支面临严重赤字，导致基础设施落后，教育、医疗、体育等公共服务严重不足，经济过度依赖农业和采矿业，国民收入偏低。同时，一些不愿意开放市场的发达国家在分化、分裂的世界市场上配置资源也很不充分，经济效率降低，经济增长速度下降，发达经济体日益偏向服务化、虚拟化、空心化，出现增长疲软、缺乏动力和不可持久的局面。贸易保护主义抬头导致世界贸易萎缩，从而使世界经济陷入严重的分化、失衡和不可持续状态。

全球经济的不均衡发展带来全球范围内不同社会阶层之间的不均衡发展。全球最富有的 1% 人口拥有的财富量超过其余 99% 人口财富的总和，收入分配不平等、发展空间不平衡令人担忧。世界基尼系数已经达到 0.7 左右，超过了公认的 0.6 的"危险线"。[①] 在一些落后地区，贫困与饥饿仍威胁着人们，全球仍然有 7 亿多人口生活在极端贫困之中。对很多家庭而言，拥有温暖住房、充足食物、稳定工作还是一种奢望。这是当今世界面临的最大挑战，也是一些国家社会动荡的重要原因。收入不均等已成为全球经济治理关注的核心问题之一。

二、全球治理基本准则应凝聚各国共识

全球治理是在全球范围内对全球政治、经济事务进行共同管理的理论，必然反映各国的价值观和利益关系，反映各国的国际关系理念和主张。中国主张的全球治理基本准则应建立在各国共识基础上，对本国与世界的经济关系、政治关系和安全关系给予准确界定，增信释疑、共谋发展。

独立自主与开放共赢是国际经济关系的基本准则。前者强调的是经济主权的独立与完整，后者是操作层面的策略，两者并不矛盾。目前，这一准则在国际经济关系中体现得并不充分，或被片面地表现出来，如英国"脱欧"和特朗普扬言退出 WTO，就是典型的例子。一般认为，上述两例表明全球化进程受挫，反全球化、反建制化占据上风，其实不然。首先，国际化、一体化和全球化是国际经济关系中既

---

① 参见《习近平谈经济全球化》，人民网 2017 年 1 月 15 日。

有联系又相区别的三个层次。英国"脱欧"是对欧洲一体化的阻断，表明欧盟的经济状况和财政政策出现了问题。英国采取自保的措施是独立自主意愿的表达，但缺失开放心态能否让英国经济长期稳定发展仍待观察。其次，特朗普扬言退出 WTO，并不是想让美国实行闭关锁国政策，而是以此为筹码讨价还价，目的是实现更大程度的获利。美国的政策从来以捍卫美国利益为宗旨，少了共赢的胸怀，是其逐步失去世界领袖地位的行为根源。最后，无论英国"脱欧"还是特朗普的利己主义政策，都违背了国际经济关系的基本准则，同时并不能改变经济全球化的趋势，因为全球化是由更深刻的内在动因和历史规律所决定的。马克思和恩格斯曾说过，竞争是实际的贸易自由，而保护关税在竞争中只是治标的办法，是贸易自由范围内的防卫手段。要发展壮大，必须主动顺应经济全球化的潮流。当然，我们也要看到，世界范围内金融霸权主义仍然存在，贸易保护主义抬头，本来就非中性的国际制度在以美国为首的西方发达国家推动下继续向既得利益者倾斜，全球化困难重重。中国要融入经济全球化，但全球化只是中国获得必要资金和技术的一种手段，并非目的，不应为全球化而全球化。中国对外经济政策应有一定的弹性，既要有独立自主、自力更生的决心，又要有开放共赢、公平包容的气度。首先立足国内，解决好国内问题，然后再以适当的规模和速度进行对外经济关系的深化与拓展，这是保持大国经济和战略独立性的基础。

坚持国际关系民主化和不干涉别国内政是国际政治关系的基本准则。作为联合国五大常任理事国之一，中国代表广大发展中国家的共同利益，而作为现存最大的社会主义国家，中国与资本主义国家存在着制度上的差异。中国与世界的政治交往既有和谐，也有斗争，维持同一性的关键就在于坚持国际民主原则。国际民主的核心是国家不分大小，一律平等，但在当下的国际政治实践中还远远做不到这一点，多数国际组织都是大国俱乐部。不干涉别国内政有两条含义：一是我们不干涉别国内政，二是不允许外国干涉我们的内政，这是世界各国得以和平共处的法宝。中国一不输出贫穷，二不输出革命，外国没有理由干涉我们的内政。中国处理国际关系不看社会制度，而是从国家自身的战略利益出发，既着眼于自身长远的战略利益，同时也尊重对方的利益，不计较历史恩怨，不计较社会制度和意识形态的差别，并且国家不分大小强弱都相互尊重，平等相待，这些都应成为国际政治关系的基本准则。

保卫世界和平和反对霸权主义是国际安全关系的基本准则。世界和平不可分割，制止战争、维护和平的斗争也相互联系、不可分割，这是国际安全关系的特点。东欧剧变后，世界发生了复杂而深刻的变化。国际局势总体走向缓和，多极化趋势进一步加强。超级大国操纵国际事务的局面已经有了很大改变，第三世界国家的国际地位有所提高，但世界各种矛盾也在深入发展，不少国家和地区的民族矛盾、领土争端和宗教纷争日益突出，甚至酿成流血事件和局部战争。营造人类命运共同体，建立以互信、互利、平等、协作为核心的新安全观，实现有效裁军和军备控制，强化在国际和地区事务中的协调与合作，强调维护联合国权威和公认的国际准则，成为防止冲突和战争的可靠前提。习近平主席强调与邻为善、以邻为伴，倡导求同存异，而不是你死我活，已经成为越来越多国家的共识。只有以合作谋和平、以合作促安全，才能实现世界的和平稳定与中国的长治久安。在国际安全问题上，中国将积极承担更多国际责任，同世界各国共同维护人类良知和国际公理，在世界和地区事务中主持公道、伸张正义，更加积极有为地参与热点问题的解决，通过平等协商处理矛盾和分歧，以最大的诚意和耐心，坚持对话解决分歧。作为负责任的大国，中国正在为维护世界和平贡献更多中国智慧和中国方案。

三、中国参与全球治理的基本框架

如何使全球治理摆脱现有困境，当今世界出现两种截然不同的思路：一种是"退"——退回到全球化之前的时代，表现在世界经济发展中此起彼伏的保护主义、孤立主义、民粹主义回潮，逆全球化暗流涌动；另一种是"进"——以更加符合经济社会发展规律的思路改造现有机制，将经济全球化发展置于更加公平、合理、包容、共享的制度框架内，完善全球治理。一度是经济全球化旗手的美国成为一个负面典型，不择手段地推动"去全球化"进程。与此同时，在欧盟里程碑文件《罗马条约》签订 60 周年之际，英国政府在 2017 年 3 月正式启动"脱欧"，欧洲一体化开倒车；法国国民阵线、德国选择党和意大利"五星运动"都试图借"反全球化"谋求上台执政。在反全球化甚嚣尘上的时候，习近平主席坚定地指出："想人为切断各国经济的资金流、技术流、产品流、产业流、人员流，让世界经济的大海退回到一个一个孤立的小湖泊、小河流，是不可能的，也是不符合历史潮流的。"① 中国提出一系列完善全球治理的理念和主张，参与全球治理的基本框架逐渐形成。

坚持发展中大国身份是中国参与全球治理的基本前提。目前，中

---

① 习近平：《习近平主席在出席世界经济论坛 2017 年年会和访问联合国日内瓦总部时的演讲》，人民出版社 2017 年版，第 4—5 页。

国的发展中国家地位仍未发生实质性改变，但中国又是一个举足轻重的全球性大国。这是中国参与全球治理的两个基本身份定位。一方面，作为世界第二大经济体，中国应逐渐承担合理的国际责任。这既是中国主动参与全球经济治理的题中应有之义，也是中国负责任大国形象的具体展示。另一方面，中国仍是发展中国家的一员，应把维护自身利益同维护广大发展中国家共同利益结合起来，既要看到自身发展对世界的要求，也要看到国际社会特别是发展中国家对中国的期待。因此，中国应积极推动全球治理体系反映国际政治经济格局变化，不断提高新兴市场国家和发展中国家在全球治理中的发言权和代表性，并保护最不发达国家在全球治理中的利益免受损害。

"共商共建共享"是中国参与全球治理的基本理念。共商、共建和共享是加强全球治理、推进全球治理体系与治理能力现代化不可或缺的系统链条，三者共同构成了中国全球治理理念的有机体系。共商，意即全球治理的基本原则、重点领域、规则机制、发展规划等都由所有参与方共同商议并形成共识；共建，意即发挥各方优势和潜能共同推进全球治理体系的改革与创新；共享，意即各参与方公平分享全球治理的成果和收益。"共商共建共享"理念倡导集思广益、各施所长、各尽所能、成果共享，充分体现了中国参与全球治理的开放性和包容性，顺应了国际关系民主化的发展潮流。践行这一理念，要充分发挥所有行为体尤其是广大发展中国家的积极性和能动性，体现各方关切和诉求，更好地维护各方正当权益，让所有参与方对完善全球治理拥有更多获得感。

共建"一带一路"是中国参与全球治理的顶层设计。2013 年 9 月和 10 月，习近平主席在出访中亚和东南亚国家期间，先后提出共建

"丝绸之路经济带"和"21 世纪海上丝绸之路"的重大倡议，得到国际社会高度关注。"一带一路"以政策沟通、设施联通、贸易畅通、资金融通、民心相通为主要内容，不仅致力于全方位推进务实合作，还致力于打造政治互信、经济融合、文化包容的利益共同体、命运共同体和责任共同体。这些均与国际规则或机制密切相关，涉及全球治理的不同维度。从国际层面看，"一带一路"体现了中国对国际合作以及全球治理模式创新的积极贡献，符合国际社会的根本利益。从国内层面看，"一带一路"是统筹国内国际两个大局的重要抓手，是中国参与全球治理的顶层设计。中国与世界其他国家一道共建"一带一路"不仅为全球治理增添了新的正能量，更彰显了中国的大国责任。

权利与义务相平衡是中国参与全球治理的基本原则，也是一项公认的国际法原则。随着综合国力的不断增强，中国在力所能及范围内承担了越来越多的国际责任和义务，为促进世界经济增长和完善全球治理作出了自己的贡献。例如，中国提出"一带一路"倡议、倡建亚洲基础设施投资银行和金砖国家新开发银行、设立丝路基金等，正在并将持续满足世界各国尤其是发展中国家经济社会发展与稳定的需要。在承担责任和义务的同时，中国也需要享受与之相匹配的权利。在现行的全球治理体系中，以美国为代表的发达国家是各种规则和机制的主导者，也是当前全球治理体系最主要的受益者，而广大的新兴市场国家和发展中国家却难以享受公平待遇，也难以发挥与自身实力相符的影响力。坚持正确义利观，逐步提高中国在全球治理中的发言权和决策权，既是中国承担更大责任的基本要求，也是推动全球治理向更为公正合理方向发展的必由之路。

四、全球经济治理改革是当前重点

习近平主席指出，全球经济治理特别要抓住以下重点：共同构建公正高效的全球金融治理格局，维护世界经济稳定大局；共同构建开放透明的全球贸易和投资治理格局，巩固多边贸易体制，释放全球经贸投资合作潜力；共同构建绿色低碳的全球能源治理格局，推动全球绿色发展合作；共同构建包容联动的全球发展治理格局，以落实联合国2030年可持续发展议程为目标，共同增进全人类福祉。加快全球经济治理体系改革，是全球治理中国方案的核心要素，集中反映了当代中国的全球治理观。

第一，构建公正高效的全球金融治理格局。国际货币和金融体系改革内容广泛，但国际金融机构及其合法性、实用有效的多边准则、全球流动性、国际储备货币和汇率问题构成最主要的优先事项。在全球经济增长仍然疲弱并面临很多风险的背景下，发达国家的货币政策应以国内价格稳定和经济复苏为目标，并尽量减少对其他国家的负面溢出效应；各国要继续落实金融部门改革和结构改革的政策承诺，促进需求再平衡，推动全球经济尽快复苏。要尽快落实IMF份额和治理改革，重审份额分配公式，废止少数发达国家事实上的否决权，向新兴市场国家和发展中国家实质性转移投票权，使其在世界经济中的决策权与经济体量相匹配；加大对国际基本流动和金融创新风险的监督预警，推动建立全球流动性指数，落实支持本国货币市场发展的行动计划；进一步完善区域金融合作机制，充分发挥亚投行、丝路基金、金砖国家新开发银行等金融机构在促进区域经济均衡发展中的作用；修订公共债务管理，防范国际金融危机再次发生。有必要建立一个更加稳定、更可预见、更多元化的国际货币体系，使全球经济能有效地预防和抵御未来危机的冲击。

第二，构建开放透明的全球贸易和投资治理格局。目前，全球经济有复苏迹象，但仍未彻底摆脱下滑险境。各国共同抵制贸易保护主义、促进贸易和投资便利化，是建立彼此间互信与合作的必要前提。贸易保护主义非但不能解决危机，反而可能加剧世界经济困境；反对保护主义、巩固和发展多边贸易体系及创建公平合理的全球价值链将为提振世界经济提供新的动力。应将发展贸易和投资作为经济增长的重要因素，为实现经济增长和就业的既定目标提供先决条件。共同维护世贸组织在推动贸易自由化和协调制定全球贸易规则方面的主渠道地位，支持以世贸组织为核心的开放、透明、包容和非歧视的多边贸易体制；区域贸易协定应是多边贸易体制的有益补充，而不是其替代；支持增强区域贸易协定的透明度，保持其开放、包容并与世贸组织规则相一致。

第三，构建绿色低碳的全球能源治理格局。中国是世界能源消费大国和进口大国，形成了煤炭、电力、石油、天然气、新能源、可再生能源全面发展的能源供给体系，对全球气候变暖和全球能源格局持积极的治理态度。面对能源供需格局新变化，顺应国际能源发展新趋势，中国提出推动能源生产、消费、技术和体制革命，以绿色低碳为方向，推动技术创新、产业创新、商业模式创新，构建绿色低碳能源治理新格局。全方位加强国际合作，实现开放条件下能源安全。务实推进"一带一路"能源合作，加大与中亚、中东、美洲、非洲等油气的合作力度。增加油气等能源原材料和大宗商品市场的透明度和可预测性，建立能源效率和"绿色"发展激励机制，合理控制能源基础设施的发展，切实保护生态环境。提高天然气在亚太地区能源结构中的份额，适时启动太阳能、地热能、风能、生物质能和海洋能等新能源项目，确保核能作为一种清洁能源的安全利用和合作共享，提高能源利用效率等。

第四，构建包容联动的全球发展治理格局。全球经济治理应该以平等为基础，更好反映世界经济格局新现实，增加新兴市场国家和发展中国家代表性和发言权，确保各国在国际经济合作中权利平等、机会平等、规则平等。南北之间存在不平等交换，国际生产价格的形成过程就是不发达国家向发达国家的价值转移过程。正是通过这种不平等交换，边缘的财富不断地流入中心，从而造成两极分化越来越严重。西方社会和非西方社会不是现代社会和传统社会的对立，而是发达与不发达的对立，二者是同一历史进程的结果。作为世界最大的发展中国家，中国用自身的发展经验证明，发展中形成的问题需要通过进一步的发展来解决。各国应协调推进广泛、开放、互利、合作的各类国家级、地区性和全球性安排，合力维护包容性经济增长和可持续发展。各国应着力落实 2030 年可持续发展议程，加强落实工作沟通协调和经验交流，共同支持联合国在全球落实进程中发挥核心作用，深化全球发展合作，帮助发展中国家实现共同繁荣进步。

（摘编自《观察与思考》）

作者：**欧阳向英**［中国社会科学院世界经济与政治研究所研究员］

李燕［中国社会科学院世界经济与政治研究所副研究员］

后　记

党的十九届四中全会作出《中共中央关于坚持和完善中国特色社会主义制度、推进国家治理体系和治理能力现代化若干重大问题的决定》，成为指导党和国家长期发展的制度建设行动纲领和政治宣示。本书就是为了满足学习了解这一重大时代主题的作品。从整体上看，这本书具有如下特点：

一是内容丰富。全书包含30篇文章，共分为11部分，包含中国特色社会主义制度建设、国家治理体系与治理能力现代化的主要内容，既有整体性思考，也有具体领域内容，体现了全面性、完整性。

二是阵容庞大。全书内容广泛，分别是近40位各领域知名学者的近期作品，具有广泛的代表性，集中体现出了他们的深入思考和研究成果。

三是时效性强。党的十九届四中全会甫一结束，我们就集中围绕这个专题，搜集文献、严格筛选、反复斟酌、最终定稿成书，满足读者急切的学习需求。

总之，这是一部集结国内几十位学者思想智慧和学术探索的结晶之作，作为主编，要向所有作者表达深深的感谢之情，没有他们的大力支持和惠赐大作，本书不可能短时间内编辑完成。

最后需要说明的是，成书前我们已经联系上了大多数作者，但依然还有个别作者未能联系上，我们会继续联系相关作者，邮寄样书并汇寄稿酬，也恳请理解和支持。